交通基础设施投融资决策理论及应用

李志纯 著

科学出版社
北京

内 容 简 介

随着交通强国战略和新型城镇化建设的推进，近年来，我国大力发展交通基础设施建设。交通基础设施建设成本高、工期长，建成后难以更改，因此投资决策时需特别谨慎。本书系统地阐述了交通基础设施投融资决策理论与方法，包括城市主干道密度优化、城市轨道交通线路设计优化、交通走廊沿线应急救援站点布局优化、公共交通技术选择与投资时机决策、TOD 投资决策、城市轨道交通环线投资决策，以及"地铁+上盖物业"集成开发项目 BOT 融资合同设计等问题。本书注重理论与实践相结合，在介绍交通基础设施投融资决策理论模型的基础上，辅以案例来说明模型的应用。

本书可作为高等院校交通运输、管理科学与工程、系统工程、城市经济、城市规划等专业高年级本科生、研究生的教材，也可作为城市交通规划部门、交通管理部门及运输企业技术人员和管理人员的参考书。

图书在版编目(CIP)数据

交通基础设施投融资决策理论及应用/李志纯著. —北京：科学出版社，2023.2
ISBN 978-7-03-073674-1

Ⅰ. ①交⋯ Ⅱ. ①李⋯ Ⅲ. ①交通运输建设–基础设施建设–投资决策 ②交通运输建设–基础设施建设–融资决策 Ⅳ. ①F511.3

中国版本图书馆 CIP 数据核字（2022）第 203596 号

责任编辑：徐　倩／责任校对：樊雅琼
责任印制：张　伟／封面设计：有道设计

科学出版社 出版
北京东黄城根北街 16 号
邮政编码：100717
http://www.sciencep.com

北京捷迅佳彩印刷有限公司 印刷
科学出版社发行　各地新华书店经销
*

2023 年 2 月第 一 版　　开本：720×1000　1/16
2023 年 2 月第一次印刷　印张：14
字数：282 000
定价：158.00 元
（如有印装质量问题，我社负责调换）

作者简介

李志纯，华中科技大学管理学院教授，博士研究生导师。教育部长江学者特聘教授，国家杰出青年科学基金和优秀青年科学基金获得者。2006年在北京航空航天大学经济管理学院获得博士学位，2006~2008年在复旦大学管理学院从事博士后研究，2004~2011年在香港理工大学访问、工作。主要研究领域包括交通运输系统建模、交通基础设施投资决策、交通需求管理等。2021年获得国家自然科学基金重点项目，2020年获得教育部自然科学奖二等奖，2016年入选教育部长江学者特聘教授，2015年获得国家杰出青年科学基金，2013年担任国家社会科学基金重大项目首席专家，2012年获得优秀青年科学基金，2009年入选教育部新世纪优秀人才支持计划，2009年获得香港交通运输研究学会（Hong Kong Society for Transportation Studies，HKSTS）优秀论文奖暨Gordon Newell纪念奖，2008年获得全国优秀博士学位论文奖。

李志纯教授迄今在 *Transportation Research Part A-E*、*European Journal of Operational Research*、*Annals of Operations Research*、*Regional Science and Urban Economics*、*Papers in Regional Science* 等SCI/SSCI刊物上发表论文70余篇。目前担任SCI/SSCI刊物 *Transport Policy* 和 *Transportmetrica B* 副主编，以及 *International Journal of Sustainable Transportation* 和 *Transportation Research Part E* 编委。

前 言

交通基础设施是经济社会发展的生命线。随着交通强国战略和新型城镇化建设的推进，近年来，我国大力发展交通基础设施建设，高速公路、高速铁路、内河航道、城市轨道交通等交通基础设施里程均居世界第一，交通基础设施取得跨越式发展，我国已成为交通大国。

交通基础设施投资项目具有投资规模大、建设周期长、资金回笼慢、投资风险高、投资不可逆等特点，投资决策时需特别谨慎。为解决投资资金难题，国务院出台相关政策，积极鼓励和吸引社会资本进入交通基础设施投资领域，扩大建设资金来源，科学合理地设计融资合同是项目融资成功的关键。交通基础设施投资建设能产生巨大的外部经济效益，精准量化投入与产出之间的映射关系是评估投资项目效益的关键，也是投资决策成功的关键。过去十余年，我带领团队围绕交通基础设施投融资决策中的诸多关键科学问题开展系统深入的研究，取得了一些重要的阶段性理论成果。

撰写本书的动机主要来自两个方面：一方面是对我近年来关于交通基础设施投融资决策研究成果的总结整理，方便与同行进行交流；另一方面是目前国内关于交通基础设施投融资方面的研究缺乏广度和深度，也鲜见系统论述理论模型方面的著作，撰写本书正好可以填补这一空白。本书的一大特色是理论与实践相结合，在介绍交通基础设施投融资决策理论模型的基础上，辅以案例来说明模型的应用。

本书系统地阐述了交通基础设施投融资决策理论与方法，研究对象以城市道路和城市公共交通基础设施为主。

在城市道路交通基础设施方面，研究城市主干道投资决策问题，构建城市主干道投资决策模型，回答一个城市应投资多少条主干道、主干道如何选址等问题。

在城市公共交通基础设施方面，研究城市轨道交通线路设计优化问题，构建轨道交通站点布局与运营优化模型，揭示票价机制和城市空间形态对决策的影响；研究城市轨道交通走廊沿线应急救援站点布局问题，提出应急救援站点选址和医疗服务资源配置优化模型，并将模型应用到实际城市；研究公共交通技术选择与投资时机问题，回答在未来城市人口规模不确定情况下应投资何种大容量公共交通技术、什么时候投资等问题；研究以公共交通为导向的综合体开发（transit-oriented development，TOD）问题，构建 TOD 位置、大小和数量决策模型，回答是由政府还是由私人投资商来投资的问题；研究城市轨道交通环线投资决策问题，构建城市轨道交通环线数量和位置优化模型，考虑环线投资建设对城市空间结构的影响。

在交通基础设施融资方面，研究"地铁+上盖物业"（rail+property，R+P）集成开发项目建设-运营-移交（build-operate-transfer，BOT）融资合同设计问题，回答如何设计 BOT 合同、R+P 模式对 BOT 合同设计带来什么影响等问题。

本书提出的理论与方法为优化配置交通基础设施、揭示交通基础设施投资与城市经济相互作用机理提供了方法论，对指导交通基础设施投融资实践、促进城市交通与城市经济可持续协调发展有重要意义。撰写本书的目的在于向读者提供这些方法论和研究成果，希望起到抛砖引玉的作用。

本书的出版得益于国家自然科学基金重点项目（72131008）、重大项目（71890970/71890974）、国家杰出青年科学基金项目（71525003）、优秀青年科学基金项目（71222107），以及国家重点研发计划项目（2018YFB1600900）等的资助，谨此致谢！

我感谢对本人科研生涯起过重要作用的老师。感谢我的硕士研究生导师中南大学史峰教授，他是带我涉入交通运输领域的启蒙老师。感谢我的博士研究生导师北京航空航天大学黄海军教授，他是我科研的引路人。还要感谢香港理工大学 William Lam 教授和符啸文教授、香港大学 Wong Sze-Chun 教授、香港科技大学杨海教授对我研究工作的指导和帮助，他们是我敬重的良师益友和合作者。

限于时间和水平，书中不足之处在所难免，敬请广大读者批评指正。

李志纯

2022年6月于喻家山脚下

目 录

第1章 绪论 ······ 1
1.1 交通基础设施内涵与特性 ······ 1
1.2 我国交通基础设施发展状况 ······ 3
1.3 交通基础设施投融资研究典型前沿问题 ······ 9
1.4 本书结构与主要内容 ······ 13

第2章 二维单中心城市主干道密度优化模型 ······ 16
2.1 概述 ······ 16
2.2 基本假设 ······ 18
2.3 城市系统均衡 ······ 18
2.4 主干道密度优化模型 ······ 25
2.5 模型应用 ······ 26
2.6 本章小结 ······ 33
参考文献 ······ 34

第3章 城市轨道交通线路设计优化模型 ······ 37
3.1 概述 ······ 37
3.2 基本假设与乘客需求 ······ 41
3.3 利润最大化模型及其性质 ······ 44
3.4 求解算法 ······ 53
3.5 模型应用 ······ 54
3.6 本章小结 ······ 58
参考文献 ······ 59

第4章 交通走廊沿线应急救援站点布局优化模型 ······ 61
4.1 概述 ······ 61

4.2 基本假设与破坏成本函数 ·· 64
4.3 应急救援站点布局优化模型及其性质 ·· 68
4.4 模型应用 ·· 70
4.5 本章小结 ·· 75
参考文献 ··· 76

第 5 章 公共交通技术选择与投资时机决策模型 ·· 78
5.1 概述 ·· 78
5.2 模型的基本组成部分 ··· 81
5.3 公共交通技术投资时机与投资选择模型及其性质 ································ 85
5.4 模型应用 ·· 91
5.5 本章小结 ··· 101
参考文献 ·· 102

第 6 章 TOD 投资决策模型 ··· 104
6.1 概述 ··· 104
6.2 基本假设 ··· 106
6.3 模型的基本组成部分 ·· 108
6.4 公共和私人投资机制下的 TOD 设计优化模型 ···································· 115
6.5 模型应用 ··· 118
6.6 本章小结 ··· 127
参考文献 ·· 128

第 7 章 城市轨道交通环线投资决策模型 ·· 131
7.1 概述 ··· 131
7.2 基本假设 ··· 132
7.3 环辐城市系统均衡 ·· 132
7.4 环线投资社会福利最大化模型及福利分析 ·· 141
7.5 模型应用 ··· 142
7.6 本章小结 ··· 147
参考文献 ·· 147

第 8 章　城市人口规模不确定情况下 R+P 项目 BOT 合同设计 ·············· 149

　　8.1　概述 ··· 149
　　8.2　模型的基本组成部分 ··· 152
　　8.3　基于谈判博弈的 BOT 合同设计两阶段模型 ····························· 159
　　8.4　启发式求解算法 ··· 169
　　8.5　人口规模随机跳跃下的 BOT 合同设计模型 ····························· 170
　　8.6　模型应用 ·· 172
　　8.7　本章小结 ·· 182
　　参考文献 ·· 183

附录 ·· 186

第 1 章　　绪　　论

交通基础设施是国民经济发展的重要基础和先导，是推动经济高质量发展的重要支撑。多年来，国家高度重视交通基础设施建设工作，交通基础设施建设从规模到质量均取得了长足发展。面对推动我国经济高质量发展的要求和人民日益增长的美好生活需要，以及新冠疫情的影响，交通基础设施投资建设也需要与时俱进，盲目投资和重复建设不仅会影响资源配置效率，而且不利于经济发展。要把握好投资的"度"，调整发展理念和思路，以提质增效、优化结构、创新驱动、智慧协调、绿色平安等为抓手，稳步推进我国由交通大国迈向交通强国。

本书针对交通基础设施投融资研究前沿热点问题，建立恰当的数学模型，为决策者提供投融资优化方案。研究的问题主要涉及城市道路、城市公共交通等交通基础设施，包括城市主干道密度优化、城市轨道交通线路设计优化、交通走廊沿线应急救援站点布局优化、公共交通技术选择与投资时机决策、TOD（transit-oriented development）投资决策、城市轨道交通环线投资决策，以及"地铁+上盖物业"R+P（rail+property）项目 BOT（build-operate-transfer）融资合同设计等。本书提出的理论和方法为优化交通基础设施布局、揭示交通基础设施投资与城市经济相互作用机理提供了方法论，对指导交通基础设施投融资决策、促进城市交通与城市经济可持续协调发展有重要意义。

本章首先介绍交通基础设施的内涵和特性；其次介绍我国交通基础设施的发展状况；再次阐述交通基础设施投融资研究典型前沿问题；最后介绍本书的结构和主要内容。

1.1　交通基础设施内涵与特性

交通基础设施是指为居民出行和货物运送提供交通服务的设施，包括公路、铁路、桥梁、隧道、机场、港口、航道、管道，以及城市轨道、城市道路和配套设施等。从交通运输方式角度，交通基础设施分为公路、铁路、水路、航空、管道等方式。

交通基础设施具有如下特性。

1. 先行性和基础性

交通运输是国民经济的基础性、先导性和服务性行业。交通基础设施为其他产业提供公共服务，是其他产业发展的基础，缺少这些公共服务，其他商品与服务（主要指直接生产经营活动）便难以提供。交通基础设施所提供服务的价格对其他产业生产成本、经济效益起到关键性作用，直接影响产业发展，是国民经济发展的基础和命脉。

2. 准公共物品性

准公共物品是指具有有限的非竞争性或有限的非排他性的公共物品，它介于纯公共物品和私人物品之间。交通基础设施具有非竞争性和不充分的非排他性，因此属于准公共物品。以公共道路为例进行说明：非竞争性表现在公共道路的车辆通行速度并不取决于某人的出价，一旦发生堵塞，无论出价高低，都被堵在车流中无法动弹；不充分的非排他性表现在当道路交通流量远低于道路设计能力时，增加一定的车流量，行驶成本不变（行驶的边际成本为零），但随着车辆的不断增加，道路会变得越来越拥挤。

3. 自然垄断性

交通基础设施投资项目具有投资规模大、建设周期长、资金回笼慢、投资风险高，以及公益性等特点，而且一旦建设完毕就难以更改，极易出现大量沉没成本，这给潜在投资者进入设置了较大障碍，因而具有较强的自然垄断性，其发展需要政府的大力扶持，不能完全依靠市场机制。

4. 网络性

通过交通基础设施网络服务，将一种生产要素从一个区域转移到另一个区域，从而实现区域间生产要素的流动和产品的相互交换。交通基础设施网络化能促进要素合理流动和配置，降低交易成本，提高交易效率。加强交通基础设施互联互通网络化建设，打通国家运输大动脉，有助于加强区域间政治经济联系，缩小城市间和区域间的经济发展差距，促进区域经济社会协调和均衡发展，最终实现共同富裕。

5. 外部性

任何经济活动都会产生外部性，这既会给承受方带来收益也会给其带来负面影响。因此，外部性有外部经济和外部不经济之分。外部性是交通基础设施的共同特性，即使个人不使用交通基础设施也可以从其发展中受益，如高速公路的建设对周边经济的带动作用及对沿线土地增值的促进作用。在某些情况下，交通基础设施所产生的外部不经济也会间接影响其他利益主体，如车辆在公路上行驶所产生的噪声污染、大气污染会影响周边居民。

6. 非完全营利性

交通基础设施一般由政府规划建设，具有一定的公益性，大多数设施的使用不以营利为目的，而以服务范围、服务需求、服务质量等为衡量标准。当然，对于高等级的交通基础设施，由于其提供了一般交通基础设施所不能提供的服务水平，要收取一定的通行费或使用费。

1.2 我国交通基础设施发展状况

交通基础设施投资是经济稳定增长的助推器。近年来，我国大力发展交通基础设施投资建设。本节对我国交通基础设施发展状况进行概述（资料来源于交通运输部2014~2021年《交通运输行业发展统计公报》）。

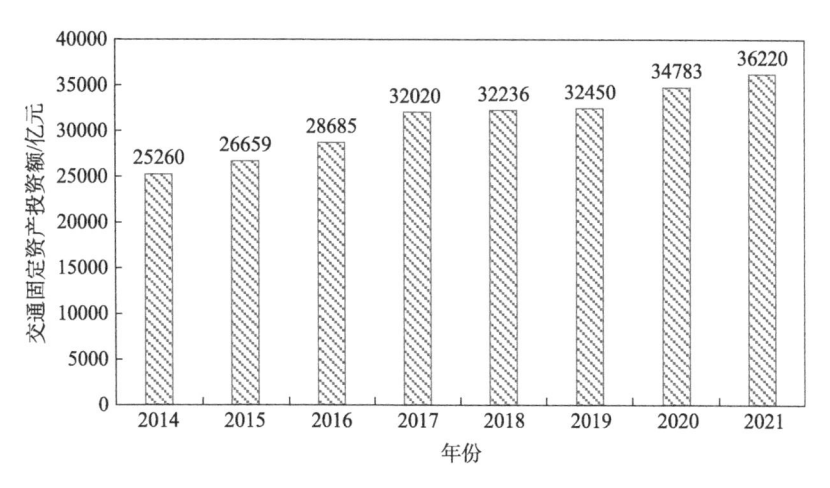

2014~2021年，我国交通固定资产投资额总体呈递增趋势（图1.1）。新冠疫情对我国交通固定资产投资的影响并不明显，自2020年新冠疫情暴发以来，我国交通固定资产投资额持续增长，2021年完成交通固定资产投资36220亿元，比上年增长4.1%。下面分别介绍近年来我国公路、铁路、水路、航空等交通基础设施发展状况。

图 1.1　2014~2021 年我国交通固定资产投资额

1.2.1 公路交通基础设施发展状况

近年来，我国公路交通固定资产投资额持续增长（图1.2）。2021年完成公路固定资产投资 25995 亿元，比上年增长 6.9%。其中，高速公路完成固定资产投资 15151 亿元，增长 12.4%；普通国、省道完成固定资产投资 5609 亿元，增长 5.9%；农村公路完成固定资产投资 4095 亿元，下降 12.9%。

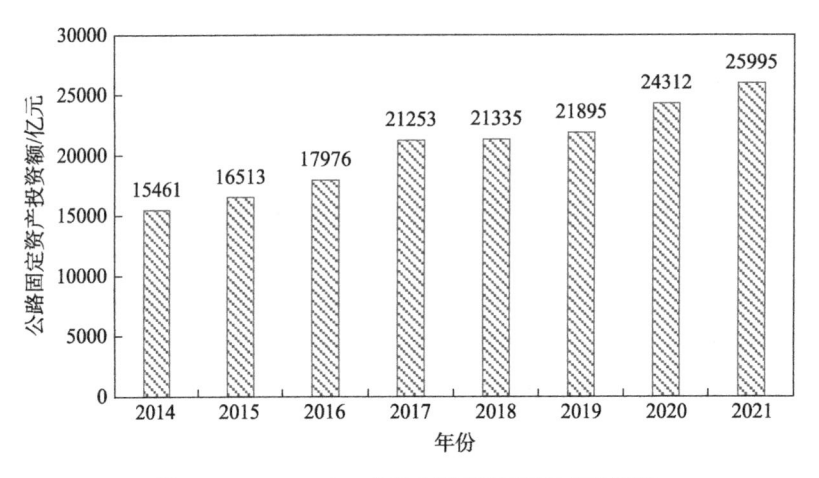

图 1.2　2014～2021 年我国公路固定资产投资额

2014～2021 年，公路总里程和公路密度逐年增长（图 1.3）。2021 年末，全国公路总里程为 528.07 万公里，公路密度为 0.5501 公里/公里^2。按公路的使用任务、功能和流量划分，全国四级及以上等级公路里程为 506.19 万公里，占公路总里程比例为 95.9%；其中，二级及以上等级公路里程为 72.36 万公里；高速公路里程为 16.91 万公里。按行政等级划分，国道里程为 37.54 万公里，省道里程为 38.75 万公里，农村公路里程为 446.60 万公里（其中，县道里程为 67.95 万公里，乡道里程为 122.30 万公里，村道里程为 256.35 万公里），专用公路里程为 5.18 万公里。

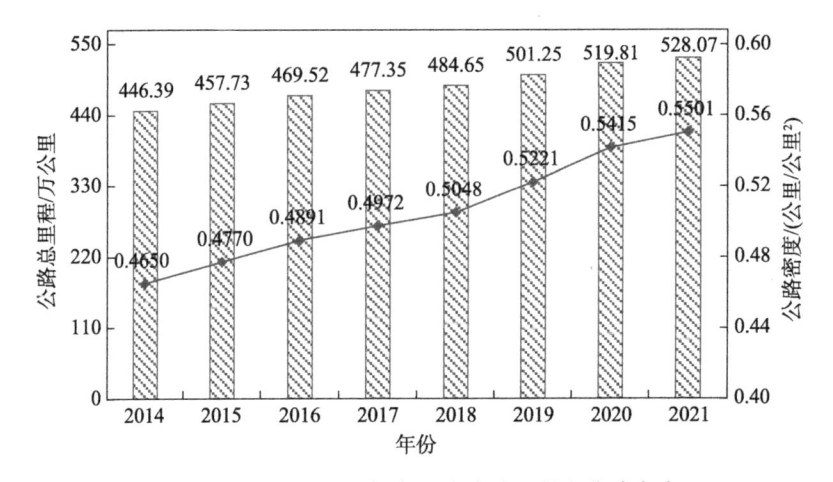

图 1.3　2014～2021 年全国公路总里程和公路密度

1.2.2 铁路交通基础设施发展状况

2014~2019年,我国铁路固定资产投资额趋于平稳,新冠疫情暴发以来,略有下调趋势(图1.4)。2021年完成铁路固定资产投资7489亿元,比上年减少4.2%。铁路营业里程和路网密度逐年上升(图1.5)。2021年末,全国铁路营业里程达15.0万公里,其中,高速铁路营业里程达4万公里。全国铁路路网密度达156.7公里/万公里^2。

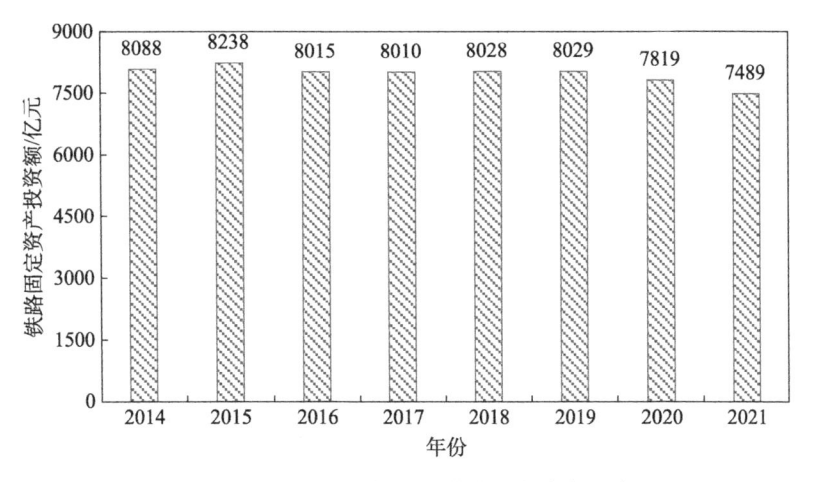

图1.4 2014~2021年我国铁路固定资产投资额

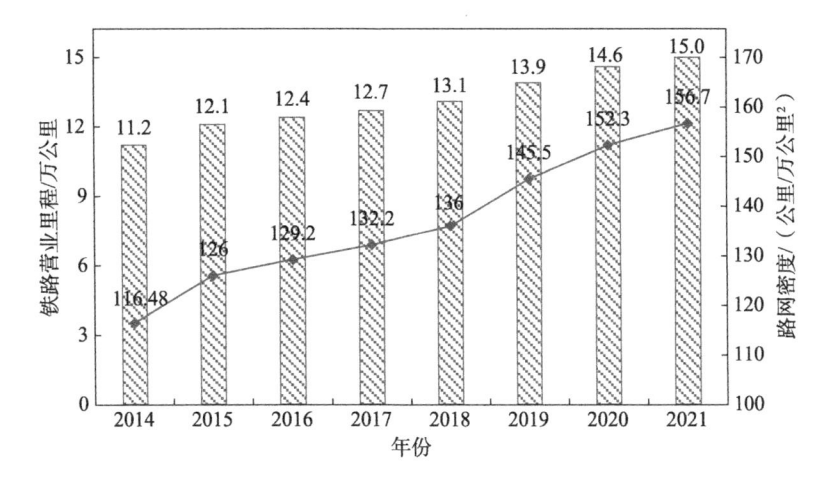

图1.5 2014~2021年全国铁路营业里程和路网密度

1.2.3 水路交通基础设施发展状况

近年来,我国水路固定资产投资额呈现先降后增的趋势(图1.6)。2021年完成水路固定资产投资 1513 亿元，比上年增长 13.8%。其中，内河建设完成固定资产投资 743 亿元、增长 5.5%；沿海建设完成固定资产投资 723 亿元、增长 15.4%；其他建设完成固定资产投资 47 亿元。2021 年全国港口完成货物吞吐量 155.46 亿吨，比上年增长 6.8%（图 1.7）。其中，内河港口完成货物吞吐量 55.73 亿吨、增长 9.9%；沿海港口完成货物吞吐量 99.73 亿吨、增长 5.2%。2021 年完成集装箱铁水联运量 754 万标箱，比上年增长 9.8%。

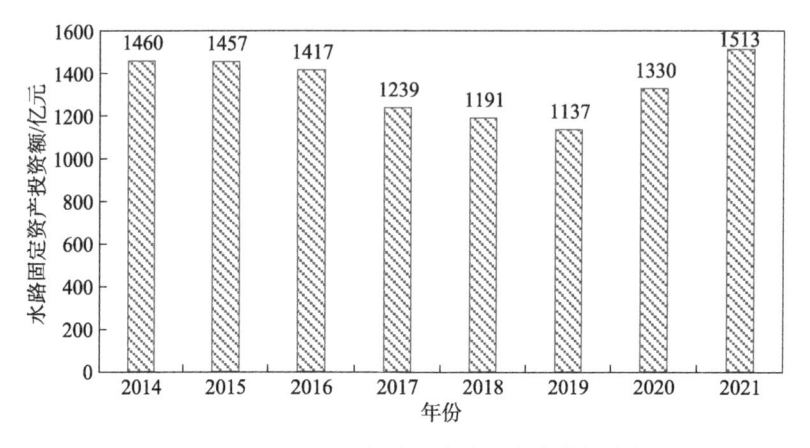

图 1.6　2014～2021 年我国水路固定资产投资额

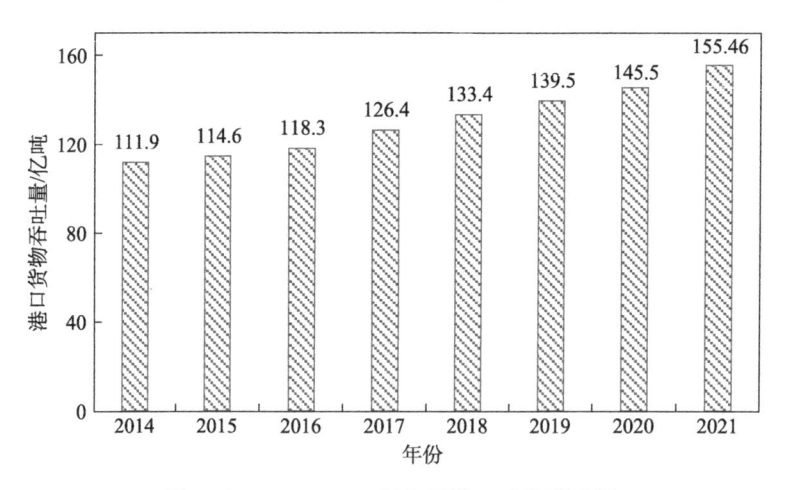

图 1.7　2014～2021 年全国港口货物吞吐量

1.2.4　航空交通基础设施发展状况

目前，我国已基本形成了长三角、珠三角、长江中游、成渝、京津冀五大机场群。2021 年末，我国有颁证民用航空运输机场 248 个，均为定期航班通航机场，比上年末增加 7 个，其中，定期航班通航城市（或地区）为 244 个。

2014～2019 年，我国民航客运量逐年上升（图 1.8），受新冠疫情影响，2020年出现大幅下跌，民航客运量约 4.18 亿人，仅为 2019 年的 63.3%。2021 年民航市场有所复苏，全年完成客运量约 4.41 亿人，比上年增长 5.5%。国内航线完成客运量 4.39 亿人，比上年增长 7.6%，其中，港澳台航线完成客运量 59.25 万人、下降 38.4%；国际航线完成客运量 147.72 万人、下降 84.6%。

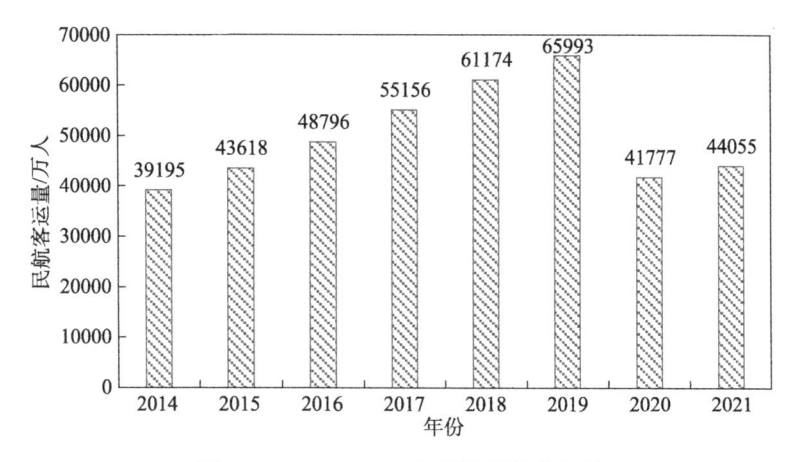

图 1.8　2014～2021 年我国民航客运量

图 1.9 列出了 2019～2021 年我国旅客吞吐量排名前十的机场：北京首都机场、上海浦东机场、广州白云机场、成都双流机场、深圳宝安机场、昆明长水机场、西安咸阳机场、上海虹桥机场、重庆江北机场、杭州萧山机场。受新冠疫情影响，排名前十的机场次序有些变化，例如，2020～2021 年，排名前三的机场变为广州白云机场、成都双流机场、深圳宝安机场。2021 年，有些机场旅客吞吐量开始回暖，如上海浦东机场、上海虹桥机场、重庆江北机场；但有些机场旅客吞吐量持续下跌，如北京首都机场、广州白云机场、深圳宝安机场等。

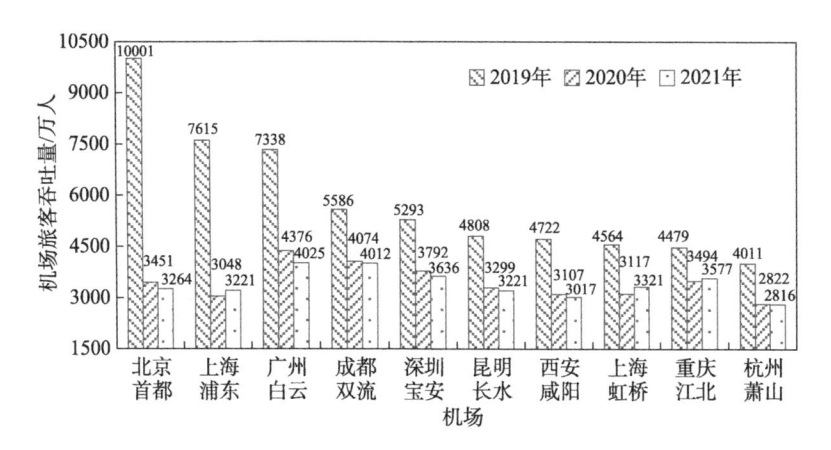

图 1.9　2019～2021 年我国旅客吞吐量排名前十的机场

1.2.5 客货运量与方式分担

图 1.10 列出了 2014～2021 年我国交通运输营业性客运量及各方式分担量。可以看到，总客运量逐年下降，特别是新冠疫情暴发以来，总客运量呈现断崖式下降，这可能是疫情防控下出行需求减少所致。客运量以公路、铁路为主，水路分担量最少。2021 年完成营业性客运量 83.03 亿人，比上年下降 14.1%。其中，公路客运量为 50.87 亿人，占总客运量比例为 61.3%；铁路客运量为 26.12 亿人，占总客运量比例为 31.4%；水路客运量为 1.63 亿人，占总客运量比例为 2%；民航客运量为 4.41 亿人，占总客运量比例为 5.3%。

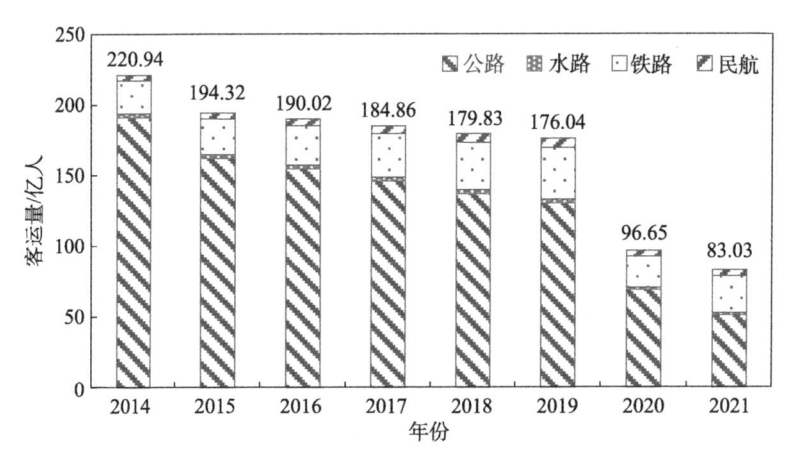

图 1.10 2014～2021 年营业性客运量与方式分担量

图 1.11 描述了 2014～2021 年我国交通运输营业性货运量及各方式分担量。可以发现，货运量整体呈现稳中有升趋势，新冠疫情影响下货运量不降反增，这可能是由于疫情防控刺激了网购、外卖、快递等无接触购物方式所致。货运量以

图 1.11 2014～2021 年营业性货运量与方式分担量

公路、水路为主，民航分担量极少。2021年完成营业性货运量521.6亿吨，比上年增长12.3%。其中，公路货运量为391.39亿吨，占总货运量比例为75%；铁路货运量为47.74亿吨，占总货运量比例为9.1%；水路货运量为82.4亿吨，占总货运量比例为15.8%；民航货运量为731.84万吨，占总货运量比例为0.01%。

1.3 交通基础设施投融资研究典型前沿问题

社会经济的迅速发展和城市化进程的加快促使我国城市数量不断增加、规模不断扩大。根据第七次全国人口普查数据，截至2020年底，我国城镇化率达到63.89%，与第六次全国人口普查城镇化率（49.68%，截至2010年底）相比，十年增加了14.21个百分点。从2010年底至2020年底，城镇人口数量从6.66亿人增加到9.02亿人，全国城市总数由657个增加到687个。

城市的急剧扩张和发展诱发了人们对机动车需求的快速增长。以北京市为例，根据《2021年北京交通发展年度报告》，截至2020年底，北京市机动车保有量达657万辆，与2010年的480.9万辆相比，十年增加了176.1万辆，年均增长率为3.2%。然而，交通基础设施的增长速度远赶不上车辆的增长速度，截至2020年底，北京市公路总里程为22264公里，与2010年的21113公里相比，十年增加了1151公里，年均增长率为0.5%。交通需求的迅猛增长给现有的交通基础设施带来了巨大压力，交通供需不平衡矛盾日益尖锐，交通拥堵现象日趋严重，在一定程度上制约着城市经济的可持续发展。

为应对城市日益严峻的交通和环境问题，近年来，我国政府大力发展城市交通基础设施投资项目，包括加大交通基础设施投资力度、扩大交通基础设施融资渠道等。如何科学合理地决策交通基础设施投融资项目，以便改善城市交通状况、满足日益增长的出行需求、解决制约经济社会发展的瓶颈，一直是交通运输领域的研究热点和难点。下面分别介绍城市道路、城市公共交通、城市交通基础设施等投融资研究前沿问题。

1.3.1 城市道路交通投资

近年来，我国大力推进道路交通基础设施建设，以增强城市中心商业区（central business district，CBD）的可达性，缓解城市CBD的交通拥堵，其中包括修建连接城市CBD和郊区的主干道。城市主干道的投资建设蕴含着一些亟待回答的科学问题。

首先，交通基础设施投资建设（如新的主干道的投资）能引起沿线土地利用模式、地价、住房市场（包括房价和家庭住房面积）的改变，城市居民居住位置和居民分布也将发生变化,从而进一步影响城市系统的出行需求。这些量的变化反过来也会影响政府对主干道的投资决策。因此,一个重要的问题是:在规划和设计城市主干道时,如何考虑主干道的投资建设与居民居住地选择和住房市场之间的联动效应?

其次,新的主干道的投资建设将增加城市干道网密度,从而提高城市系统的通行能力和承载能力,缩短出行者的平均旅行时间,提高进入城市 CBD 的可达性。但新的主干道的建设需要巨大的投资成本。若投资的主干道数量过多,则得不到充分利用,结果导致资源浪费。反过来,若投资的主干道数量过少,则满足不了交通需求,从而引起交通拥堵。因此,城市主干道的规划设计需要谨慎权衡资金投入和投资带来的效益。针对主干道投资成本和效益的权衡,提出了一些有趣而重要的问题:一个城市到底需要多少条主干道是最好的?如何设计城市主干道密度(数量)以使城市系统的社会福利(social welfare,或称盈余)最大?主干道密度(数量)对城市居民分布和城市住房市场有何影响?这些问题的回答对城市(特别是对我国迅速扩张的一二线城市)的可持续发展有重要的意义。本书将通过构建二维单中心城市主干道密度优化模型来回答这些问题。

1.3.2　城市公共交通投资

城市公共交通具有集约高效、节能环保等优点,优先发展公共交通是缓解交通拥堵、转变城市交通发展方式、提升人民群众生活品质、提高政府基本公共服务水平的必然要求,是构建资源节约型、环境友好型社会的战略选择。

近年来,地方政府大力投资轨道交通项目,包括建设新线路或延长现有线路。城市轨道交通作为一种大容量、快捷高效、安全舒适、节能环保的城市公共交通方式,在城市公共交通中处于非常重要的地位。城市轨道交通投资额巨大(如广州地铁 2 号线每公里造价约 5 亿元)、工期长、风险高,且建设完成后线路难以更改,因此城市轨道交通线路规划和建设需特别慎重。城市公共交通项目投资蕴含着许多亟待解决的科学问题。

1. 城市轨道交通线路设计优化问题

在规划城市轨道交通线路时,站点布局参数(包括线路长度、车站数量、车站间距等)和线路运营参数(包括车头时距、车队规模、票价等)是重要的设计参数。这些参数的确定非常依赖规划区域的人口密度。这是因为城市人口密度直接影响乘客需求水平。在人口稀疏的城市(如很多西方国家的城市),投资者为减少成本更倾向于建设短程轨道交通线路。但在以公共交通为主要出行方式的人口密集型城市(如香港),追求利润最大化的运营商更愿意将轨道交通线路从城市

CBD 延伸至城市郊区以获取更高利润。反过来，城市人口密度又受这些参数设置的影响。这是因为城市轨道交通线路的布局影响沿线地价、房价，从而影响城市居民居住地选择和居民分布。因此，有必要研究轨道交通线路参数设计与城市居民分布间的相互作用关系，以及站点布局参数与线路运营参数的优化问题。

2. 交通走廊沿线应急救援站点布局优化问题

城市轨道交通安全运行不仅关乎乘客的生命财产安全，也关乎社会的和谐稳定。保障城市轨道交通安全稳健运行不仅可以节约旅行时间和出行成本，缓解地面交通压力，而且有助于提升城市轨道交通行业的整体形象，促进城市积极健康发展。发展高效的交通事故应急救援体系对减少交通事故人员伤亡与财产损失、保障交通安全运行有重要意义。

城市地铁因其快速、准时的特点而成为市民出行首选。但是由于地铁在地下半封闭空间运行，人流量大且空间狭窄，行车密度大，一旦发生危险，后果将不堪设想，轻者引起车辆延误，重者造成人员伤亡，甚至出现群死群伤事件，教训深刻，值得反思。例如，2011 年 9 月，上海地铁 10 号线在运营过程中突发设备故障，致使两车发生追尾事故，造成 284 人受伤，其中 20 人重伤。

为提升城市交通网络抵御突发事件的能力，一些地方政府（如北京、深圳、武汉等）已经在城市主要交通干线沿线部署了一定数量的应急救援站点以应对交通事故风险。一旦事故发生，附近的应急救援站点及时派遣救援队伍到达事故点实施紧急救援。这提出了一个重要的问题：在城市交通走廊沿线，如何有效部署应急救援站点和医疗服务资源（如医生、护士、药品、医疗器械等），以尽可能地减少交通事故损失？

3. 公共交通技术选择与投资时机决策问题

一方面，近年来，我国政府大力开展大容量公共交通基础设施建设，包括地铁、轻轨（light rail transit，LRT）和巴士快速公交（bus rapid transit，BRT）等。这些大容量公共交通技术各有其优缺点，例如，地铁速度快，容量大，但成本高；BRT 速度相对慢，容量相对小，但成本相对低。针对速度、容量和成本等因素之间的权衡，提出了一个重要的问题：在城市发展过程中，决策者应如何选择公共交通技术进行投资以提升城市系统的效率？

另一方面，公共交通基础设施投资项目的可行性非常依赖城市人口规模，而城市人口规模决定了公共交通乘客需求水平。但城市未来的人口规模是不确定的，尤其是在城镇化下，大量的农村人口迁移至城市，导致城市人口规模剧烈波动。如果公共交通基础设施项目投资过度超前，那么交通设施容量得不到充分利用，结果导致资源浪费、运营亏损、效率低下；如果公共交通基础设施项目投资滞后，那么交通供给长期满足不了不断增长的交通需求，结果产生高额的社会成本（如增加交通拥堵和空气污染成本）。这提出了另一个重要的问题：在未来城市人口规模不确定情况下，如何确定公共交通技术最佳投资时机？

4. TOD投资决策问题

TOD是创建绿色交通系统的重要途径，近年来引起了广泛关注。TOD是指以公共交通站点为中心，对其周边土地进行适度（中高密度）开发，以打造集公共服务、就业、零售和居住为一体的多功能社区。我国一些人口密集型城市（如广州、深圳和武汉等）已经引入了TOD项目。

TOD项目通过为居民提供舒适便利的设施来吸引他们在公共交通枢纽附近居住，从而提高土地利用效率，但也提高了枢纽周边房价。TOD项目（如步行道、学校、医院、购物中心和体育设施的建设）需要大量的资金投入。TOD项目中重要的决策变量包括TOD的位置、大小和数量，这些变量对TOD项目的成本和收益有重要影响。此外，TOD项目投资者的选择也非常重要，是由政府投资，还是由私人投资商投资？本书将探讨这些问题。

5. 城市轨道交通环线投资决策问题

为应对日益严峻的交通和环境问题，一些城市开始投资建设轨道交通环线。例如，北京地铁2号线和10号线为环线，里程分别为23.1公里和57.1公里。成都地铁7号线是该市首条地铁环线，里程为38.61公里。

轨道交通环线的投资建设对提高城市交通网络的可达性有重要的作用，从而减少城市系统的交通压力和环境污染，同时带来周边土地增值。但环线投资建设需要巨大的投资成本。例如，北京地铁10号线每公里造价约5亿元。如果投资的环线数量过多或位置不合理，则环线的容量得不到充分利用，结果导致资源浪费。如果投资的环线数量过少，则满足不了日益增长的交通需求，对缓解城市交通压力收效甚微。针对环线投资成本和收益的权衡，提出了一些重要的问题：一个城市应当建设多少条轨道交通环线最合理？环线应建在什么位置？环线投资建设如何影响城市居民分布和房价，进而影响城市的空间结构？本书将通过构建城市轨道交通环线投资决策模型来回答这些问题。

1.3.3　城市交通基础设施融资

近年来，我国交通基础设施投资规模不断扩大，所需资金也急剧增加，传统的单一由政府财政对交通基础设施投资已无法满足经济发展的需要，加快推进交通基础设施投融资模式创新和投融资体制改革是解决交通基础设施投资建设资金短缺的重要途径。2010 年 5 月发布的《国务院关于鼓励和引导民间投资健康发展的若干意见》鼓励社会资本（包括境外资本）以合资、合作或委托经营等方式参与交通基础设施投资、建设和经营，推行特许经营制度，以缓解政府资金压力。交通基础设施融资模式通常包括政府专营模式、BOT 模式、公私伙伴（public-private partnership，PPP）模式等。BOT 模式是政府与私营公司签订合同，由私营公司筹资和建设项目，私营公司在特许期内拥有、运营和维护该设施，并通过收取使用费或服务费来回收投资，取得合理利润。PPP 模式是政府与私人组织之间，为了合作项目或提供某种服务，以特许权协议为基础，形成一种伙伴式合作关系，并通过签署合同来明确双方的权利和义务，以确保合作顺利完成，最终实现双赢。

深圳地铁 4 号线二期工程采用的就是 BOT 模式，由深圳市人民政府通过特许权协议，在规定的 30 年内（2011～2040 年），将深圳地铁 4 号线授予香港地铁公司，由该公司负责深圳地铁 4 号线二期工程的投融资、建设、运营和维护。30 年特许期满，香港地铁公司将深圳地铁 4 号线二期工程的设施无偿移交给深圳市人民政府。为补贴香港地铁公司，深圳地铁 4 号线二期工程采用 R+P 运营模式，即政府将地铁沿线土地开发权出让给公司，公司将地铁建设与地面商业物业开发相结合，以商业物业开发反哺地铁。北京地铁 4 号线是我国试行 PPP 模式的成功案例。2006 年 4 月，北京市人民政府与北京京港地铁有限公司签订了北京地铁 4 号线项目的特许权协议，是国内首个 PPP 地铁项目。目前北京地铁 4 号线一直营利，2014 年上半年北京京港地铁有限公司营利 8400 万港元。北京地铁 4 号线也采用了 R+P 运营模式。这些交通融资案例提出了一些重要问题：在投资不确定环境下，如何设计融资合同？在决策中如何考虑融资项目对土地增值的影响？R+P 模式对合同设计会带来什么影响？本书将回答这些问题。

1.4　本书结构与主要内容

本书共 8 章，第 1 章是绪论，第 2 章研究城市道路交通投资问题，第 3～7 章研究城市公共交通投资问题，第 8 章研究城市交通基础设施融资问题。具体内容如下。

第 2 章研究城市主干道投资问题，在分析城市系统四类参与者（政府、房地产开发商、城市居民和通勤者）相互作用的基础上，阐述城市系统均衡问题，建立城市主干道密度优化模型来最大化城市系统的社会福利，其中城市居民分布、地价、住房市场结构（房价、家庭住房面积）等城市结构特征可由模型内生确定；分析拥挤收费、主干道投资、城市人口规模、家庭收入水平等对城市系统的影响。

第3章研究线性城市交通走廊中轨道交通线路设计问题，建立不同票价机制（单一票价和基于里程票价）下的利润最大化模型，对线路长度、站点数量和位置、发车间隔、票价等参数进行优化；找出两种票价机制的无差别条件，揭示地铁线路成本和城市空间形态对地铁线路设计和运营可营利性的影响，并将模型应用于实际城市。

第4章研究城市交通走廊沿线应急救援站点布局问题，以便有效减少交通事故造成的伤亡损失。基于城市人口密度与交通事故率相互关系分析，提出走廊沿线事故率分布函数及刻画救援时间与伤员健康衰退相互作用的破坏成本（damage cost）函数，并对参数进行校正；建立资金预算约束下交通走廊沿线应急救援站点布局优化模型，对模型性质进行分析；使用数值算例分析人口密度、城市形态、布局方案（等间距和非等间距）对应急救援站点分布的影响。为进一步验证建模方法对提高应急救援系统效率的效果，将模型应用于武汉地铁2号线。

第5章研究未来城市人口规模不确定情况下公共交通技术投资决策问题，建立公共交通技术选择与投资时机决策模型。模型考虑不同公共交通技术投资对城市空间结构、居民居住地选择及住房市场的影响，推导公共交通技术投资临界人口及不同公共交通技术之间投资转换临界人口的解析式，同时对公共交通技术投资的影响进行比较静态分析。以我国两个城市为例阐述该理论的应用，对比分析有无考虑城市土地利用均衡的公共交通技术投资决策解的效果，揭示公共交通技术投资与城市经济发展之间的关系。

第6章研究地铁沿线走廊TOD投资决策问题。TOD项目可由政府或私人投资商投资建设，对应公共和私人两种投资机制。该章基于城市系统均衡理论，提出不同投资机制下的TOD设计优化模型来优化TOD位置、大小、数量等参数。模型考虑政府、房地产开发商和家庭之间的相互作用，以及TOD投资对居民居住地重新选址和住房市场的影响。

第7章研究城市轨道交通环线投资决策问题。在分析环形放射状城市系统均衡的基础上，提出城市轨道交通环线投资决策模型。模型考虑城市系统中不同利益相关者之间的相互作用：政府通过优化轨道交通环线位置、环线数量、轨道交通线路车辆发车频率来实现社会福利最大化；城市居民通过选择居住位置和住房面积使其效用最大；房地产开发商通过决策住房供应量来最大化自身净利润；通勤者选择出行成本最小的路线出行。建立的模型可以内生城市居民分布和住房市场结构，也考虑轨道交通环线投资对城市居民重新分布和城市规模的外部性影响。

第8章研究R+P项目BOT合同设计问题，考虑未来城市人口规模的不确定性对合同设计的影响。使用实物期权和两阶段建模方法，建立优化 BOT 项目特许期（包括投资时机）和地铁线路参数的两阶段模型。第一阶段通过构建政府与私人投资者之间的谈判博弈模型来确定项目特许期、线路长度、车站数量和位置。第二阶段对项目私人特许期及项目移交后政府运营期的列车车头时距和票价等参数进行优化。探讨 R+P 方案、政府与私人投资者谈判力、人口波动率、非常发性随机事件下人口跳跃等因素对 BOT 合同设计的影响。

第 2 章　二维单中心城市主干道密度优化模型

2.1　概　　述

近年来，随着经济的快速发展和城市化进程的加快，北京、上海、武汉等大城市的规模不断扩大。快速的城市扩张导致城市空间形态更加分散，居民平均通勤里程增加，私家车依赖性增强，进一步加剧了城市的交通拥堵。为缓解日益严峻的城市交通拥堵问题，地方政府大力发展交通基础设施建设，以增强城市 CBD 的可达性，包括修建连接 CBD 和郊区的主干道等（图 2.1）。

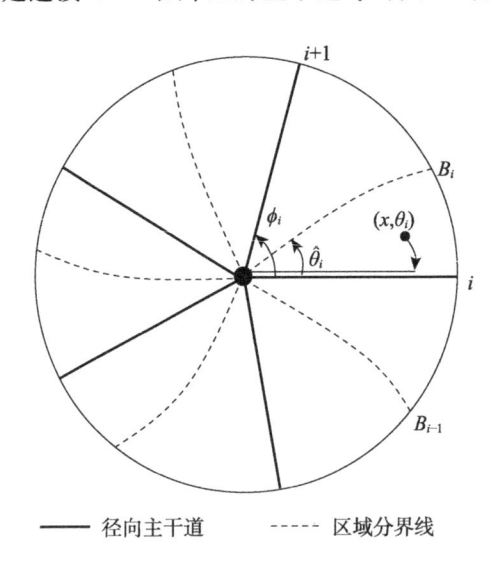

图 2.1　典型的具有径向主干道的放射状城市

新建径向主干道能提升城市系统的通行能力，改善城市 CBD 的可达性，从而改变通勤者的路径选择，进而影响城市主干道的交通需求分布和交通拥堵水平。但是，城市径向主干道的投资建设需要大量的资金，其规划设计应当考虑对城市福利水平的影响。具体来说，城市主干道过多势必造成道路空间资源浪费；反之，城市主干道过少会导致交通供给无法满足交通需求，加剧交通拥堵。由此引出一个有趣的问题：如何设计径向主干道数量（密度）和位置来实现城市系统的福利水平最大？回答好该问题对实现我国城市可持续发展有重要的指导意义。

在 Alonso（1964）、Mills（1972）和 Muth（1969）提出的经典城市模型中，城市被视为由无数条放射状道路（径向道路）组成的完全可分割的密集系统（perfectly divisible dense system）。经典城市模型不能用于研究城市放射状主干道密度（数量）设计问题，无法评估新建一条放射状主干道对城市经济产生的影响。因此，需要建立把城市看作由有限条离散放射状道路组成的稀疏系统（sparse system with discrete radial major roads）的新模型。在这方面，Anas 和 Moses（1979）做了开创性工作：假设出行者要么沿着径向密集街道直接到达城市 CBD，要么沿着城市环线先到达一条放射状主干道（如城市快速路），然后沿着放射状主干道到达城市 CBD（环辐路径方式，见图 2.1）；同时假设城市系统是对称的（放射状主干道均匀分布），以及放射状主干道不存在交通拥堵。他们提出的环辐路径方式对离散-连续型城市系统建模非常有用（Baum-Snow，2007）。然而，对称性和无交通拥堵的假设太严格，可能导致模型预测结果与实际情况产生重大偏差，从而限制模型在实践中的应用。例如，在无交通拥堵假设下无法研究拥挤收费问题。

D'Este（1987）放松了无交通拥堵、对称城市假设，采用了 Anas 和 Moses（1979）的环辐路径方式，提出了一种交通分配模型来模拟放射状二维单中心城市中出行者的放射状主干道选择问题。Wong（1994）改进了 D'Este 的交通分配模型，建立了一个等价的数学规划模型。他们均假设城市居民分布外生给定。然而，研究表明，交通基础设施的投资建设（如新建放射状主干道）将提高交通可达性，从而诱发城市土地利用模式、地价和住房市场（包括房价和家庭住房面积）变化（McDonald and Osuji，1995；Henneberry，1998；O'sullivan，2000；Mikelbank，2004；Ho and Wong，2007；Li et al.，2012b）。因此，新建城市主干道可能会改变城市居民居住地选择和居民分布，从而影响城市路网交通需求，进而影响政府对主干道的投资决策。在研究城市系统投资决策时，有必要考虑交通基础设施投资建设给城市居民居住地选择、地价、住房市场等带来的影响。

本章建立二维单中心城市主干道密度优化模型，创新点体现在两个方面：①提出城市系统均衡模型，该模型考虑政府、房地产开发商、城市居民和通勤者四类参与者之间的相互作用，家庭居住分布、城市地价、住房市场（房价、家庭住房面积）等城市结构特征可由模型内生确定，模型也显性地考虑城市径向主干道交通拥堵的影响；提出求解城市系统均衡模型的启发式算法。②提出城市系统社会福利最大化模型，来优化城市径向主干道密度（数量）；对拥挤收费、道路交通设施投资（增加一条新的主干道）等决策进行比较静态分析。此外，分析道路服务水平（level of service，LOS）、城市人口规模和家庭收入水平对城市系统的影响。

2.2 基本假设

【假设2.1】城市系统假设是放射状、封闭的单中心城市，城市人口规模或家庭数量外生给定，城市所有的工作机会集中于城市CBD。城市所有的土地由外居地主（absentee landlords）所有，城市边界及以外的地价等于土地的机会成本（农业地租）（Alonso, 1964; Muth, 1969; Mills, 1972; Fujita, 1989; O'Sullivan, 2000; Kraus, 2006; McDonald, 2009）。

【假设2.2】城市系统中有四类参与者：政府、房地产开发商、城市居民和通勤者。政府旨在优化城市径向主干道的密度来最大化城市系统的社会福利。房地产开发商通过确定住房市场投资强度来实现净利润最大化。假设房地产开发商的住房生产行为遵循柯布-道格拉斯生产函数（Cobb-Douglas production function）（Beckmann, 1974; Quigley, 1984; Brueckner, 2007）。

【假设2.3】城市居民具有同质属性，即具有相同的收入水平和效用函数。假设家庭消费行为服从柯布-道格拉斯效用函数（Cobb-Douglas utility function），且所有家庭收入用于交通、住房和非住房商品消费。所有家庭在预算约束下决定居住位置、住房面积及非住房商品消费量以最大化家庭效用（Solow, 1972, 1973; Beckmann, 1969, 1974; Anas, 1982; Fujita, 1989）。

【假设2.4】假定前往CBD工作的通勤者选择环辐路线出行，即他们从家出发先沿环形密集街道（或圆弧）到达径向主干道，然后沿径向主干道前往CBD，如图2.1所示。假设所有通勤者选择出行成本最低的环辐路线出行，最终系统会到达Wardrop路径选择均衡（Anas and Moses, 1979; D'Este, 1987; Wong, 1994）。

【假设2.5】工作是一种强制性活动，每个家庭的平均劳动力数量外生给定，记为η。假定每位通勤者每天在居住地与CBD（工作地）之间往返一次。因此，每个家庭前往城市CBD的日均出行次数为η。为叙述方便，假定每个家庭仅有1个劳动力（Anas and Xu, 1999; Song and Zenou, 2006; Li et al., 2012a, 2012b, 2012c）。

2.3 城市系统均衡

根据假设2.2，城市系统中有四类参与者：政府、房地产开发商、城市居民和通勤者。这些参与者有各自的决策变量和目标，决策之间相互影响，共同构成一系列相互关联、相互作用的均衡问题，包括通勤者路径选择均衡、家庭居住地选择均衡及住房市场供需均衡。下面分别阐述各类均衡问题。

2.3.1 通勤者路径选择均衡

1. 出行成本

如图 2.1 所示，i 表示第 i 条径向主干道，M 表示城市径向主干道数量。使用极坐标 (x,θ_i) 表示城市内任一位置，其中 x 为该位置到 CBD 的径向距离，θ_i 为该位置到最近的径向主干道 i 的角度。定义 $\psi_i(x,\theta_i)$ 为从位置 (x,θ_i) 出发以环辐路径方式经由径向主干道到达 CBD 的出行成本，包括旅行时间成本和金钱成本，表示为

$$\psi_i(x,\theta_i) = \tau T_i(x,\theta_i) + C_i(x,\theta_i) \quad (2.1)$$

其中，$T_i(x,\theta_i)$ 和 $C_i(x,\theta_i)$ 分别为从位置 (x,θ_i) 出发以环辐路径方式经由径向主干道 i 到达 CBD 的旅行时间和金钱成本；τ 为单位旅行时间的货币价值，该参数用来将旅行时间转化为当量货币单位。

根据假设 2.4，旅行时间 $T_i(x,\theta_i)$ 包括沿着与 CBD 距离为 x 的环形密集街道（或圆弧）行驶长度为 $x\theta_i$ 的路程所花费的时间，以及沿径向主干道 i 行驶长度为 x 的路程到达 CBD 所花费的时间，表示为

$$T_i(x,\theta_i) = T_i(x) + \frac{x\theta_i}{V_0} \quad (2.2)$$

其中，V_0 为环形密集街道的平均车速；$T_i(x)$ 为沿径向主干道 i 行驶长度为 x 的路程到达 CBD 所花费的时间。

$T_i(x)$ 取决于径向主干道 i 的交通拥堵程度。令 $t_i(Q_i(x))$ 为径向主干道 i 上位置 x 处单位距离的旅行时间，其中，$Q_i(x)$ 为径向主干道 i 上位置 x 处的交通需求。假定 $t_i(Q_i(x))$ 随交通需求 $Q_i(x)$ 递增，采用 BPR（bureau of public road）函数进行估算：

$$t_i(Q_i(x)) = t_{i0}\left[1.0 + a_1\left(\frac{Q_i(x)}{K_i}\right)^{a_2}\right] \quad (2.3)$$

其中，t_{i0} 为径向主干道 i 上单位距离的自由流旅行时间；K_i 为径向主干道 i 的通行能力；a_1 和 a_2 为正的参数。

因此，$T_i(x)$ 可表示为

$$T_i(x) = \int_0^x t_i(Q_i(w))\mathrm{d}w \quad (2.4)$$

其中，$t_i(\cdot)$ 可通过式（2.3）计算得到。

假设金钱成本 $C_i(x,\theta_i)$ 为旅行距离的线性函数（Wang et al.，2004；Liu et al.，

2009),表示为

$$C_i(x,\theta_i) = c_{i0} + c_{i1}x + c_{i2}x\theta_i \quad (2.5)$$

其中,c_{i0} 为固定出行成本(如停车费);c_{i1} 和 c_{i2} 分别为径向主干道和环形密集街道的可变出行成本(如单位距离的燃油成本)。

【评注 2.1】出行成本 $\psi_i(x,\theta_i)$ 关于 x 和 θ_i 的一阶偏导数如下:

$$\frac{\partial \psi_i(x,\theta_i)}{\partial x} = \tau \frac{\partial T_i(x,\theta_i)}{\partial x} + \frac{\partial C_i(x,\theta_i)}{\partial x} = \tau\left(t_i(Q_i(x)) + \frac{\theta_i}{V_0}\right) + c_{i1} + c_{i2}\theta_i > 0 \quad (2.6)$$

$$\frac{\partial \psi_i(x,\theta_i)}{\partial \theta_i} = \frac{\tau x}{V_0} + c_{i2}x > 0 \quad (2.7)$$

由式(2.6)和式(2.7)可以发现,当 θ_i 固定时,$\psi_i(x,\theta_i)$ 是关于距离 x 的增函数;当 x 固定时,$\psi_i(x,\theta_i)$ 是关于角度 θ_i 的增函数。这意味着家庭居住位置随径向主干道向外延伸,以及沿环形密集街道远离径向主干道方向,通勤者出行成本增加。

2. 分界线

如图 2.1 所示,二维单中心城市中两条相邻的径向主干道 i 和 $i+1$ 相互竞争所夹区域内的交通需求。竞争的结果导致出现分界线,将两相邻径向主干道之间的区域分为两个子区域。Anas 和 Moses(1979)也将此分界线称为市场区域边界(market area boundary)。为方便描述,定义 B_i 为主干道 i 和 $i+1$ 之间的分界线,它将两主干道之间的通勤者划分为两类:使用主干道 i 出行和使用主干道 $i+1$ 出行。根据假设 2.4,当系统达到均衡时,没有通勤者愿意单方面改变其出行路径,这意味着分界线 B_i 上的通勤者选择使用径向主干道 i 和 $i+1$ 的出行成本是相等的。因此,通勤者路径选择均衡可表示为

$$\psi_i(x,\hat{\theta}_i(x)) = \psi_{i+1}(x,\phi_i - \hat{\theta}_i(x)) \quad (2.8)$$

其中,$\hat{\theta}_i(x)$ 为分界线 B_i 与径向主干道 i 之间的夹角;ϕ_i 为径向主干道 i 和 $i+1$ 之间的夹角。

根据式(2.1)和式(2.8),可以得出

$$\tau\left(T_i(x) + \frac{x\hat{\theta}_i(x)}{V_0}\right) + c_{i2}x\hat{\theta}_i(x) = \tau\left(T_{i+1}(x) + \frac{x}{V_0}(\phi_i - \hat{\theta}_i(x))\right) + c_{i2}x(\phi_i - \hat{\theta}_i(x)) \quad (2.9)$$

因此,$\hat{\theta}_i(x)$ 可表示为

$$\hat{\theta}_i(x) = \frac{\phi_i}{2} + \frac{\tau V_0}{2x(\tau + c_{i2}V_0)}(T_{i+1}(x) - T_i(x)) \quad (2.10)$$

其中,$T_i(x)$ 可由式(2.4)得到。

分界线 $B_1, B_2, \cdots, B_M$ 由式（2.10）决定。主干道 i 的影响范围（选择使用径向主干道 i 的通勤者）为边界 B_{i-1} 与 B_i 之间的区域。

【评注 2.2】（夹角 $\hat{\theta}_i(x)$ 的特征）假定任意环形密集街道的可变出行成本 c_{i2} 为常数［即式（2.5）中 $c_{i2}=c_2$］，可得到 $\sum_{i=1}^{M}\hat{\theta}_i(x)=\pi$。实际上，对式（2.10）从 $i=1$ 到 $i=M$ 求和，得到

$$\sum_{i=1}^{M}\hat{\theta}_i(x) = \sum_{i=1}^{M}\frac{\phi_i}{2} + \frac{\tau V_0}{2x(\tau + c_2 V_0)}(T_{M+1}(x) - T_1(x)) \tag{2.11}$$

对于放射状城市，$T_{M+1}(x) = T_1(x)$ 成立。因此，式（2.11）可表示为

$$\sum_{i=1}^{M}\hat{\theta}_i(x) = \sum_{i=1}^{M}\frac{\phi_i}{2} \tag{2.12}$$

其中，$\sum_{i=1}^{M}\phi_i = 2\pi$，将其代入式（2.12），得到 $\sum_{i=1}^{M}\hat{\theta}_i(x)=\pi$。

评注 2.2 揭示了径向主干道上交通流量之间的相互关联性，即某径向主干道流量的增加会导致另一条径向主干道流量的减少。由于道路形状规格、视线距离和服务水平等存在差异，径向主干道的自由流旅行时间和通行能力［即式（2.3）中的 t_{i0} 和 K_i］可能会有所不同，$\hat{\theta}_i(x) = \phi_i/2$ 可能不再成立。但是，当一个城市由具有相同自由流旅行时间和通行能力且均匀分布的径向主干道构成时，这个城市的结构就是完全对称的（D'Este，1987）。

【评注 2.3】 如果城市径向主干道均匀分布（ $\phi_i = \phi_{i+1} = \dfrac{2\pi}{M}$，$\forall i=1,2,\cdots,M$），且具有相同的旅行时间函数（$t_{i0} = t_{(i+1)0}$ 且 $K_i = K_{i+1}$，$\forall i=1,2,\cdots,M$），那么 $\hat{\theta}_i(x) = \dfrac{\phi_i}{2} = \dfrac{\pi}{M}$ 成立。

3. 径向主干道的交通需求

设 η 为家庭日均出行次数（前往 CBD 的日均次数），ξ 为高峰小时系数（高峰小时流量与全天总流量的比值），该系数用于将日交通需求转换为小时交通需求，则位置 (x, θ_i) 处的小时交通需求密度 $q(x, \theta_i)$（单位面积的出行需求）可定义为

$$q(x, \theta_i) = \xi \eta n(x, \theta_i) = \lambda n(x, \theta_i) \tag{2.13}$$

其中，$\lambda = \xi \eta$ 为每个家庭在高峰小时平均出行次数；$n(x, \theta_i)$ 为位置 (x, θ_i) 处的家庭居住密度。

径向主干道 i 上位置 x 处的小时交通需求 $Q_i(x)$ 可表示为

$$Q_i(x) = \int_x^{\bar{x}_i} \int_{-(\phi_{i-1}-\hat{\theta}_{i-1}(w))}^{\hat{\theta}_i(w)} q(w,\theta)w\,d\theta\,dw = \lambda \int_x^{\bar{x}_i} \int_{-(\phi_{i-1}-\hat{\theta}_{i-1}(w))}^{\hat{\theta}_i(w)} n(w,\theta)w\,d\theta\,dw \quad (2.14)$$

其中，$\bar{x}_i$ 为沿径向主干道 i 从城市边界到 CBD 的距离（或城市长度）；$\hat{\theta}_i$ 由式（2.10）给出。

交通需求 $Q_i(x)$ 关于 x 的一阶导数为

$$\frac{dQ_i(x)}{dx} = -\lambda \int_{-(\phi_{i-1}-\hat{\theta}_{i-1}(x))}^{\hat{\theta}_i(x)} x n(x,\theta)\,d\theta \quad (2.15)$$

显然，$\dfrac{dQ_i(x)}{dx} < 0$，意味着交通需求 $Q_i(x)$ 是距离 x 的减函数。

【评注 2.4】若家庭居住密度 $n(x,\theta_i)$ 已知，可以由式（2.14）或式（2.15）确定交通需求 $Q_i(x)$，由式（2.4）确定旅行时间 $T_i(x)$，由式（2.1）确定出行成本 $\psi_i(x,\theta_i)$，由式（2.10）确定分界线 $\{B_i, i=1,2,\cdots,M\}$ 或临界角度集合 $\{\hat{\theta}_i(x), i=1,2,\cdots,M\}$。

2.3.2 住房市场均衡

1. 家庭居住地选择行为

假设家庭效用函数满足柯布-道格拉斯效用函数形式：

$$U(x,\theta_i) = z(x,\theta_i)^\alpha g(x,\theta_i)^\beta, \alpha,\beta > 0, \alpha+\beta = 1 \quad (2.16)$$

其中，$U(x,\theta_i)$ 为 (x,θ_i) 处家庭的效用函数；$z(x,\theta_i)$ 为 (x,θ_i) 处家庭的非住房商品消费，其价格标准化为 1；$g(x,\theta_i)$ 为 (x,θ_i) 处家庭的住房消费。

由假设 2.3 可知，每个家庭在预算约束下，通过选择居住位置来最大化家庭效用。家庭效用最大化问题可表示为

$$\max_{z,g} U(x,\theta_i) = z(x,\theta_i)^\alpha g(x,\theta_i)^\beta \quad (2.17)$$

$$\text{s.t.} \quad z(x,\theta_i) + p(x,\theta_i)g(x,\theta_i) = Y - E(x,\theta_i) \quad (2.18)$$

其中，$p(x,\theta_i)$ 为 (x,θ_i) 处单位住房面积的年均租金或房价；Y 为家庭年均收入；$E(x,\theta_i)$ 为 (x,θ_i) 处年均出行成本，表示为

$$E(x,\theta_i) = 2\rho \cdot \psi_i(x,\theta_i) \quad (2.19)$$

其中，系数 "2" 表示每天在 (x,θ_i) 与 CBD 之间的一次往返出行；ρ 为家庭年均出行次数。位置 (x,θ_i) 与 CBD 之间的（单程）平均出行成本 $\psi_i(x,\theta_i)$ 由式（2.1）确定。

将式（2.18）中的 $z(x,\theta_i)$ 代入式（2.17），令 $U(\cdot)$ 关于 g 的一阶导数为 0（$dU/dg = 0$），得到

$$g(x,\theta_i) = \frac{\beta(Y - E(x,\theta_i))}{p(x,\theta_i)} \quad (2.20)$$

当城市居民居住地选择达到均衡时，城市所有家庭的效用相等。令 u 为均衡效用，可得

$$u = z(x,\theta_i)^\alpha g(x,\theta_i)^\beta = (Y - E(x,\theta_i) - p(x,\theta_i)g(x,\theta_i))^\alpha g(x,\theta_i)^\beta \quad (2.21)$$

由式（2.20）和式（2.21），可将 $g(\cdot)$ 和 $p(\cdot)$ 表示为效用 u 的函数：

$$g(x,\theta_i,u) = \alpha^{-\alpha/\beta}(Y - E(x,\theta_i))^{-\alpha/\beta} u^{1/\beta} \quad (2.22)$$

$$p(x,\theta_i,u) = \alpha^{\alpha/\beta}\beta(Y - E(x,\theta_i))^{-1/\beta} u^{-1/\beta} \quad (2.23)$$

式（2.22）和式（2.23）分别表示城市居民居住地选择达到均衡时 (x,θ_i) 处的家庭住房面积和房价。可以发现，给定效用，房价随出行成本增加而降低，家庭住房面积随出行成本增加而增加。

2. 房地产开发商的住房生产行为

房地产开发商通过决策投资强度（或住房供给）来最大化净利润。由假设 2.2 可知，房地产开发商的住房生产行为服从柯布-道格拉斯生产函数，表示为

$$h(S(x,\theta_i)) = \mu \cdot (S(x,\theta_i))^b, \quad 0 < b < 1 \quad (2.24)$$

其中，$h(S(x,\theta_i))$ 为 (x,θ_i) 处单位土地面积的住房供应量；$S(x,\theta_i)$ 为 (x,θ_i) 处单位土地面积的资金投入或投资强度；μ 和 b 为正的参数。

定义 $r(x,\theta_i)$ 为 (x,θ_i) 处单位土地面积的租金或地价，k 为资金利息率。(x,θ_i) 处单位土地面积住房开发的净利润 $\Lambda(x,\theta_i)$ 可表示为

$$\Lambda(x,\theta_i) = p(x,\theta_i)h(S(x,\theta_i)) - (r(x,\theta_i) + kS(x,\theta_i)) \quad (2.25)$$

其中，房价 $p(\cdot)$ 由式（2.23）确定。式（2.25）等号右边第一项为房租总收入，后两项分别为地价成本和资金成本。

房地产开发商的净利润最大化问题可表示为

$$\max_S \Lambda(x,\theta_i) = p(x,\theta_i)\mu S^b - (r(x,\theta_i) + kS) \quad (2.26)$$

式（2.26）的一阶最优性条件为

$$\frac{\partial \Lambda}{\partial S} = p(x,\theta_i)\mu b S^{b-1} - k = 0 \quad (2.27)$$

将式（2.23）中的 $p(\cdot)$ 代入式（2.27），得到投资强度是效用 u 的函数：

$$S(x,\theta_i,u) = (\alpha^{\alpha/\beta}\beta(Y - E(x,\theta_i))^{1/\beta} u^{-1/\beta} \mu b k^{-1})^{\frac{1}{1-b}} \quad (2.28)$$

由此，可求出 (x,θ_i) 处的家庭居住密度 $n(x,\theta_i)$ 为

$$n(x,\theta_i) = \frac{h(S(x,\theta_i,u))}{g(x,\theta_i,u)} = (\mu\alpha^{\alpha/\beta}(\beta b k^{-1})^b)^{1/(1-b)} u^{1/(\beta b - \beta)} (Y - E(x,\theta_i))^{(\alpha+\beta b)/(\beta-\beta b)} \quad (2.29)$$

假设房地产市场为完全竞争市场，那么均衡态下所有房地产开发商的净利润为零，因此可得

$$r(x,\theta_i) = \mu p(x,\theta_i)(S(x,\theta_i))^b - kS(x,\theta_i) \qquad (2.30)$$

将式（2.23）和式（2.28）代入式（2.30）得到

$$r(x,\theta_i,u) = k\left(\frac{1}{b}-1\right)(\alpha^{\alpha/\beta}\beta(Y-E(x,\theta_i))^{1/\beta}u^{-1/\beta}\mu bk^{-1})^{\frac{1}{1-b}} \qquad (2.31)$$

式（2.28）、式（2.29）和式（2.31）给出了均衡态下房地产开发商的投资强度（住房供给）、家庭居住密度和地价。显然，投资强度、家庭居住密度和地价随出行成本或资金利息率的上升而下降。

3. 住房市场供需均衡

住房市场供需均衡条件要求所有家庭居住在城市内部，即

$$\sum_{i=1}^{M}\int_{-(\phi_{i-1}-\hat{\theta}_{i-1})}^{\hat{\theta}_i}\int_0^{\bar{x}_i(\theta)}n(x,\theta)x\mathrm{d}x\mathrm{d}\theta = N \qquad (2.32)$$

其中，N 为城市家庭数量（外生给定），式（2.32）等号左边项为城市所有径向主干道所服务的家庭数量。

在城市边界 $(\bar{x}_i,\theta)$ 处，地价等于农业地租 r_a，即

$$r(\bar{x}_i(\theta),\theta,u) = r_a \qquad (2.33)$$

利用式（2.31），式（2.33）可重写为

$$k\left(\frac{1}{b}-1\right)(\alpha^{\alpha/\beta}\beta(Y-E(\bar{x}_i,\theta))^{1/\beta}u^{-1/\beta}\mu bk^{-1})^{\frac{1}{1-b}} = r_a \qquad (2.34)$$

【评注 2.5】 式（2.22）、式（2.23）、式（2.28）、式（2.29）、式（2.31）、式（2.32）和式（2.34）共同决定了住房市场均衡。给定出行成本 $E(x,\theta_i)$ 或 $\psi_i(x,\theta_i)$ [式（2.19）]，由式（2.32）和式（2.34）可解出城市居民均衡效用 u 和城市边界 $\bar{x}_i$，进而得到以下函数值：家庭住房面积 $g(x,\theta_i)$、房价 $p(x,\theta_i)$、投资强度 $S(x,\theta_i)$、家庭居住密度 $n(x,\theta_i)$ 和地价 $r(x,\theta_i)$。

2.3.3 城市系统均衡解的求解算法

本节提出城市系统均衡解的求解算法。一方面，给定家庭居住密度 $n(x,\theta_i)$，由通勤者路径选择均衡问题可确定交通需求 $Q_i(x)$、旅行时间 $T_i(x)$、出行成本 $\psi_i(x,\theta_i)$，以及分界线 $\{B_i,i=1,2,\cdots,M\}$。另一方面，给定出行成本 $\psi_i(x,\theta_i)$，由住房市场均衡问题可确定家庭居住密度 $n(x,\theta_i)$、家庭住房面积 $g(x,\theta_i)$、房价

$p(x,\theta_i)$、投资强度 $S(x,\theta_i)$、地价 $r(x,\theta_i)$、居民效用 u 和城市边界 $\bar{x}_i$。因此，由通勤者路径选择均衡和住房市场均衡之间的相互关联性，可以得到家庭居住密度和出行成本的稳态解：

$$\boldsymbol{n}^{(0)} \to \boldsymbol{\psi}^{(0)} \to \boldsymbol{n}^{(1)} \to \boldsymbol{\psi}^{(1)} \to \cdots \to (\boldsymbol{n}^*, \boldsymbol{\psi}^*) \tag{2.35}$$

其中，粗体代表对应变量的向量，即 $\boldsymbol{\psi} = \{\psi_i(x,\theta_i)\}$，$\boldsymbol{n} = \{n(x,\theta_i)\}$。

求解城市系统均衡解的具体步骤如下。

（1）初始化家庭居住密度 $\boldsymbol{n}^{(0)}$，根据式（2.13）和式（2.14）确定交通需求向量 $\boldsymbol{Q}^{(0)} = \{Q_i^{(0)}(x)\}$，根据式（2.4）确定旅行时间向量 $\boldsymbol{T}^{(0)} = \{T_i^{(0)}(x)\}$，根据式（2.1）确定出行成本向量 $\boldsymbol{\psi}^{(0)} = \{\psi_i^{(0)}(x,\theta_i)\}$，根据式（2.10）确定临界角度向量 $\hat{\boldsymbol{\theta}}^{(0)} = \{\hat{\theta}_i^{(0)}(x)\}$。设置迭代计数器 $l=1$。

（2）求解式（2.32）和式（2.34）构成的方程组，得到 $u^{(l)}$ 和 $\{\bar{x}_i^{(l)}\}$，将它们代入式（2.22）、式（2.23）、式（2.28）、式（2.29）和式（2.31），可得向量 $\boldsymbol{g}^{(l)}$、$\boldsymbol{p}^{(l)}$、$\boldsymbol{S}^{(l)}$、$\boldsymbol{n}^{(l)}$ 和 $\boldsymbol{r}^{(l)}$。

（3）根据式（2.13）和式（2.14）确定交通需求向量 $\boldsymbol{Q}^{(l)}$，根据式（2.4）确定旅行时间向量 $\boldsymbol{T}^{(l)}$，根据式（2.1）确定辅助出行成本向量 $\tilde{\boldsymbol{\psi}}^{(l)}$ 和临界角度向量 $\hat{\boldsymbol{\theta}}^{(l)}$。

（4）根据 $\boldsymbol{\psi}^{(l+1)} = \boldsymbol{\psi}^{(l)} + (\tilde{\boldsymbol{\psi}}^{(l)} - \boldsymbol{\psi}^{(l)})/l$，更新出行成本。

（5）若出行成本相对差 $\|\boldsymbol{\psi}^{(l+1)} - \boldsymbol{\psi}^{(l)}\| / \|\boldsymbol{\psi}^{(l)}\|$ 在误差允许范围内，则停止迭代；否则，令 $l=l+1$，返回步骤（2）。

在步骤（1）中，可假定城市居民分布初始状态为均匀分布，即城市各处家庭居住密度相等。在步骤（2）中，式（2.32）和式（2.34）构成的方程组可使用迭代法求解，迭代时固定其他变量并依次更新决策变量 $\{\bar{x}_i\}$ 和 u。具体来说，为 $\{\bar{x}_i\}$ 选择好初始值后，求解式（2.32）得到 u 的值，然后使用二分法求解式（2.34），得到 $\{\bar{x}_i\}$ 的值。重复该迭代过程，直到求得 $\{\bar{x}_i\}$ 和 u 的解。

2.4 主干道密度优化模型

如前所述，政府的目标是通过优化二维单中心城市的径向主干道密度（数量）来实现城市系统的社会福利最大化。社会福利是城市系统中所有参与者净收益之和，包括所有家庭的效用、外居地主从房地产开发商处获取的净地价总额，减去道路总投资成本。社会福利最大化问题可表示为

$$\max_M \ \mathrm{SW} = \zeta u N + \sum_{i=1}^M \int_{-(\phi_{i-1}-\hat{\theta}_{i-1})}^{\hat{\theta}_i} \int_0^{\bar{x}_i(\theta)} (r(x,\theta) - r_a) x \mathrm{d}\theta \mathrm{d}x - \sum_{i=1}^M \Phi_i \tag{2.36}$$

其中，SW 为社会福利；参数 ζ 将居民效用转换为当量货币单位；$r(x,\theta)$ 由 2.3 节中的城市系统均衡模型确定；Φ_i 为主干道 i 的投资成本。式（2.36）等号右边的第一项表示城市所有家庭的总效用，第二项表示外居地主获得的净地价总额，第三项表示径向主干道的总投资成本。

假设主干道 i 的投资成本 Φ_i 是关于主干道 i 的长度 $\bar{x}_i$ 和通行能力 K_i 的函数，且成正比，表示为

$$\Phi_i = \delta \bar{x}_i K_i \tag{2.37}$$

其中，δ 为正的常数。

式（2.36）是以径向主干道数量为决策变量的整数规划问题。一般情况下，这类问题较难求解（Li et al.，2012c）。但城市径向主干道数量通常是有限的，因此，可以通过枚举的方法得到径向主干道数量的最优解。

2.5 模型应用

本节将使用一个数值算例来阐明所提出模型的应用。该算例旨在探明道路服务水平、城市人口规模、家庭收入水平等因素对主干道最优密度和城市系统性能的影响。该算例也研究了拥挤收费和道路设施投资（新建径向主干道）等策略对城市经济带来的影响。

为定量评估拥挤收费和新建径向主干道对城市经济的影响，定义如下指标。

$$\text{城市面积（或规模）city area} = \sum_{i=1}^{M} \int_{-(\phi_{i-1}-\hat{\theta}_{i-1})}^{\hat{\theta}_i} \int_0^{\bar{x}_i(\theta)} x \mathrm{d}x \mathrm{d}\theta \tag{2.38}$$

$$\text{平均家庭居住密度} = N / \text{city area} \tag{2.39}$$

$$\text{平均家庭住房面积} = \sum_{i=1}^{M} \int_{-(\phi_{i-1}-\hat{\theta}_{i-1})}^{\hat{\theta}_i} \int_0^{\bar{x}_i(\theta)} g(x,\theta) n(x,\theta) x \mathrm{d}x \mathrm{d}\theta / N \tag{2.40}$$

$$\text{平均房价} = \sum_{i=1}^{M} \int_{-(\phi_{i-1}-\hat{\theta}_{i-1})}^{\hat{\theta}_i} \int_0^{\bar{x}_i(\theta)} p(x,\theta) x \mathrm{d}x \mathrm{d}\theta / \text{city area} \tag{2.41}$$

$$\text{平均地价} = \sum_{i=1}^{M} \int_{-(\phi_{i-1}-\hat{\theta}_{i-1})}^{\hat{\theta}_i} \int_0^{\bar{x}_i(\theta)} r(x,\theta) x \mathrm{d}x \mathrm{d}\theta / \text{city area} \tag{2.42}$$

$$\text{平均投资强度} = \sum_{i=1}^{M} \int_{-(\phi_{i-1}-\hat{\theta}_{i-1})}^{\hat{\theta}_i} \int_0^{\bar{x}_i(\theta)} S(x,\theta) x \mathrm{d}x \mathrm{d}\theta / \text{city area} \tag{2.43}$$

算例中，我们假设城市所有径向主干道具有相同的自由流旅行时间和通行能力。输入参数的基准值（基本情形）见表 2.1。除非特别声明，否则，输入参数取值与基本情形一致。

表 2.1 算例输入参数的基准值

符号	定义	基准值
N	城市人口规模或家庭数量/个	500000
Y	家庭年均收入/元	100000
K_i	通行能力/（辆/小时）	6000
r_a	城市边界的农业地租/（元/公里^2）	300000
α, β	家庭效用函数的参数	0.75，0.25
b, μ	住房生产函数的参数	0.7，0.8×10^{-8}
k	资金利息率/%	5
c_{i0}	固定出行成本/元	10
c_{i1}, c_{i2}	可变出行成本/[元/（辆·公里）]	1.0，1.0
V_0	平均车速/（公里/小时）	50
t_{i0}	单位距离的自由流旅行时间/（小时/公里）	0.02
τ	单位旅行时间的货币价值/（元/小时）	20
ρ	家庭年均出行次数	365
η	家庭日均出行次数	1.0
δ	道路总投资成本函数的参数	500
ζ	将居民效用转换为当量货币单位的参数	80
ξ	高峰小时系数	0.1

2.5.1 道路服务水平、城市人口规模、家庭收入水平对主干道密度的影响

本节研究道路服务水平、城市人口规模、家庭收入水平对径向主干道最优密度（数量）的影响。图 2.2 给出了在道路通行能力与径向主干道数量构成的二维平面中城市系统社会福利等值线。可以看出，给定道路通行能力，随着主干道数量增加，城市系统的社会福利先增加后减少，社会福利最大值在社会福利等值线与给定道路通行能力水平线切点处取得。例如，道路通行能力为 4950 辆/小时的水平线与社会福利等值线在点 F 相切，表明道路通行能力为 4950 辆/小时时，城市径向主干道的最优数量为 7 条。图 2.2 中虚线表示不同道路通行能力下的最大社会福利，表明随着道路通行能力的增加，径向主干道的最优数量减少，反之亦然。

图 2.3 描述了城市系统社会福利随家庭数量和径向主干道数量的变化情况。可以发现，给定的家庭数量对应的水平线与社会福利等值线相切，切点对应该社会福利下最优的径向主干道数量。例如，当家庭数量为 300000 个时，径向主干道的最优数量为 8 条。图 2.3 中虚线为不同家庭数量下的最大社会福利，表明径向主干道的最优数量随家庭数量增加而增加。

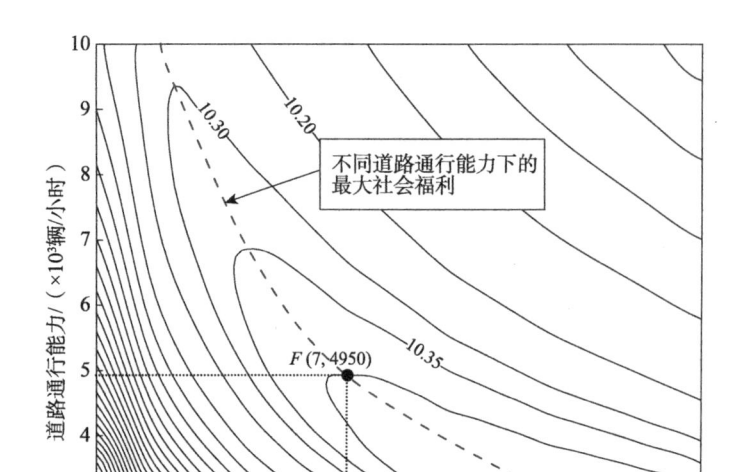

图 2.2 社会福利随主干道数量和道路通行能力的变化

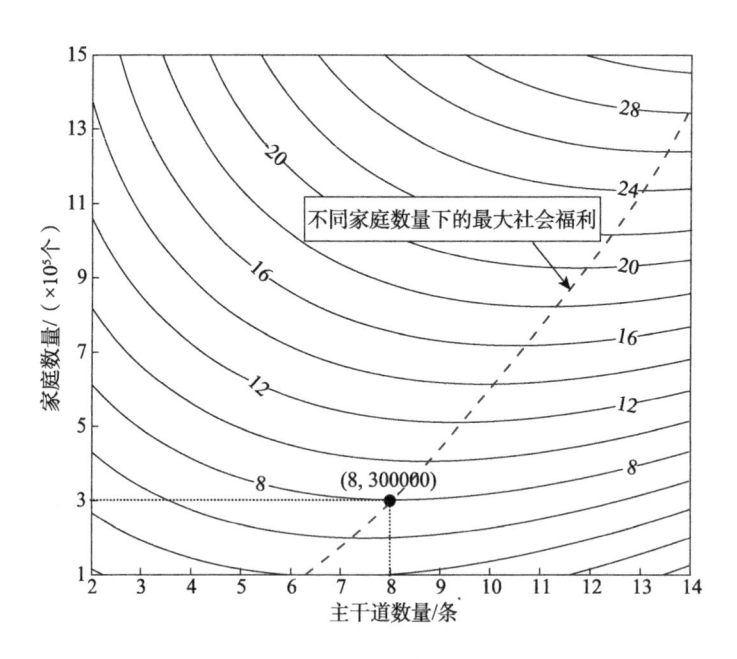

图 2.3 社会福利随主干道数量和家庭数量的变化

图 2.4 给出了城市系统社会福利随家庭年均收入和径向主干道数量的变化。可以发现，不论家庭年均收入如何变化，城市径向主干道的最优数量都是 7 条，这意味着家庭年均收入对径向主干道的最优数量没有显著影响。

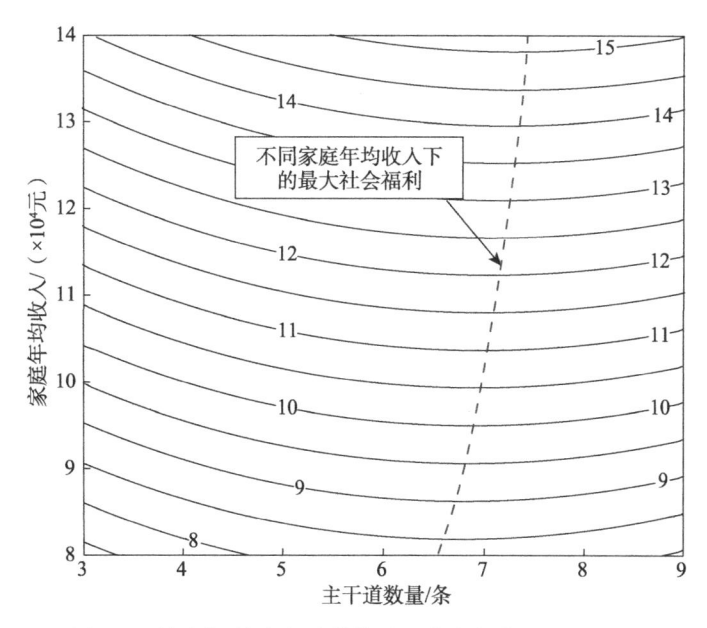

图 2.4 社会福利随主干道数量和家庭年均收入的变化

2.5.2 最优拥挤收费对径向主干道密度的影响

拥挤收费通常包括第一最优拥挤收费、基于警戒线（cordon-based）的拥挤收费及基于距离的拥挤收费（Mitchell et al., 2005；Li et al., 2012a）。在城市经济学领域，第一最优拥挤收费和基于警戒线的拥挤收费已被广泛研究（Mun et al., 2003；Verhoef, 2005；Anas and Rhee, 2006；Li et al., 2012a；de Lara et al., 2013）。

本书研究基于距离的拥挤收费对径向主干道最优密度（数量）的影响。基于距离的拥挤收费假定征收的通行费与行驶距离成正比，即拥挤收费等于行驶距离乘以单位距离收费水平。图 2.5 描述了城市系统社会福利随单位距离收费水平和径向主干道数量的变化。可以发现，当单位距离收费水平为 0.36 元/公里、径向主干道数量为 6 条时，城市系统社会福利达到最大值 103.890 亿元（表 2.2）。

表 2.2 归纳了拥挤收费对城市系统的影响。表明：①实施拥挤收费使城市面积缩小了 234.1 公里^2（从 1261.1 公里^2 缩小至 1027.0 公里^2），这是因为拥挤收费增加了家庭年均出行成本，居民倾向于向城市 CBD 方向迁徙以降低出行成本；②城市平均家庭居住密度、平均房价、平均投资强度及平均地价分别增加了 90.4 个/公里^2、92.3 元/米^2、2540 万元/公里^2、60 万元/公里^2，但平均家庭住房面积减少了 0.6 米^2；③由于出行成本增加，拥挤收费导致家庭效用降低了 4.6；④由于城市规模缩小，道路总投资成本降低了 5580 万元；⑤由于地价上涨，地价总额增加了 6280 万元。总体而言，城市系统社会福利增加了 1880 万元（从 103.702 亿元增至 103.890 亿元）。

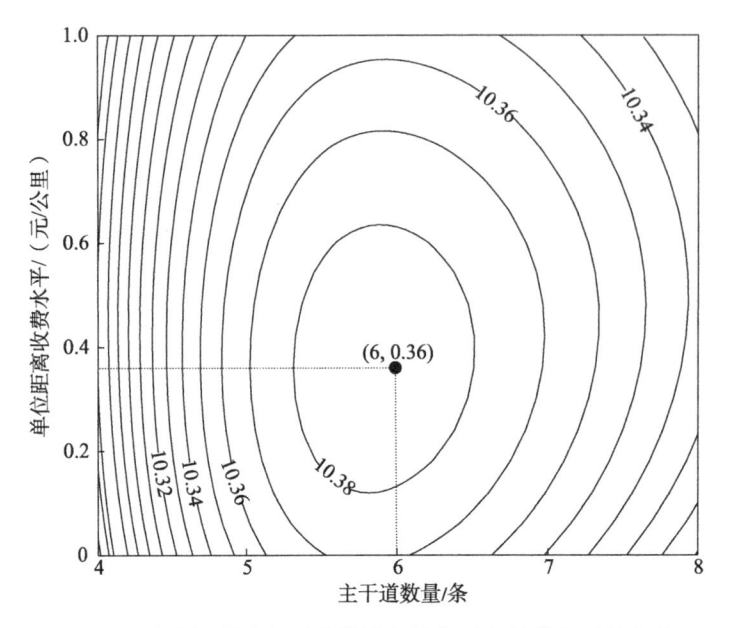

图 2.5　社会福利随主干道数量和单位距离收费水平的变化

表 2.2　有无拥挤收费下城市系统性能指标的比较

性能指标	有拥挤收费	无拥挤收费
城市面积/公里^2	1261.1	1027.0
平均家庭居住密度/（个/公里^2）	396.5	486.9
平均家庭住房面积/米^2	7.8	7.2
平均房价/（元/米^2）	2061.4	2153.7
平均地价/（万元/公里^2）	240	300
平均投资强度/（万元/公里^2）	11310	13850
家庭效用	203.4	198.8
地价总额/万元	267690	273970
道路总投资成本/万元	44100	38520
社会福利/亿元	103.702	103.890

2.5.3　新建径向主干道对城市系统的影响

本节将解决以下两个问题：①在城市什么位置新建径向主干道是最好的？②新建径向主干道对城市系统带来什么影响？考虑一个具有 5 条径向主干道的城市，主干道编号分别为 1、2、3、4、5（图 2.6 中的粗实线），5 条径向主干道间的夹角分别为 120°、40°、50°、60° 和 90°。

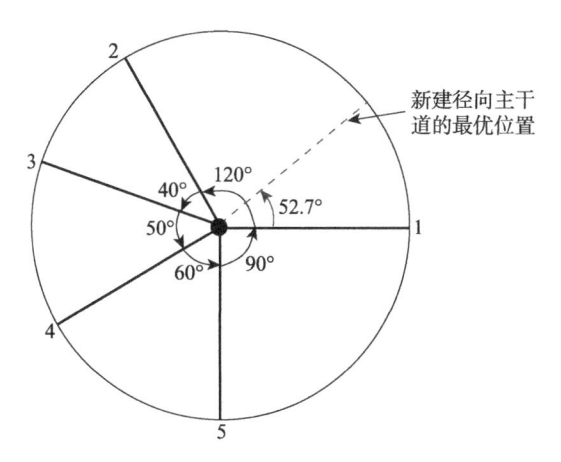

图 2.6 新建径向主干道的最优位置

1. 新建径向主干道的最佳位置

为确定城市中新建径向主干道的最佳位置，图 2.7 显示了新建主干道在现有任意两条相邻主干道之间的任何位置所产生的社会福利。R_{ij} 表示在主干道 i 和 j 之间插入新建径向主干道。可以看到，新建径向主干道的最佳位置应在径向主干道 1 和 2 之间，且距离径向主干道 1 约 0.92 弧度（52.7°），对应的最大社会福利为 103.59 亿元。

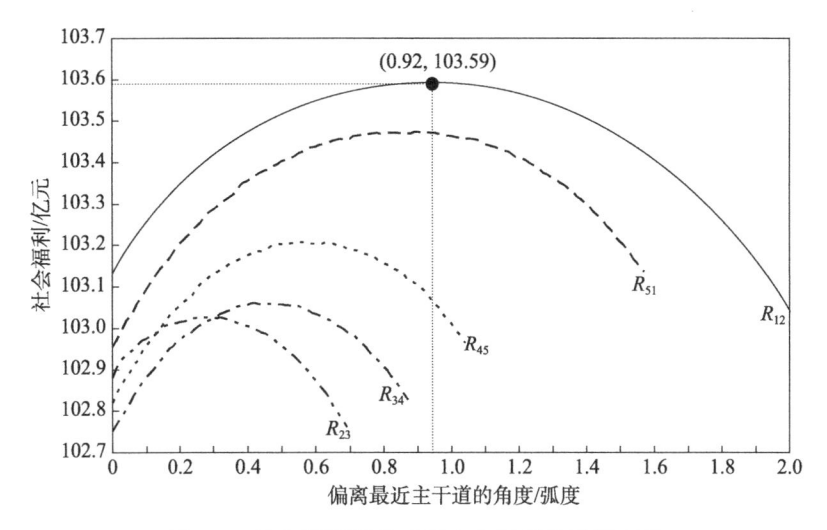

图 2.7 社会福利随新建径向主干道位置的变化

2. 新建径向主干道前后城市系统性能的比较

图 2.8（a）～图 2.8（d）显示了新建径向主干道之前，平均家庭居住密度、

平均房价、平均家庭住房面积及平均投资强度的等高线图，图 2.8（e）～图 2.8（h）为新建径向主干道之后对应的结果。通过对比发现，新建径向主干道会改变城市的空间形态，城市由原来的五角星变为六角星。同时，平均家庭居住密度、平均房价和平均投资强度降低，但平均家庭住房面积增大。具体来说，图 2.8（a）和图 2.8（e）表明，城市边界的平均家庭居住密度减少了 0.5 个/公里^2（从 61.0 个/公里^2 降至 60.5 个/公里^2），市中心的平均家庭居住密度减少了 648 个/公里^2（从 3992 个/公里^2 降至 3344 个/公里^2）；图 2.8（b）和图 2.8（f）表明，城市边界的平均房价降低了 3 元/米^2（从 1248 元/米^2 降至 1245 元/米^2），市中心的平均房价降低了 250 元/米^2（从 4836 元/米^2 降至 4586 元/米^2）；图 2.8（c）和图 2.8（g）表明，城市边界的平均家庭住房面积增加了 0.18 米^2（从 13.24 米^2 到 13.42

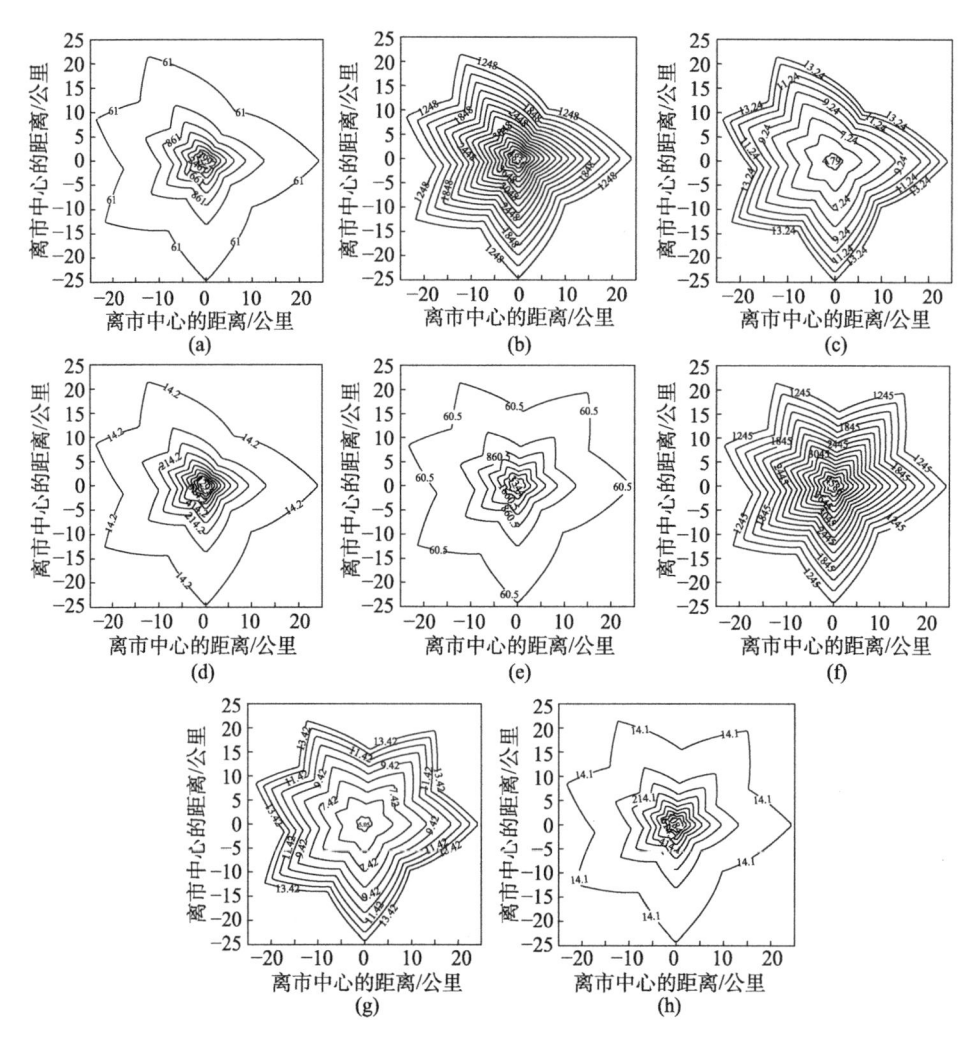

图 2.8　新建径向主干道前后城市系统性能的比较

米^2），市中心的平均家庭住房面积增加了 0.26 米^2（从 4.79 米^{2}到 5.05 米^2）；图 2.8（d）和图 2.8（h）表明，城市边界的平均投资强度减少了 10 万元/公里^2（由 1420 万元/公里^{2}减至 1410 万元/公里^2），市中心的平均投资强度减少了 2.11 亿元/公里^2（从 12.95 亿元/公里^{2}减至 10.84 亿元/公里^2）。

表 2.3 进一步归纳了新建径向主干道对城市系统性能的影响。表明：新建径向主干道使城市面积扩大了 87.8 公里^2，平均家庭住房面积增加了 0.2 米^2；平均家庭居住密度从 432.9 个/公里^{2}减至 402.3 个/公里^2，平均房价从 2094.8 元/米^{2}降至 2067.7 元/米^2，平均地价从 260 万元/公里^{2}降至 250 万元/公里^2，平均投资强度从 12270 万元/公里^{2}减至 11470 万元/公里^2。结果，家庭效用增加了 2.7 个效用单位，地价总额减少了 830 万元，道路总投资成本增加了 6990 万元，社会福利增加了 2910 万元。

表 2.3 城市系统新建一条主干道前后性能指标的比较

性能指标	新建主干道前	新建主干道后
城市面积/公里^2	1155.1	1242.9
平均家庭居住密度/（个/公里^2）	432.9	402.3
平均家庭住房面积/米^2	7.5	7.7
平均房价/（元/米^2）	2094.8	2067.7
平均地价/（万元/公里^2）	260	250
平均投资强度/（万元/公里^2）	12270	11470
家庭效用	200.3	203.0
地价总额/万元	268970	268140
道路总投资成本/万元	37290	44280
社会福利/亿元	103.298	103.589

2.6 本章小结

本章研究了二维单中心城市主干道密度优化问题。考虑了城市系统中的四类参与者：政府、房地产开发商、城市居民和通勤者，他们有各自的决策变量和目标，决策之间相互影响，共同构成相互关联、相互作用的均衡问题，包括通勤者路径选择均衡、家庭居住地选择均衡及住房市场供需均衡。本章建立了城市系统均衡模型，设计了启发式算法来求解该均衡问题。提出了径向主干道密度优化模型以最大化城市系统的社会福利，提出的模型可以内生确定城市居住分布、投资强度、地价、房价和家庭住房面积等。利用数值算例评估了道路服务水平、城市人口规模和家庭收入水平对主干道密度最优解的影响。此外，也对拥挤收费和新建主干道进行了比较静态分析。提出的模型可作为城市可持续发展的战略规划工具，也可作为交通、土地利用和住房政策的评估工具。

研究结果表明：①道路服务水平（道路通行能力）和城市人口规模（家庭数量）对径向主干道的最优密度（数量）有显著影响，具体来说，径向主干道的最优数量随家庭数量的增加而增加，但随道路通行能力的提高而减少，家庭收入水平（家庭年均收入）对径向主干道的最优密度（数量）没有显著影响；②拥挤收费方案的实施将减小城市规模，从而导致更紧凑的城市结构，它也将提高城市系统的社会福利，节省政府对道路交通基础设施的投资，但牺牲家庭效用；③新建径向主干道后，城市规模扩大，从而导致分散的城市结构，家庭和整个城市系统均可从道路交通基础设施投资中获益。

虽然本章提出的建模方法为揭示土地利用、住房市场、交通基础设施改进之间的相互作用提供了新思路，但仍存在诸多问题值得进一步研究。首先，本章基于单中心城市假设，但现代城市一般有多个商业中心。因此，有必要将单中心城市结构拓展到多中心城市结构情形（Wong，1998；Yin et al.，2013；Ho et al.，2013）。其次，本章仅考虑单一出行方式（私家车），忽略了私家车与公共交通之间的竞争和替代作用，未来可将单方式出行系统拓展到多方式出行系统（Capozza，1976；Anas and Moses，1979；Li et al.，2012a）。最后，本章假定所有家庭同质，然而，Kwon（2003）的实证研究表明，家庭收入水平可能会影响居住地选择，未来有必要进一步探讨异质家庭的决策行为差异。

参 考 文 献

Alonso W. 1964. Location and Land Use: Toward A General Theory of Land Rent[M]. Cambridge: Harvard University Press.

Anas A. 1982. Residential Location Markets and Urban Transportation: Economic Theory, Econometrics and Policy Analysis with Discrete Choice Models[M]. New York: Academic Press.

Anas A, Moses L N. 1979. Mode choice, transport structure and urban land use[J]. Journal of Urban Economics, 6(2): 228-246.

Anas A, Rhee H J. 2006. Curbing excess sprawl with congestion tolls and urban boundaries[J]. Regional Science and Urban Economics, 36(4): 510-541.

Anas A, Xu R. 1999. Congestion, land use, and job dispersion: A general equilibrium model[J]. Journal of Urban Economics, 45(3): 451-473.

Baum-Snow N. 2007. Suburbanization and transportation in the monocentric model[J]. Journal of Urban Economics, 62(3): 405-423.

Beckmann M J. 1969. On the distribution of urban rent and residential density[J]. Journal of Economic Theory, 1(1): 60-67.

Beckmann M J. 1974. Spatial equilibrium in the housing market[J]. Journal of Urban Economics, 1(1): 99-107.

Brueckner J K. 2007. Urban growth boundaries: An effective second-best remedy for unpriced traffic congestion?[J]. Journal of Housing Economics, 16(3-4): 263-273.

Capozza D R. 1976. Land use in a city with two modes of transportation[J]. Southern Economic Journal, 42(3): 442-450.

de Lara M, de Palma A, Kilani M, et al. 2013. Congestion pricing and long term urban form: Application to Paris region[J]. Regional Science and Urban Economics, 43(2): 282-295.

D'Este G. 1987. Trip assignment to radial major roads[J]. Transportation Research Part B: Methodological, 21(6): 433-442.

Fujita M. 1989. Urban Economic Theory[M]. Cambridge: Cambridge University Press.

Henneberry J. 1998. Transport investment and house prices[J]. Journal of Property Valuation and Investment, 16(2): 144-158.

Ho H W, Wong S C. 2007. Housing allocation problem in a continuum transportation system[J]. Transportmetrica, 3(1): 21-39.

Ho H W, Wong S C, Sumalee A. 2013. A congestion-pricing problem with a polycentric region and multi-class users: A continuum modeling approach[J]. Transportmetrica A: Transport Science, 9(6): 514-545.

Kraus M. 2006. Monocentric cities[M]//Arnott R J, McMillan D P. A Companion to Urban Economics. Oxford: Blackwell Publishing: 96-108.

Kwon Y. 2003. The effect of a change in wages on welfare in a two-class monocentric city[J]. Journal of Regional Science, 43(1): 63-72.

Li Z C, Lam W H K, Wong S C. 2012a. Modeling intermodal equilibrium for bimodal transportation system design problems in a linear monocentric city[J]. Transportation Research Part B: Methodological, 46(1): 30-49.

Li Z C, Lam W H K, Wong S C, et al. 2012b. Modeling the effects of integrated rail and property development on the design of rail line services in a linear monocentric city[J]. Transportation Research Part B: Methodological, 46(6): 710-728.

Li Z C, Lam W H K, Wong S C, et al. 2012c. Design of a rail transit line for profit maximization in a linear transportation corridor[J]. Transportation Research Part E: Logistics and Transportation Review, 48(1): 50-70.

Liu T L, Huang H J, Yang H, et al. 2009. Continuum modeling of park-and-ride services in a linear monocentric city with deterministic mode choice[J]. Transportation Research Part B: Methodological, 43(6): 692-707.

McDonald J F. 2009. Calibration of a monocentric city model with mixed land use and congestion[J]. Regional Science and Urban Economics, 39(1): 90-96.

McDonald J F, Osuji C I. 1995. The effect of anticipated transportation improvement on residential land values[J]. Regional Science and Urban Economics, 25(3): 261-278.

Mikelbank B A. 2004. Spatial analysis of the relationship between housing values and investments in transportation infrastructure[J]. The Annals of Regional Science, 38(4): 705-726.

Mills E S. 1972. Studies in the structure of the urban economy[J]. Baltimore: The Johns Hopkins Press.

Mitchell G, Namdeo A, Milne D. 2005. The air quality impact of cordon and distance based road user charging: an empirical study of Leeds, UK[J]. Atmospheric Environment, 39(33): 6231-6242.

Mun S I, Konishi K J, Yoshikawa K. 2003. Optimal cordon pricing[J]. Journal of Urban Economics, 54(1): 21-38.

Muth R F. 1969. Cities and Housing[M]. Chicago: University of Chicago Press.

O'Sullivan A. 2000. Urban Economics[M]. Boston: Irwin/McGraw-Hill Higher Education.

Quigley J M. 1984. The production of housing services and the derived demand for residential energy[J]. The RAND Journal of Economics, 15(4): 555-567.

Solow R M. 1972. Congestion, density and the use of land in transportation[J]. The Swedish Journal of Economics, 74(1): 161-173.

Solow R M. 1973. Congestion cost and the use of land for streets[J]. The Bell Journal of Economics and Management Science, 4(2): 602-618.

Song Y, Zenou Y. 2006. Property tax and urban sprawl: Theory and implications for US cities[J]. Journal of Urban Economics, 60(3): 519-534.

Verhoef E T. 2005. Second-best congestion pricing schemes in the monocentric city[J]. Journal of Urban Economics, 58(3): 367-388.

Wang J Y T, Yang H, Lindsey R. 2004. Locating and pricing park-and-ride facilities in a linear monocentric city with deterministic mode choice[J]. Transportation Research Part B: Methodological, 38(8): 709-731.

Wong S C. 1994. An alternative formulation of D'Este's trip assignment model[J]. Transportation Research Part B: Methodological, 28(3): 187-196.

Wong S C. 1998. Multi-commodity traffic assignment by continuum approximation of network flow with variable demand[J]. Transportation Research Part B: Methodological, 32(8): 567-581.

Yin J, Wong S C, Sze N N, et al. 2013. A continuum model for housing allocation and transportation emission problems in a polycentric city[J]. International Journal of Sustainable Transportation, 7(4): 275-298.

第 3 章　城市轨道交通线路设计优化模型

3.1 概　　述

近年来，随着城镇化进程的加快和经济的快速发展，我国一些大城市的规模持续扩张，如北京、上海、香港。城市道路资源稀缺，无法满足日益增长的交通需求，导致交通拥堵加剧。为解决日益严峻的交通拥堵问题，许多大城市大力发展轨道交通项目，包括建设新线路或延伸现有线路。例如，上海市人民政府将轨道交通 11 号线向西延伸了 5.76 公里，增设了 4 个站点；香港特别行政区政府新建了沙田新区至中环的地铁线路，共 10 个站点，总长 17 公里。

地铁线路结构与运营参数包括线路长度、站点数量及位置、发车间隔、票价等（表 3.1），这些参数的设计主要取决于研究区域的人口密度，这是因为人口密度直接影响乘客需求。例如，在人口稀少的城市（如很多西方国家的城市），运营商更倾向投资短程的轨道交通线路以最小化社会成本（Spasovic and Schonfeld，1993；Spasovic et al.，1994）。但在人口稠密的香港，市民的日常出行主要依赖公共交通。为获得更高利润，运营商倾向将轨道交通线路从城市 CBD 延伸至城市郊区。因此，研究轨道交通线路参数设计与城市人口密度之间的关联性对城市轨道交通项目投资决策至关重要。

显然，城市轨道交通线路长度与投资成本之间存在各种权衡，例如，线路长度与线路的服务范围、建设及运营成本密切相关。线路越长，服务范围越大，但建设及运营成本更高；线路越短，建设及运营成本越低，但服务范围越小。车站间距直接影响列车运行速度和总的车站停留时间，从而影响乘客需求。缩小车站间距可以缩短乘客平均到站时间，但频繁的停车将增加列车加速/减速引起的延误，从而延长乘客平均车内旅行时间且增加列车运营成本。相反，扩大车站间距可以提高列车运行速度，缩短乘客平均车内旅行时间，但也延长乘客平均到站时间。这些权衡与轨道交通运营收入直接相关，因此，设计轨道交通线路结构和运营参数（包括线路长度、站点数量和位置、发车间隔、票价等）时应当小心谨慎。

自 Vuchic 和 Newell（1968）开创性地采用连续解析建模方法来研究轨道交通站点选址和车站间距优化问题后，公共交通服务设计问题研究取得了重大进展。为方便读者，表 3.1 归纳了各种解析模型对公共交通服务设计问题的主要贡献，

表 3.1　公共交通服务设计问题解析模型研究

文献	决策变量	目标函数	交通方式	网络形状	乘客需求
Vuchic 和 Newell（1968）	车站位置和车站间距	最小化乘客总车内旅行时间	轨道	线性	均匀、固定、多对一
Vuchic（1969）	车站位置和车站间距	最大化乘客数量	轨道	线性	均匀、固定、多对一
Hurdle（1973）	线路间距和发车频率	最小化运营商和乘客成本	接驳巴士转轨道	矩形网格	分段均匀、固定、多对一
Hurdle 和 Wirasinghe（1980）	车站位置或车站间距	最小化运营商和乘客成本	轨道	矩形网格	均匀、固定、多对一
Wirasinghe 和 Ghoneim（1981）	车站间距	最小化运营商和乘客成本	巴士	线性	分段均匀、固定、多对多
Kocur 和 Hendrickson（1982）	线路间距、发车间隔和票价	最大化运营商利润、最大化乘客收益	巴士	矩形网格	弹性、多对一
Wirasinghe 和 Seneviratne（1986）	线路长度	最小化运营商和乘客成本	轨道	线性	分段均匀、固定、多对一
Kuah 和 Perl（1988）	线路间距、发车间隔和车站间距	最小化运营商和乘客成本	接驳巴士转轨道	矩形网格	分段均匀、固定、多对一
Chang 和 Schonfeld（1993）	区域规模、线路长度、线路间距和发车间隔	最小化运营商和乘客成本	巴士	矩形网格	均匀、固定、多对一
Spasovic 等（1994）	线路间距、线路长度、发车间隔和票价	最大化运营商利润、最大化社会福利	巴士	矩形网格	均匀、弹性、多对一
Liu 等（1996）	线路位置和长度	最小化运营商和乘客成本	接驳巴士转轨道	线性	分段均匀、固定、多对多
Chien 和 Schonfeld（1997）	线路间距和发车间隔	最小化运营商和乘客成本	巴士	矩形网格	均匀、固定、多对多
Furth 和 Rahbee（2000）	车站间距	最小化运营商和乘客成本	巴士	线性	均匀、固定、多对一
Saka（2001）	车站间距	最小化公交车队规模	巴士	线性	固定、一对一
Wirasinghe 等（2002）	终点站位置	最小化运营商和乘客成本	接驳巴士转轨道	线性	分段均匀、固定、多对多
Chien 和 Qin（2004）	车站位置	最小化运营商和乘客成本	巴士	线性	离散、固定、多对一

包括决策变量（线路和站点选址、车站间距、发车间隔和票价）、目标函数（如最小化系统总成本，即运营商和乘客成本之和）、交通方式（如轨道、巴士、接驳巴士转轨道）、网络形状（如线性、矩形网格）、乘客需求（固定/弹性需求、均匀/分段均匀/离散需求、一对一/多对一/多对多需求）。

表 3.1 表明大多数模型以最小化运营商和乘客成本之和为目标,主要原因是西方国家的城市人口密度较低,导致公共交通行业需要政府补贴。但对东亚地区人口密集的大城市,如香港,公共交通服务不需要政府补贴也能实现营利,主要原因是香港大多数人以公共交通作为主要出行工具,近 1100 万日出行人次中超过 90%的出行由私营公交企业提供服务(Transport Department, 2003)。在香港公交运营环境下,私营公交企业的目标既不是社会福利最大化也不是道路资源的有效利用,而是自身经营利润最大化(Lam and Zhou, 2000; Zhou et al., 2005; Li et al., 2009)。因此,研究人口密度与私营公交企业利润之间的关系十分重要。

表 3.1 也表明,现有相关研究主要关注近似或数值优化公共交通服务设计参数,较少关注模型解的性质,如目标函数关于决策变量的凹凸性等。此外,关于公共交通服务定价机制影响的研究也很少。实际中,单一票价制和基于距离的票价制对公共交通服务吸引力和乘客需求水平的影响存在很大差异。

本章提出轨道交通线路结构与运营参数设计优化模型。考虑长度为 B 的线性交通走廊,如图 3.1 所示。走廊中的轨道交通线连接城市郊区和 CBD,沿线站点依次记为 $\{1,2,\cdots,N+1\}$。D_s 为站点 s 到 CBD 的距离,D_1 为线路长度。优化的轨道交通参数包括线路长度 D_1、站点数量 $N+1$、站点位置 $D_s, s=2,\cdots,N$、发车间隔 H 以及从站点 s 到 CBD 的票价 f_s。模型参数的定义见表 3.2。

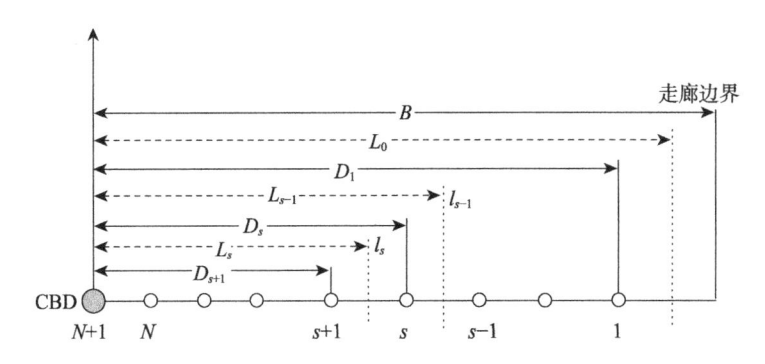

图 3.1 线性交通走廊中的轨道交通线路结构

表 3.2 模型参数定义

符号	定义	基准值
B	交通走廊长度/公里	—
C	总成本/(元/小时)	—
C_O	轨道交通运营成本/(元/小时)	—
C_L	轨道交通线路成本/(元/小时)	—
C_S	轨道交通车站成本/(元/小时)	—
D_s	车站 s 与 CBD 之间的距离/公里;$\mathbf{D}=(D_s, s=1,2,\cdots,N)$ 为对应的向量	—

续表

符号	定义	基准值
e_a	步行到车站时间的灵敏度系数/小时$^{-1}$	0.98
e_w	车站等待时间的灵敏度系数/小时$^{-1}$	0.98
e_t	车内旅行时间的灵敏度系数/小时$^{-1}$	0.49
e_f	票价的灵敏度系数/元$^{-1}$	0.098
f_s	从车站 s 到 CBD 的票价/元	—
F	车队规模（或列车数量）/辆	—
$g(x)$	位置 x 处的人口密度/（人/公里^2）	—
g_0	CBD 处的人口密度/（人/公里^2）	—
G	城市总人口数量/人	—
H	列车车头时距/（小时/辆）	—
K	列车容量，包括坐着和站着的乘客数量/（人/辆）	1800
L_s	客流分界线 l_s 与 CBD 之间的距离/公里	—
$N+1$	轨道交通线路上的车站总数/个	—
$P(x)$	位置 x 处的潜在乘客需求密度/[人/（公里·小时）]	—
P_0	CBD 处的潜在乘客需求密度/[人/（公里·小时）]	—
$q(x,s)$	位置 x 处使用车站 s 的乘客需求密度/[人/（公里·小时）]	—
Q_s	车站 s 的乘客需求/（人/小时）	—
R	轨道交通运营商的总收入/（元/小时）	—
t_s	乘客从车站 s 到 CBD 的车内旅行时间/小时	—
T_{s1}	列车从车站 s 到 CBD 的运行时间/小时	—
T_{s2}	列车从车站 s 到 CBD 的总停留时间/小时	—
T_0	循环线上终点站停留时间/小时	0.08
$u_s(x)$	位置 x 处的乘客步行到车站 s 的时间/小时	—
V_t	列车的平均运行速度/（公里/小时）	40
V_a	乘客的平均步行速度/（公里/小时）	4.0
w_s	乘客在车站 s 的平均等待时间/小时	—
π	运营商的净利润（π 为单一票价制，$\hat{\pi}$ 为基于距离的票价制）/（元/小时）	—
α	乘客等待时间与车头时距的比率	0.5
β_0	列车在车站的平均停留时间/小时	0.01
γ_0	轨道交通线路固定成本/（元/小时）	750
γ_1	轨道交通线路可变成本/[元/（公里·小时）]	300
μ_0	列车固定运营成本/（元/小时）	1350
μ_1	列车可变运营成本/[元/（辆·小时）]	540
Λ_0	轨道交通车站固定成本/（元/小时）	1250
Λ_1	轨道交通车站可变成本/[元/（个·小时）]	500
Θ	轨道交通线路上列车往返一次的时间/小时	—
θ	密度梯度	—
η	每位乘客日均出行次数	1.0
ϕ	高峰小时系数，即高峰小时客流量与日均客流量之比	0.1
ζ	轨道交通线路上终点站数量/个	1.0

本章的贡献主要体现在三个方面：①为探讨不同公交定价机制（单一票价制和基于距离的票价制）的影响，提出两个利润最大化模型；②分析和比较模型解的性质，特别是均匀人口分布和均匀车站间距情形，推导单一票价制和基于距离的票价制关于运营商利润的无差别条件；③设计求解模型的启发式算法，评价模型主要参数（人口密度、轨道交通线路成本、城市形态等）对轨道交通线路设计和地铁运营可营利性的影响。

3.2 基本假设与乘客需求

3.2.1 基本假设

【假设 3.1】为简化模型，假设连接 CBD 与郊区的交通走廊是线性的。相关研究经常采用这一假设（Wang et al.，2004；Liu et al.，2009）。

【假设 3.2】假定研究时间区间为 1 小时时间段，如早晨上班高峰小时，它通常是一天中最拥挤的时段。因此，研究的出行需求为多对一模式。

【假设 3.3】假设列车在行驶路线的每个站点均停靠，平均停留时间为常数；乘客选择距离自己最近的站点进站上车。相关研究也经常采用这一假设（Wirasinghe and Ghoneim, 1981；Kuah and Perl, 1988；Chien and Schonfeld, 1997, 1998；Chien and Qin, 2004）。

【假设 3.4】假设交通走廊沿线的人口密度服从负指数分布（Anas，1982；O'Sullivan，2000）。与 CBD 距离为 x 处的人口密度为 $g(x) = g_0\exp(-\theta x)$，$\forall x \in [0, B]$，其中，$g_0$ 为 CBD 处的人口密度，$\theta (\geqslant 0)$ 为密度梯度，用来描述人口密度随距离增加而下降的速度。θ 越大，城市边缘的人口密度越小，城市越紧凑；θ 越小，城市越分散；当 θ 为 0 时，人口密度函数为均匀分布。因此，研究区域内总人口数量为 $G = \int_0^B g_0\exp(-\theta x)\,\mathrm{d}x$。

【假设 3.5】使用弹性需求密度函数来刻画乘客对轨道交通服务水平的响应。轨道交通服务水平可由广义出行成本来度量，包括步行到车站的时间、车站等待时间、车内旅行时间、票价等。乘客对轨道交通服务水平的响应包括使用其他出行方式（如私家车、巴士或步行）或放弃出行（Li et al.，2009）。

3.2.2 站点的乘客需求

轨道交通线路上任意两相邻车站竞争两站点间的乘客需求。因此，两站点间存在一个分界线将相邻站点间的区段分为两个子段，如图 3.1 所示。这两个子段的乘客分别选择该区段的上游站和下游站上车。设 l_s 为站点 s 和站点 $s+1$ 之间的客流分界线，L_s 为分界线 l_s 到 CBD 的距离。基于假设 3.3，乘客选择距离自己最近的站点进站上车，因此，客流分界线 l_s 为区段 $(s, s+1)$ 的中点，即

$$L_s = \frac{D_s + D_{s+1}}{2}, \forall s = 1, 2, \cdots, N \tag{3.1}$$

其中，$D_{N+1} = 0$。

令 $q(x,s)$ 为交通走廊中位置 x 处选择站点 s 上车的乘客需求密度。站点 s 的总乘客需求 Q_s 可由式（3.2）计算：

$$Q_s = \int_{L_s}^{L_{s-1}} q(x,s) \mathrm{d}x, \forall s = 1, 2, \cdots, N \tag{3.2}$$

其中，$L_s, s = 1, 2, \cdots, N$ 由式（3.1）确定。L_0 为站点 1 和城市边界之间的居民使用轨道交通服务的最远距离，如图 3.1 所示。在该位置之外（$x > L_0$），没有人愿意乘坐轨道交通。因此，L_0 满足：

$$q(L_0, 1) = 0, L_0 \in [D_1, B] \tag{3.3}$$

其中，$q(L_0, 1)$ 为 L_0 处选择站点 1 上车的乘客需求密度。

为确定 $q(x,s)$，首先定义位置 x 处的潜在乘客需求密度，记为 $P(x)$。定义 η 为研究区域内每位乘客日均出行次数，根据假设 3.4，$\eta g(x)$ 表示位置 x 处每天的潜在乘客需求密度。令 ϕ 为高峰小时系数，即高峰小时客流量与日均客流量之比。$P(x)$ 可由式（3.4）计算：

$$P(x) = \phi \eta g_0 \exp(-\theta x) = P_0 \exp(-\theta x), \forall x \in [0, B] \tag{3.4}$$

其中，P_0 为 CBD 处的潜在乘客需求密度，且 $P_0 = \phi \eta g_0$。ϕ 将日均客流量转换为高峰小时客流量。

轨道交通乘客需求通常对票价和各种时间要素（步行到车站的时间、车站等待时间、车内旅行时间）敏感，因此，需求具有弹性。为刻画乘客需求弹性，本章采用线性弹性需求密度函数：

$$q(x,s) = P(x)(1 - e_a u_s(x) - e_w w_s - e_t t_s - e_f f_s), \forall x \in [0, B], s = 1, 2, \cdots, N \tag{3.5}$$

其中，$u_s(x)$ 为位置 x 处的乘客步行到车站 s 的时间，与两者间的距离有关；w_s 为乘客在车站 s 的平均等待时间；t_s 为乘客从车站 s 到 CBD 的车内旅行时间；f_s 为从车站 s 到 CBD 的票价。参数 e_a、e_w、e_t 和 e_f 分别为乘客步行到车站的时间、车站等待时间、车内旅行时间及票价的灵敏度系数。

为确保乘客需求非负，应满足：

$$0 \leq 1 - e_a u_s(x) - e_w w_s - e_t t_s - e_f f_s \leq 1, \forall x \in [L_s, L_{s-1}], s = 1, 2, \cdots, N \tag{3.6}$$

参数 e_a、e_w、e_t 和 e_f 并非需求弹性的实际测度。比值 e_a / e_f、e_w / e_f 和 e_t / e_f 分别为步行到车站时间、车站等待时间和车内旅行时间的价值。一般来说，步行

到车站时间的价值要大于车内旅行时间的价值（Chang and Schonfeld，1991），因此 $e_a > e_t$。

此外，为方便分析，本章采用线性需求函数。其他类型的需求函数（如指数需求函数）也可以采用，但通常很难推导出解析解。无论采用何种非线性需求函数，均可通过一阶泰勒级数展开，将非线性需求函数近似为线性需求函数。

下面定义线性需求函数［式（3.5）］中各时间组成部分。乘客步行到车站时间 $u_s(x)$ 取决于位置 x 与车站 s 间的距离及乘客的平均步行速度 V_a，可表示为

$$u_s(x) = \begin{cases} (D_s - x)/V_a, & \forall x \leqslant D_s \\ (x - D_s)/V_a, & \forall x > D_s \end{cases}, \forall x \in [0, B], s = 1, 2, \cdots, N \quad (3.7)$$

乘客在车站 s 的平均等待时间 w_s 可由式（3.8）计算：

$$w_s = \alpha H, \forall s = 1, 2, \cdots, N \quad (3.8)$$

其中，H 为列车车头时距；α 取决于列车车头时距和乘客到站分布。在常数车头时距和乘客均匀到站分布假设下，$\alpha = 0.5$。

乘客从车站 s 到 CBD 的车内旅行时间 t_s 包括列车运行时间 T_{s1} 和站点总停留时间 T_{s2}，即

$$t_s = T_{s1} + T_{s2}, \forall s = 1, 2, \cdots, N \quad (3.9)$$

其中，列车运行时间 T_{s1} 等于列车运行的距离 D_s 除以列车平均运行速度 V_t，即

$$T_{s1} = \frac{D_s}{V_t}, \forall s = 1, 2, \cdots, N \quad (3.10)$$

根据假设 3.3，列车在每个站点的停留时间为常数。因此，列车从车站 s 到 CBD 的总停留时间 T_{s2} 为

$$T_{s2} = \beta_0(N + 1 - s), \forall s = 1, 2, \cdots, N \quad (3.11)$$

其中，β_0 为列车在站点的平均停留时间，可根据实际观测数据进行校正得到（Lam et al.，1998）。

将式（3.5）～式（3.11）代入式（3.2），Q_s 可进一步表示为

$$Q_s = \lambda_s \int_{L_s}^{L_{s-1}} P(x) \mathrm{d}x - \frac{e_a}{V_a} \left(\int_{L_s}^{D_s} P(x)(D_s - x) \mathrm{d}x + \int_{D_s}^{L_{s-1}} P(x)(x - D_s) \mathrm{d}x \right), \forall s = 1, 2, \cdots, N \quad (3.12)$$

其中，

$$\lambda_s = 1 - e_w w_s - e_t t_s - e_f f_s = 1 - e_w \alpha H - e_t \left(\frac{D_s}{V_t} + \beta_0(N + 1 - s) \right) - e_f f_s, \forall s = 1, 2, \cdots, N \quad (3.13)$$

基于式（3.3）～式（3.13），轨道交通线路的最大服务长度 L_0 为

$$L_0 = D_1 + \frac{V_a}{e_a} \lambda_1 \quad (3.14)$$

其中，λ_1可根据式（3.13）得到。

3.3 利润最大化模型及其性质

3.3.1 利润最大化模型

如前所述，轨道交通运营商的目标是实现自身净利润最大化。净利润π等于票价总收入R减去总成本C，即

$$\pi = R - C \tag{3.15}$$

1. 总成本C

总成本C涉及列车运营、轨道交通线路和车站三个方面（Chien and Schonfeld，1997，1998）。因此，列车总成本由轨道交通运营成本C_O、轨道交通线路成本C_L和轨道交通车站成本C_S组成，即

$$C = C_O + C_L + C_S \tag{3.16}$$

轨道交通运营成本C_O包括固定运营成本μ_0和可变运营成本$\mu_1 F$，其中，F为车队规模（或列车数量），μ_1为每辆列车单位时间的运营成本，即

$$C_O = \mu_0 + \mu_1 F \tag{3.17}$$

其中，F等于列车往返一次的时间Θ除以车头时距H，即

$$F = \frac{\Theta}{H} \tag{3.18}$$

其中，列车往返一次的时间Θ包括列车在终点站的总停留时间、列车运行时间和沿途车站总停留时间，即

$$\Theta = \zeta T_0 + 2(T_{11} + T_{12}) \tag{3.19}$$

其中，ζ为终点站数量；T_0为列车在每个终点站的停留时间，假设为常数；T_{11}和T_{12}分别为列车从车站1到CBD的运行时间和总停留时间。由式（3.10）和式（3.11），可得出$T_{11} = D_1 / V_t$和$T_{12} = \beta_0 N$。

轨道交通线路成本C_L由固定成本γ_0（如线路间接成本、管理费）和可变成本$\gamma_1 D_1$（如土地征用、线路建设和劳动力成本）组成，可变成本与轨道交通线路长度成正比，即

$$C_L = \gamma_0 + \gamma_1 D_1 \tag{3.20}$$

其中，γ_1为每公里每小时轨道交通线路的可变成本。

轨道交通车站成本C_S包括固定成本（如车站间接成本、管理费）和可变成本（如车站土地征用、建设、运营和维护成本），可变成本等于站点数量乘以每个车

站的可变成本。因此，C_S 可表示为

$$C_S = \varLambda_0 + \varLambda_1(N+1) \tag{3.21}$$

其中，$\varLambda_0$ 为车站固定成本；$\varLambda_1$ 为每个车站单位时间的可变成本。

2. 总收入 R

总收入等于所有车站的乘客数量乘以相应票价之和，即

$$R = \sum_{s=1}^{N} f_s Q_s \tag{3.22}$$

其中，车站 s 的乘客需求 Q_s 由式（3.12）计算；f_s 与票价机制有关。

不同的公交票价机制导致运营商有不同的运营收入。本章考虑两种票价机制：一种是单一票价制，无论行程长短，所有乘客支付相同的票价；另一种是基于距离的票价制，票价随着行程长度线性增长。用数学公式表示如下。

（1）单一票价制：

$$f_s = \bar{f}, \forall s = 1, 2, \cdots, N \tag{3.23}$$

其中，$\bar{f}$ 为常数。

（2）基于距离的票价制：

$$f_s = f_0 + \hat{f} D_s, \forall s = 1, 2, \cdots, N \tag{3.24}$$

其中，f_0 和 $\hat{f}$ 分别为票价的固定部分和可变部分（单位里程票价）。

根据式（3.15）～式（3.24），单一票价制和基于距离的票价制下的利润最大化问题可分别表示为

$$\begin{aligned}\max\ \bar{\pi}(\boldsymbol{D}, H, \bar{f}) = &\bar{f} \sum_{s=1}^{N} Q_s - \left[\mu_0 + \frac{\mu_1}{H}\left(\zeta T_0 + \frac{2D_1}{V_t} + 2\beta_0 N\right)\right] \\ &- (\gamma_0 + \gamma_1 D_1) - [\varLambda_0 + \varLambda_1(N+1)]\end{aligned} \tag{3.25}$$

和

$$\begin{aligned}\max\ \hat{\pi}(\boldsymbol{D}, H, \hat{f}) = &\sum_{s=1}^{N}(f_0 + \hat{f} D_s) Q_s - \left[\mu_0 + \frac{\mu_1}{H}\left(\zeta T_0 + \frac{2D_1}{V_t} + 2\beta_0 N\right)\right] \\ &- (\gamma_0 + \gamma_1 D_1) - [\varLambda_0 + \varLambda_1(N+1)]\end{aligned} \tag{3.26}$$

其中，$\boldsymbol{D}$ 为站点位置向量，$\boldsymbol{D} = (D_s, s=1,2,\cdots,N)$。$Q_s$ 由式（3.12）确定。决策变量包括轨道交通线路长度 D_1、站点位置 $D_2, \cdots, D_N$、列车车头时距 H 及票价 $\bar{f}$ 或 $\hat{f}$。

令各目标函数关于其决策变量的偏导数为零并同时求解，可得到线路长度、车站位置、车头时距和票价的最优解。命题如下，其证明见附录 A.1。

【命题 3.1】单一票价制和基于距离的票价制下轨道交通线路长度、车站位置、列车车头时距和票价的最优解满足表 3.3 中的方程组。

表 3.3 不同票价机制下轨道交通线路长度、车站位置、车头时距和票价的最优解

单一票价制	基于距离的票价制
$\begin{cases} \dfrac{\partial \bar{\pi}}{\partial D_s} = \bar{f} \sum\limits_{i=s-1}^{s+1} \dfrac{\partial Q_i}{\partial D_s} - \Delta_s \left(\dfrac{2\mu_1}{HV_t} + \gamma_1 \right) \\ \quad = 0, s = 1, \cdots, N \\ H = \sqrt{\dfrac{\mu_1 \left(\zeta T_0 + \dfrac{2D_1}{V_t} + 2\beta_0 N \right)}{\alpha e_w \bar{f} \sum\limits_{s=1}^{N} \int_{L_{s-1}}^{L_s} P(x) \mathrm{d}x}} \\ \bar{f} = \dfrac{\sum\limits_{s=1}^{N} Q_s}{e_f \sum\limits_{s=1}^{N} \int_{L_{s-1}}^{L_s} P(x) \mathrm{d}x} \end{cases}$	$\begin{cases} \dfrac{\partial \hat{\pi}}{\partial D_s} = \hat{f} Q_s + \sum\limits_{i=s-1}^{s+1} (f_0 + \hat{f} D_i) \dfrac{\partial Q_i}{\partial D_s} - \Delta_s \left(\dfrac{2\mu_1}{HV_t} + \gamma_1 \right) \\ \quad = 0, s = 1, \cdots, N \\ H = \sqrt{\dfrac{\mu_1 \left(\zeta T_0 + \dfrac{2D_1}{V_t} + 2\beta_0 N \right)}{\alpha e_w \sum\limits_{s=1}^{N} (f_0 + \hat{f} D_s) \int_{L_{s-1}}^{L_s} P(x) \mathrm{d}x}} \\ \hat{f} = \dfrac{\sum\limits_{s=1}^{N} D_s Q_s - f_0 e_f \sum\limits_{s=1}^{N} D_s \int_{L_{s-1}}^{L_s} P(x) \mathrm{d}x}{e_f \sum\limits_{s=1}^{N} D_s^2 \int_{L_{s-1}}^{L_s} P(x) \mathrm{d}x} \end{cases}$

其中，如果 $s=1$，则 $\Delta_s=1$，否则 $\Delta_s=0$。$\partial Q_i/\partial D_s$ 由以下公式得到：

$$\begin{cases} \dfrac{\partial Q_{s-1}}{\partial D_s} = \dfrac{1}{2} P(L_{s-1}) \left(-\lambda_{s-1} + \dfrac{e_a}{V_a}(D_{s-1} - L_{s-1}) \right), \forall s = 2, \cdots, N \\ \dfrac{\partial Q_1}{\partial D_1} = \dfrac{\partial \lambda_1}{\partial D_1} \int_{L_1}^{L_0} P(x) \mathrm{d}x + \lambda_1 \left(P(L_0) \left(1 + \dfrac{V_a}{e_a} \dfrac{\partial \lambda_1}{\partial D_1} \right) - \dfrac{1}{2} P(L_1) \right) - \dfrac{e_a}{V_a} \left(\int_{L_1}^{D_1} P(x) \mathrm{d}x - \int_{D_1}^{L_0} P(x) \mathrm{d}x \right) \\ \quad + \dfrac{e_a}{V_a} \left(\dfrac{1}{2} P(L_1)(D_1 - L_1) - \lambda_1 P(L_0) \dfrac{V_a}{e_a} \left(1 + \dfrac{V_a}{e_a} \dfrac{\partial \lambda_1}{\partial D_1} \right) \right) \\ \dfrac{\partial Q_s}{\partial D_s} = \dfrac{\partial \lambda_s}{\partial D_s} \int_{L_{s-1}}^{L_s} P(x) \mathrm{d}x + \dfrac{1}{2} \lambda_s \left(P(L_{s-1}) - P(L_s) \right) - \dfrac{e_a}{V_a} \left(\int_{L_s}^{D_s} P(x) \mathrm{d}x - \int_{D_s}^{L_{s-1}} P(x) \mathrm{d}x \right) \\ \quad + \dfrac{e_a}{2V_a} \left(P(L_s)(D_s - L_s) - P(L_{s-1})(L_{s-1} - D_s) \right), \forall s = 2, \cdots, N \\ \dfrac{\partial Q_{s+1}}{\partial D_s} = \dfrac{1}{2} P(L_s) \left(\lambda_{s+1} - \dfrac{e_a}{V_a}(L_s - D_{s+1}) \right), \forall s = 1, 2, \cdots, N-1 \end{cases}$$

其中，$\dfrac{\partial \lambda_s}{\partial D_s} = \begin{cases} -e_t/V_t, & \text{单一票价制} \\ -(e_t/V_t + e_f \hat{f}), & \text{基于距离的票价制} \end{cases}, \forall s = 1, 2, \cdots, N$

下面考虑均匀车站间距这一特殊情形，也可视为平均车站间距。均匀车站间距解可作为轨道交通线路规划设计（特别是在轨道交通线路规划设计的早期阶段）的基准指标。

令 δ 为轨道交通线路的均匀车站间距，根据式（3.1）得到 $D_s = (N+1-s)\delta$ 和 $L_s = \left(N - s + \dfrac{1}{2} \right) \delta$，代入式（3.12）～式（3.14）、式（3.25）和式（3.26），可推导出均匀车站间距下利润最大化模型 [式（3.25）和式（3.26）] 的一阶最优性条件如下（证明与命题 3.1 的证明类似，此处省略）。

【命题 3.2】 单一票价制和基于距离的票价制下轨道交通线路均匀车站间距、车头时距和票价的最优解满足表 3.4 中的方程组。

表 3.4　不同票价机制下均匀车站间距、车头时距和票价的最优解

单一票价制	基于距离的票价制
$\begin{cases}\dfrac{\partial \bar{\pi}}{\partial \delta}=\bar{f}\sum\limits_{s=1}^{N}\dfrac{\partial Q_s}{\partial \delta}-\left(\dfrac{2\mu_1}{HV_t}+\gamma_1\right)N=0 \\ H=\sqrt{\dfrac{\mu_1\left(\zeta T_0+\dfrac{2N\delta}{V_t}+2\beta_0 N\right)}{\alpha e_w \bar{f}\sum\limits_{s=1}^{N}\int_{L_s}^{L_{s-1}}P(x)\mathrm{d}x}} \\ \bar{f}=\dfrac{\sum\limits_{s=1}^{N}Q_s}{e_f\sum\limits_{s=1}^{N}\int_{L_s}^{L_{s-1}}P(x)\mathrm{d}x}\end{cases}$	$\begin{cases}\dfrac{\partial \hat{\pi}}{\partial \delta}=\sum\limits_{s=1}^{N}\left(\hat{f}(N+1-s)Q_s+(f_0+\hat{f}\delta(N+1-s))\dfrac{\partial Q_s}{\partial \delta}\right)-\left(\dfrac{2\mu_1}{HV_t}+\gamma_1\right)N=0 \\ H=\sqrt{\dfrac{\mu_1\left(\zeta T_0+\dfrac{2N\delta}{V_t}+2\beta_0 N\right)}{\alpha e_w \sum\limits_{s=1}^{N}(f_0+\hat{f}\delta(N+1-s))\int_{L_s}^{L_{s-1}}P(x)\mathrm{d}x}} \\ \hat{f}=\dfrac{\sum\limits_{s=1}^{N}(N+1-s)Q_s-f_0 e_f\sum\limits_{s=1}^{N}(N+1-s)\int_{L_s}^{L_{s-1}}P(x)\mathrm{d}x}{\delta e_f\sum\limits_{s=1}^{N}(N+1-s)^2\int_{L_s}^{L_{s-1}}P(x)\mathrm{d}x}\end{cases}$

其中，$\partial Q_s/\partial \delta$ 由以下公式得到：

$$\begin{cases}\dfrac{\partial Q_1}{\partial \delta}=\dfrac{\partial \lambda_1}{\partial \delta}\int_{L_1}^{L_0}P(x)\mathrm{d}x+\lambda_1\left(\left(N+\dfrac{V_a}{e_a}\dfrac{\partial \lambda_1}{\partial \delta}\right)P(L_0)-\left(N-\dfrac{1}{2}\right)P(L_1)\right)-\dfrac{e_a}{V_a}N\left(\int_{L_1}^{D_1}P(x)\mathrm{d}x-\int_{D_1}^{L_0}P(x)\mathrm{d}x\right) \\ \qquad+\dfrac{e_a}{V_a}\left(\dfrac{\delta}{2}\left(N-\dfrac{1}{2}\right)P(L_1)-\lambda_1 P(L_0)\dfrac{V_a}{e_a}\left(N+\dfrac{V_a}{e_a}\dfrac{\partial \lambda_1}{\partial \delta}\right)\right) \\ \dfrac{\partial Q_s}{\partial \delta}=\dfrac{\partial \lambda_s}{\partial \delta}\int_{L_s}^{L_{s-1}}P(x)\mathrm{d}x+\lambda_s\left(\left(N-s+\dfrac{3}{2}\right)P(L_{s-1})-\left(N-s+\dfrac{1}{2}\right)P(L_s)\right) \\ \qquad-\dfrac{e_a}{V_a}(N+1-s)\left(\int_{L_s}^{D_s}P(x)\mathrm{d}x-\int_{D_s}^{L_{s-1}}P(x)\mathrm{d}x\right) \\ \qquad+\dfrac{\delta}{2}\dfrac{e_a}{V_a}\left(\left(N-s+\dfrac{1}{2}\right)P(L_s)-\left(N-s+\dfrac{3}{2}\right)P(L_{s-1})\right),\forall s=2,\cdots,N\end{cases}$$

其中，$\dfrac{\partial \lambda_s}{\partial \delta}=\begin{cases}-(N+1-s)e_t/V_t,\text{单一票价制} \\ -(N+1-s)(e_t/V_t+e_f\hat{f}),\text{基于距离的票价制}\end{cases},\forall s=1,2,\cdots,N$

3.3.2　模型解的性质

本节研究利润最大化模型 [式（3.25）和式（3.26）] 的性质。由表 3.3 的一阶最优性条件，单一票价制下利润 $\bar{\pi}$ 关于车头时距 H 和票价 $\bar{f}$ 的二阶偏导数为

$$\begin{cases}\dfrac{\partial^2 \bar{\pi}}{\partial H^2}=-\alpha e_w \bar{f}P(L_0)\dfrac{\partial L_0}{\partial H}-\dfrac{2\mu_1}{H^3}\left(\zeta T_0+\dfrac{2D_1}{V_t}+2\beta_0 N\right) \\ \qquad=(\alpha e_w)^2 \bar{f}P(L_0)\dfrac{V_a}{e_a}-\dfrac{2\mu_1}{H^3}\left(\zeta T_0+\dfrac{2D_1}{V_t}+2\beta_0 N\right) \\ \dfrac{\partial^2 \bar{\pi}}{\partial \bar{f}^2}=-e_f\bar{f}P(L_0)\dfrac{\partial L_0}{\partial \bar{f}}-2e_f\sum\limits_{s=1}^{N}\int_{L_s}^{L_{s-1}}P(x)\mathrm{d}x=e_f{}^2\bar{f}P(L_0)\dfrac{V_a}{e_a}-2e_f\sum\limits_{s=1}^{N}\int_{L_s}^{L_{s-1}}P(x)\mathrm{d}x \\ \dfrac{\partial^2 \bar{\pi}}{\partial H \partial \bar{f}}=-\alpha e_w\sum\limits_{s=1}^{N}\int_{L_s}^{L_{s-1}}P(x)\mathrm{d}x+\alpha e_w e_f \bar{f}P(L_0)\dfrac{V_a}{e_a}\end{cases} \qquad (3.27)$$

基于距离的票价制下利润 $\hat{\pi}$ 关于 H 和 $\hat{f}$ 的二阶偏导数为

$$\begin{cases} \dfrac{\partial^2 \hat{\pi}}{\partial H^2} = (\alpha e_w)^2 (f_0 + \hat{f} D_1) P(L_0) \dfrac{V_a}{e_a} - \dfrac{2\mu_1}{H^3} \left(\zeta T_0 + \dfrac{2D_1}{V_t} + 2\beta_0 N \right) \\ \dfrac{\partial^2 \hat{\pi}}{\partial \hat{f}^2} = (e_f D_1)^2 (f_0 + \hat{f} D_1) P(L_0) - 2e_f \sum_{s=1}^{N} D_s^2 \int_{L_s}^{L_{s-1}} P(x) \mathrm{d}x \\ \dfrac{\partial^2 \hat{\pi}}{\partial H \partial \hat{f}} = -\alpha e_w \sum_{s=1}^{N} D_s \int_{L_s}^{L_{s-1}} P(x) \mathrm{d}x + \alpha e_w e_f D_1 (f_0 + \hat{f} D_1) P(L_0) \dfrac{V_a}{e_a} \end{cases} \quad (3.28)$$

式（3.27）和式（3.28）表明，$\bar{\pi}$（或 $\hat{\pi}$）关于 H 和 $\bar{f}$（或 $\hat{f}$）的二阶偏导数的符号与轨道交通线路的最大服务长度 L_0 及城市人口密度有关。所有二阶偏导数可能是负的、正的或零。因此，给定所有其他变量，$\bar{\pi}$（或 $\hat{\pi}$）关于 H 和 $\bar{f}$（或 $\hat{f}$）的凹性不一定满足，因而，不能保证车头时距和票价的最优解唯一。根据式（3.27）和式（3.28），我们得到以下结果。

【命题 3.3】 给定车站数量 N 和车站位置向量 $\mathbf{D}$，利润函数 $\bar{\pi}$（或 $\hat{\pi}$）为 H 和 $\bar{f}$（或 $\hat{f}$）的凹函数，当且仅当满足 $\dfrac{\partial^2 \bar{\pi}}{\partial H^2} < 0$，$\dfrac{\partial^2 \bar{\pi}}{\partial \bar{f}^2} < 0$ 和 $\dfrac{\partial^2 \bar{\pi}}{\partial H^2} \dfrac{\partial^2 \bar{\pi}}{\partial \bar{f}^2} - \left(\dfrac{\partial^2 \bar{\pi}}{\partial H \partial \bar{f}} \right)^2 > 0$（或 $\dfrac{\partial^2 \hat{\pi}}{\partial H^2} < 0$，$\dfrac{\partial^2 \hat{\pi}}{\partial \hat{f}^2} < 0$ 和 $\dfrac{\partial^2 \hat{\pi}}{\partial H^2} \dfrac{\partial^2 \hat{\pi}}{\partial \hat{f}^2} - \left(\dfrac{\partial^2 \hat{\pi}}{\partial H \partial \hat{f}} \right)^2 > 0$）。

当人口密度服从均匀分布时，$g(x) = g_0$（或潜在乘客需求密度 $P(x) = P_0$，根据式（3.4），两者等价，不会引起混淆），得到以下结果。

【命题 3.4】 对于单一票价制，给定车站数量 N、车头时距 H 和票价 $\bar{f}$，当轨道交通沿线人口密度为均匀分布时，利润函数 $\bar{\pi}$ 是关于线路长度 D_1 和站点位置 $D_2, D_3, \cdots, D_N$ 的凹函数。

命题 3.4 的证明见附录 A.2。命题 3.4 表明，对于单一票价制和均匀人口分布，当其他变量给定时，轨道交通线路长度和车站位置的最优解唯一。但最优解的唯一性对基于距离的票价制不适用，举例说明如下。

【例 3.1】 考虑一条从城市 CBD 向外延伸的轨道交通线路。线路上有 3 个车站：一个位于 CBD 区域（$D_3 = 0$），另外两个车站（D_1 和 D_2）的位置为决策变量。假设使用基于距离的票价制，即 $f_s = \hat{f} D_s, s = 1,2$。下面我们证明，给定车头时距 H、单位距离票价 $\hat{f}$ 和均匀人口密度（$P(x) = P_0$），由式（3.26）定义的利润函数 $\hat{\pi}$ 关于 D_1 和 D_2 可能非凹。为了说明这一点，我们需要判断以下海赛（Hessian）矩阵的负定性：

$$H_2(\hat{\pi}) = \left(\frac{\partial^2 \hat{\pi}}{\partial D_i \partial D_j} \right) = \begin{pmatrix} \dfrac{\partial^2 \hat{\pi}}{\partial D_1^2} & \dfrac{\partial^2 \hat{\pi}}{\partial D_1 \partial D_2} \\ \dfrac{\partial^2 \hat{\pi}}{\partial D_2 \partial D_1} & \dfrac{\partial^2 \hat{\pi}}{\partial D_2^2} \end{pmatrix} \quad (3.29)$$

根据式（3.12）~式（3.14）和 $P(x) = P_0$，可得

$$Q_s = \lambda_s P_0 (L_{s-1} - L_s) - \frac{e_a P_0}{2V_a}((D_s - L_s)^2 + (L_{s-1} - D_s)^2), \quad \forall s = 1, 2 \quad (3.30)$$

其中，$\lambda_s = 1 - e_w \alpha H - e_t \beta_0 (3-s) - \left(\dfrac{e_t}{V_t} + e_f \hat{f} \right) D_s, s = 1, 2$。$L_s, s = 0, 1, 2$ 可通过式（3.1）和式（3.14）得到。

$\hat{\pi}$ 关于 $D_s, s = 1, 2$ 的二阶偏导数为

$$\begin{cases} \dfrac{\partial^2 \hat{\pi}}{\partial D_1^2} = -\hat{f} P_0 \left(\left(\dfrac{e_t}{V_t} + e_f \hat{f} \right) \left(2\lambda_1 \dfrac{V_a}{e_a} + 2D_1 - D_2 \right) \right. \\ \qquad\qquad \left. + \dfrac{1}{4} \dfrac{e_a}{V_a} (3D_1 - D_2) - D_1 \dfrac{V_a}{e_a} \left(\dfrac{e_t}{V_t} + e_f \hat{f} \right)^2 - \lambda_1 \right) \\ \dfrac{\partial^2 \hat{\pi}}{\partial D_1 \partial D_2} = \hat{f} P_0 \left(\dfrac{1}{2} \left(\dfrac{e_t}{V_t} + e_f \hat{f} \right) (D_1 - D_2) + \dfrac{1}{4} \dfrac{e_a}{V_a} (D_1 + D_2) + \dfrac{1}{2} (\lambda_2 - \lambda_1) \right) \\ \dfrac{\partial^2 \hat{\pi}}{\partial D_2^2} = -\hat{f} P_0 \left(\left(\dfrac{e_t}{V_t} + e_f \hat{f} \right) D_1 - \dfrac{e_a}{V_a} \left(\dfrac{1}{4} D_1 - \dfrac{3}{2} D_2 \right) \right) \end{cases} \quad (3.31)$$

令 $\dfrac{\partial^2 \hat{\pi}}{\partial D_2^2} = 0$，可得

$$D_2 = \left(\frac{1}{6} - \frac{2}{3} \frac{V_a}{e_a} \left(\frac{e_t}{V_t} + e_f \hat{f} \right) \right) D_1 \quad (3.32)$$

因此，式（3.29）中 $H_2(\hat{\pi})$ 的二阶顺序主子式总小于0，即

$$\det(H_2(\hat{\pi})) = -\left(\frac{\partial^2 \hat{\pi}}{\partial D_1 \partial D_2} \right)^2 < 0 \quad (3.33)$$

这意味着存在至少一个站点位置的可行解使得 $(-1)^s \det(H_s(\hat{\pi})) > 0$ 不满足 [对称矩阵为负定的充分必要条件（Strang，2006）]。这表明，即使人口密度服从均匀分布，$\hat{\pi}$ 关于站点位置向量 $\boldsymbol{D}$ 也可能不是凹的。因此，给定其他变量，即使人口密度服从均匀分布，基于距离的票价制下的轨道交通线路长度和车站位置最优解的唯一性也无法得到保证。

但是，以下命题表明两种票价机制下的均匀车站间距的最优解唯一。证明详

见附录 A.3。

【命题 3.5】给定车站数量 N、车头时距 H 和票价 $\bar{f}$（或 $\hat{f}$），当轨道交通线路沿线的人口密度服从均匀分布时，单一票价制和基于距离的票价制下均匀车站间距的最优解唯一，最优解可由式（A.3.5）~式（A.3.13）确定。

当对轨道交通线路长度、车站位置（或车站间距）、车头时距和票价进行联合优化时，由于海赛矩阵不一定是负定矩阵，无法保证目标函数 $\bar{\pi}$ 或 $\hat{\pi}$ 的凹性，从而无法确保模型最优解的唯一性。

3.3.3 票价机制的比较

前面讨论了不同票价机制下利润最大化模型解的性质，表明票价机制导致模型解的性质存在显著差异。本节将进一步比较两种票价机制下任意两个票价（不一定是最优票价）产生的净利润，并推导两种票价机制关于运营商净利润的无差别条件。

为确保比较具有公平性，假设两种票价机制下的轨道交通线路配置（线路长度、车站数量和位置）和发车间隔相同。令 $\bar{Q}_s$ 和 $\hat{Q}_s$ 分别表示单一票价制和基于距离的票价制下站点 s 的乘客需求。根据式（3.25）和式（3.26），两种机制下运营商的净利润差为

$$\hat{\pi} - \bar{\pi} = \sum_{s=1}^{N}(f_0 + \hat{f}D_s)\hat{Q}_s - \bar{f}\sum_{s=1}^{N}\bar{Q}_s \qquad (3.34)$$

其中，$\hat{Q}_s$ 和 $\bar{Q}_s$ 由式（3.12）~式（3.14）确定。

为获得一些初步有价值的结果，我们考虑特殊情形：均匀人口密度分布（$P(x) = P_0$）和均匀车站间距 δ。可推导出该特殊情形下的乘客需求表达式，见式（A.3.1）和式（A.3.2）。将式（A.3.1）和式（A.3.2）代入式（3.34），可得

$$\begin{aligned}\hat{\pi} - \bar{\pi} &= \sum_{s=1}^{N}(f_0 + \hat{f}D_s)\hat{Q}_s - \bar{f}\sum_{s=1}^{N}\bar{Q}_s = (f_0 + \hat{f}\delta N)\left(\frac{P_0}{2}\frac{V_a}{e_a}\hat{\lambda}_1^2 + \frac{P_0}{2}\hat{\lambda}_1\delta - \frac{P_0}{8}\frac{e_a}{V_a}\delta^2\right) \\ &+ \sum_{s=2}^{N}(f_0 + \hat{f}\delta(N+1-s))\left(P_0\hat{\lambda}_s\delta - \frac{P_0}{4}\frac{e_a}{V_a}\delta^2\right) - \bar{f}\left(\frac{P_0}{2}\frac{V_a}{e_a}\bar{\lambda}_1^2 + \frac{P_0}{2}\bar{\lambda}_1\delta - \frac{P_0}{8}\frac{e_a}{V_a}\delta^2\right) \\ &- \bar{f}\sum_{s=2}^{N}\left(P_0\bar{\lambda}_s\delta - \frac{P_0}{4}\frac{e_a}{V_a}\delta^2\right)\end{aligned} \qquad (3.35)$$

其中，

$$\hat{\lambda}_s = 1 - e_w\alpha H - e_f f_0 - (N+1-s)\left(\left(\frac{e_t}{V_t} + e_f\hat{f}\right)\delta + e_t\beta_0\right), \forall s = 1, 2, \cdots, N \qquad (3.36)$$

$$\bar{\lambda}_s = 1 - e_w\alpha H - e_f\bar{f} - (N+1-s)\left(\frac{e_t}{V_t}\delta + e_t\beta_0\right), \forall s = 1, 2, \cdots, N \qquad (3.37)$$

为确定 $\hat{\pi}-\bar{\pi}$ 的符号，令式（3.35）等于 0 并求解，可得以下结果。

【命题 3.6】 给定站点数量 N、列车车头时距 H 及票价 $\bar{f}$ 和 $\hat{f}$，当且仅当均匀车站间距 δ 满足下列三次方程时，单一票价制和基于距离的票价制下的净利润无差异：

$$\delta^3 + a_1\delta^2 + a_2\delta + a_3 = 0 \qquad (3.38)$$

其中，系数 $a_i, i=1,2,3$ 由式（A.4.1）～式（A.4.5）决定。

为叙述方便，本章把满足式（3.38）的车站间距解称为无差异车站间距，记为 δ^*。对应的轨道交通线路长度和净利润分别称为无差异线路长度和无差异净利润。根据式（A.4.1）～式（A.4.5），无差异车站间距 δ^* 与人口密度 P_0 无关。方程（3.38）的解的表达式见附录 A.4（Spiegel et al., 2009）。

为说明命题 3.6 的应用，下面提供一个例子。

【例 3.2】 假设城市人口服从均匀分布，人口密度为 34000 人/公里^2（香港人口密度）。车站数量 $N=15$，列车发车时距为 3.0 分钟。基于距离的票价制的固定部分 f_0 和可变部分 $\hat{f}$ 分别为 0.25 元和 0.15 元/公里。其他输入参数的值与表 3.2 相同。分别给出单一票价制下 $\bar{f}$ 为 1.30 元、1.48 元和 1.60 元与该基于距离的票价制之间的无差异解结果。

根据式（3.38）和式（A.4.1）～式（A.4.5），可以得到三种单一票价与基于距离的票价的无差异车站间距解，如表 3.5 所示。可以看到，1.30 元的单一票价与给定的基于距离的票价之间存在 2 个无差异车站间距解，即 $\delta^*=1.95$ 公里或 1.03 公里（第 3 个解为 –0.12 公里，不符合实际情况，舍去）。这两个解分别对应 29.25 公里和 15.45 公里的无差异线路长度，以及 27358 元/小时和 19246 元/小时的无差异净利润。当单一票价增加到 1.48 元时，只存在 1 个无差异车站间距解，即 $\delta^*=1.52$ 公里，对应的无差异线路长度和无差异净利润分别为 22.8 公里和 31281 元/小时。当单一票价进一步增加到 1.60 元时，无差异车站间距解不存在。

表 3.5 三种单一票价与基于距离的票价之间的无差异解

单一票价/元	车站间距 δ^*/公里	线路长度 D_1^*/公里	净利润 π^*/（元/小时）
1.30	(1.95；1.03；–0.12)	(29.25；15.45；×)	(27358；19246；×)
1.48	1.52	22.8	31281
1.60	×	×	×

注："×"表示不存在无差异解

为验证式（3.38）产生的无差异解的正确性，我们采用图形分析方法来展示上述三种单一票价和基于距离的票价的净利润曲线，如图 3.2 所示。可以看到这些净利润曲线之间的交点 M_0、M_1 和 M_2 与式（3.38）得到的无差异解一致。

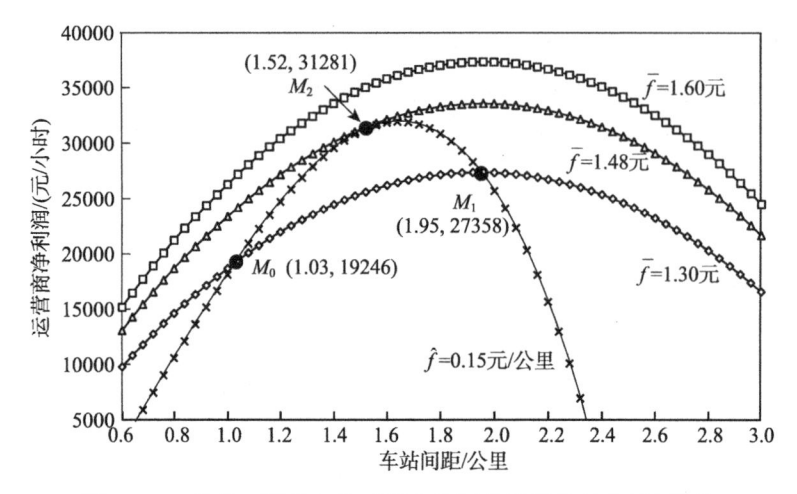

图 3.2 三种单一票价与基于距离的票价的无差异车站间距解

此外，也可以看到，与该基于距离的票价相比，高于 1.48 元的单一票价可以带来更高的净利润，因此，可作为更优的票价方案选项；当单一票价低于 1.48 元时，就运营商的净利润而言，存在某个车站间距，使得基于距离的票价方案优于单一票价方案。例如，当车站间距取值位于 [1.03, 1.95] 公里时，基于距离的票价方案带来的净利润比 1.30 元的单一票价方案带来的净利润更高。

3.3.4 约束条件

前面提出的模型没有考虑约束条件的影响。为使模型更契合实际，本节考虑轨道交通服务能力约束和线路长度约束。轨道交通服务能力约束保证轨道交通服务供给满足乘客需求，即

$$\sum_{s=1}^{N} Q_s \leqslant \frac{K}{H} \tag{3.39}$$

其中，K 为列车容量（列车允许承载的最大乘客数量，包括坐着和站着的乘客数量）。

式（3.39）可进一步表示为

$$H \leqslant H_{\max} \tag{3.40}$$

其中，$H_{\max} = K \Big/ \sum_{s=1}^{N} Q_s$。

轨道交通线路的长度不应超过城市交通走廊的长度，即

$$D_1 \leqslant B \tag{3.41}$$

特别地，对均匀车站间距情形，式（3.41）可进一步表示为

$$\delta \leqslant \frac{B}{N} \tag{3.42}$$

式（3.42）为车站间距边界约束。

为确保不违背轨道交通服务能力约束和线路长度约束，决策变量列车车头时距、轨道交通线路长度、车站间距的解应当满足式（3.40）～式（3.42）。

3.4　求解算法

本节提出一个基于高斯-赛德尔（Gauss-Seidel）迭代法的启发式算法来求解具有边界约束 [式（3.40）～式（3.42）] 的优化模型 [式（3.25）和式（3.26）]。该算法基于模型的一阶最优性条件（表3.3或表3.4）。具体求解步骤如下。

（1）初始化。确定决策变量的初始值，包括线路长度 $D_l^{(0)}$、站点位置 $D_s^{(0)}$（$s=2,\cdots,N$）、发车间隔 $H^{(0)}$ 及票价 $\bar{f}^{(0)}$（或 $\hat{f}^{(0)}$）。利用式（3.12）～式（3.14）确定每个站点对应的乘客需求 $Q_s^{(0)}$（$s=2,\cdots,N$）及对应的目标函数 [式（3.25）和式（3.26）]。令迭代次数 $j=1$。

（2）更新设计参数。根据表3.3或表3.4的一阶最优性条件，使用高斯-赛德尔迭代法依次更新以下参数：发车间隔、票价、线路长度及站点位置（或车站间距）。

①给定 $D_s^{(j-1)}$（$s=2,\cdots,N$）和 $\bar{f}^{(j-1)}$（或 $\hat{f}^{(j-1)}$），更新 $H^{(j)}$。检查发车间隔 $H^{(j)}$ 是否满足轨道交通服务能力约束 [式（3.40）] 及非负乘客需求约束 [式（3.6）]。如果超出某约束边界，则将其设置为相应的边界值。

②给定 $D_s^{(j-1)}$（$s=2,\cdots,N$）和 $H^{(j)}$，更新 $\bar{f}^{(j)}$（或 $\hat{f}^{(j)}$）。检查 $\bar{f}^{(j)}$ 是否满足非负乘客需求约束 [式（3.6）]。如果超出某约束边界，则将其设置为相应的边界值。

③给定 $H^{(j)}$ 和 $\bar{f}^{(j)}$（或 $\hat{f}^{(j)}$），更新 $D_s^{(j)}$（$s=2,\cdots,N$）。检查 $D_s^{(j)}$ 是否满足线路长度约束 [式（3.41）] 或车站间距约束 [式（3.42）] 及非负乘客需求约束 [式（3.6）]。如果超出某约束边界，则将其设置为相应的边界值。

（3）更新乘客需求和目标函数。根据式（3.12）～式（3.14）更新每个站点的乘客需求 $Q_s^{(j)}$（$s=2,\cdots,N$）及目标函数 [式（3.25）或式（3.26）]。

（4）迭代终止条件。如果连续迭代的目标函数值充分接近，则终止算法并输出最优解 $\{D^*, H^*, \bar{f}^* \text{或} \hat{f}^*\}$ 及相应的目标值 $\bar{\pi}^*$（或 $\hat{\pi}^*$）。同时，最优车队规模 F^* 可由式（3.18）得到；否则，令 $j=j+1$，返回步骤（2）。

上述求解步骤基于给定的站点数量。由于站点数量是整数变量，求解该混合整数规划问题较为困难。但是轨道交通线路的站点数量是有限的，因此寻找站点数量最优解的简单方法是比较不同站点数量下的目标函数值。步骤（2）中，决策变量发车间隔、票价、站点位置/车站间距逐一更新，每次更新一个变量，其他变量保持固定。每次更新均需立即检查相应的约束条件，以确保每次迭代的解满足所有约束条件。关于站点位置/车站间距 $D_s^{(j)}$ 和票价 $\bar{f}^{(j)}$（或 $\hat{f}^{(j)}$）的方程包含乘客需求 $Q_s^{(j)}$（$s=2,\cdots,N$），而乘客需求 $Q_s^{(j)}$ 是 $D_s^{(j)}$ 和 $\bar{f}^{(j)}$（或 $\hat{f}^{(j)}$）的函数。因此，步骤（2）中 $D_s^{(j)}$ 和 $\bar{f}^{(j)}$（或 $\hat{f}^{(j)}$）的求解实际上是求解决策变量自身的不动点问题，可采用二分法或牛顿法来求解（Epperson，2007），本章采用二分法。当目标函数不是决策变量的凹函数时，二分法和牛顿法找到的解可能是局部最优解。

3.5 模型应用

本节将举例验证所提出模型和算法的应用。算例1探讨人口密度和轨道交通投资成本对线路设计的影响。算例2探讨人口分布和交通走廊长度对城市形态的影响。轨道交通线路如图3.1所示。假定交通走廊的长度固定为30公里，基于距离的票价的固定部分为1.5元，其他参数的取值见表3.2。

3.5.1 算例1：人口密度和轨道交通投资成本对线路设计的影响

现实中，轨道交通投资成本通常随时间和空间发生变化，因此，对唯利是图的投资者来说，有必要探明不同轨道交通投资成本下投资项目能营利的最低人口密度。为此，我们通过数值试验来观察结果的变化，包括将人口密度从4000人/公里^{2}连续增加到36000人/公里^2，轨道交通投资成本参数（模型参数 μ_0、γ_0 和 Λ_0）从基准值的50%连续调整到基准值的4.0倍。

图3.3显示了单一票价制下的运营商最大净利润随城市人口密度和轨道交通投资成本的变化。可以看到，不同的人口密度和轨道交通投资成本组合将导致三种净利润结果：盈利、盈亏平衡、亏损。随着轨道交通投资成本的增加，轨道交通运营商能营利所需的最低人口密度增加。例如，当轨道交通投资成本参数取基准值时，确保轨道交通运营商能营利的人口密度须超过8600人/公里^2。当轨道交通投资成本参数取基准值的3.0倍时，轨道交通运营商能营利的最低人口密度为12100人/公里^2。图3.3也显示了4个人口密度不同的城市在不同轨道交通投资成本下轨道交通运营商的营利能力。可以看到，随着轨道交通投资成本参数取值从基准值的50%提高到基准值的4.0倍，香港的轨道交通运营商始终能营利，而东京的轨道交通运营商需要政府直接补贴；当轨道交通投资成本参数为基准值的1.5倍时，台北的轨道交通运营商将达到盈亏平衡；当轨道交通投资成本参数达到基准值的4.0倍时，上海的轨道交通运营商开始亏损。

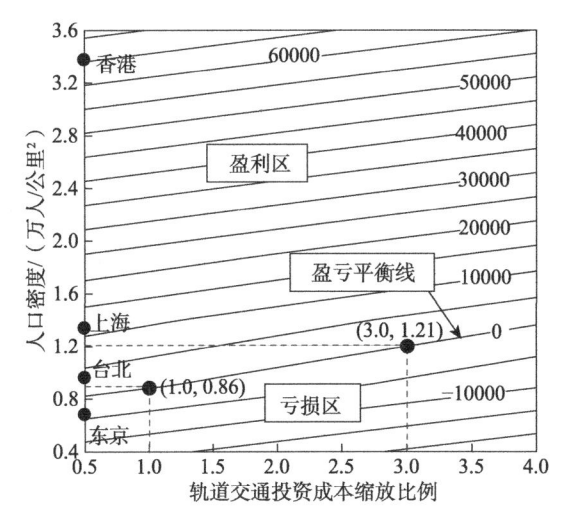

图 3.3 净利润随人口密度和轨道交通投资成本的变化

下面从运营商净利润的角度分析人口密度对轨道交通线路优化设计的影响。以香港和台北为例，其人口密度分别为 34000 人/公里^2 和 9650 人/公里^2，如图 3.3 所示。图 3.4 分别表明了两个城市在不同车站数量和不同票价机制下运营商最大净利润的变化。可以看到，随着车站数量增加，运营商净利润先增加后减少。在单一票价制和基于距离的票价制下，香港案例需要设置的最佳车站数量分别为 19 个和 15 个[图 3.4（a）]，而台北案例需要设置的最佳车站数量分别为 8 个和 6 个[图 3.4（b）]。这意味着城市人口密度越高，所需的车站数量也越多。

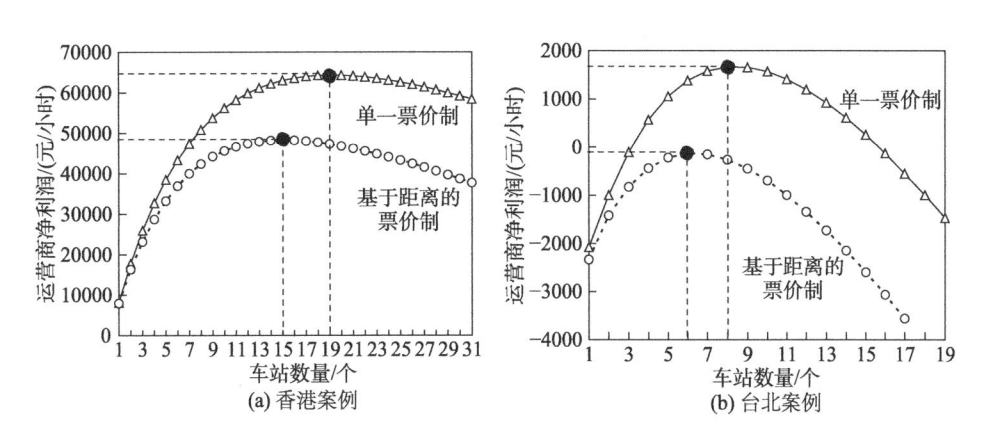

图 3.4 车站数量对运营商净利润的影响

表 3.6 给出了不同人口密度下轨道交通线路设计变量的最优解。可以看到，给定票价机制，人口密度高的城市要求更长的轨道交通线路、更高的车站密度（更短的车站间距）、更低的票价、更短的车头时距和更大的车队规模，反之亦然。给

定人口密度，与基于距离的票价制相比较，单一票价制产生更高的净利润，要求投资更长的轨道交通线路、更大的车队规模和更高的车站密度。对人口密度低的城市，基于距离的票价制可能导致负的利润（–132 元/小时）。

表 3.6 不同人口密度下的最优解

最优解	香港 单一票价制	香港 基于距离的票价制	台北 单一票价制	台北 基于距离的票价制
车站数量/个	19	15	8	6
轨道交通线路长度/公里	27.05	24.00	13.67	11.05
车站间距/公里	1.42	1.60	1.71	1.84
票价	3.46	0.26	3.61	0.36
车头时距/小时	0.06	0.05	0.14	0.14
车队规模/辆	31	30	7	6
总乘客需求/(人/小时)	30478	33180	4791	4557
净利润/(元/小时)	64346	48273	1665	–132

注：单一票价和基于距离票价的单位分别为元和元/公里

3.5.2　算例 2：人口分布和交通走廊长度对城市形态的影响

为探讨人口分布函数中密度梯度的影响[假设 3.4 或式（3.4）]，图 3.5 显示了在给定城市人口数量 $G=1020000$ 人和交通走廊长度 $B=30$ 公里的情形下，密度梯度 $\theta=0$、0.05 和 0.1 分别对应的城市人口分布。图 3.5 表明，θ 越小，交通走廊沿线的人口分布分散程度越高；θ 越大，城市人口分布越紧凑。特别地，当 $\theta=0$ 时，人口沿交通走廊均匀分布。

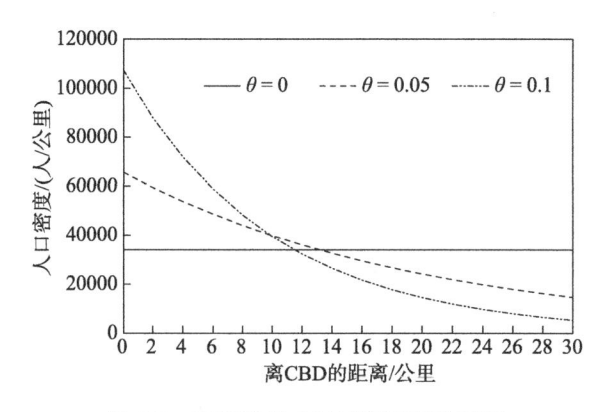

图 3.5　密度梯度 θ 对城市形态的影响

表 3.7 比较了单一票价制和基于距离的票价制下不同密度梯度对应的最优解（$\theta=0$ 的结果对应表 3.6 中香港案例的结果）。可以发现，给定票价机制，随着密度梯度 θ 的增加（城市更加紧凑，见图 3.5），最优轨道交通线路长度、车站间距

和车队规模减小，最优车头时距基本不变，而最优票价增加。结果是总的乘客需求和对应的净利润上升。给定密度梯度 θ，与基于距离的票价制相比较，尽管单一票价制对乘客的吸引力较低，但在以更长的轨道交通线路、更大的车队规模和更高的车站密度（更短的车站间距）为代价的情况下，仍可获得更高的净利润。

表 3.7 不同密度梯度下的最优解

最优解	$\theta=0.05$ 单一票价制	$\theta=0.05$ 基于距离的票价制	$\theta=0.1$ 单一票价制	$\theta=0.1$ 基于距离的票价制
车站数量/个	19	14	19	14
轨道交通线路长度/公里	20.59	17.17	16.31	13.40
车站间距/公里	1.08	1.23	0.86	0.96
票价	3.86	0.21	4.10	0.31
车头时距/小时	0.06	0.05	0.05	0.05
车队规模/辆	26	24	24	22
总乘客需求/（人/小时）	31145	34511	33636	38284
净利润/（元/小时）	85487	65008	106136	81464

注：单一票价和基于距离票价的单位分别为元和元/公里

现在探讨城市形态对轨道交通线路设计的影响。为此，将密度梯度 θ 从 0 逐渐增加到 0.2，交通走廊长度从 9 公里逐渐增加到 14 公里，城市人口数量固定为 1020000 人。考虑到基于距离的票价制和单一票价制下得出的结论类似，下面仅以单一票价制为例进行说明。图 3.6 列出了不同交通走廊长度和不同密度梯度下运营商最大净利润的变化。可以看到，给定密度梯度，随着交通走廊缩短，运营商的净利润增加，反之亦然。这意味着高密度小规模城市比低密度大规模城市对追求利润的运营商而言更有利可图。

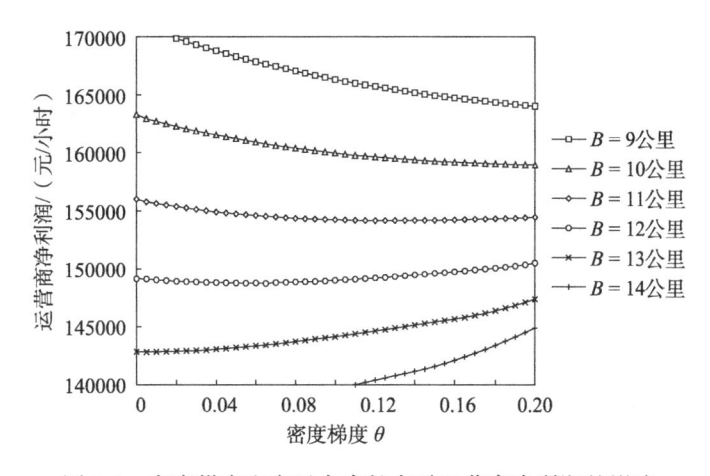

图 3.6 密度梯度和交通走廊长度对运营商净利润的影响

但是，给定交通走廊长度，轨道交通运营商的净利润随密度梯度的变化呈现出不同的趋势。具体地，对于短于10公里的交通走廊，随着密度梯度从0增加到0.2，运营商的净利润一直下降；当$\theta=0$（人口均匀分布）时，运营商可获得最大净利润。这意味着对一个高密度小规模城市，人口分布分散的城市形态比紧凑的城市形态对追求利润的运营商而言更有利可图。但对于长于13公里的交通走廊，运营商的净利润总是随着密度梯度的增加而上升。这表明对于一个低密度大规模的城市，更紧凑的城市可以给运营商带来更高的净利润。当交通走廊长度为11~12公里时，随着密度梯度从0逐渐增加到0.2，运营商的净利润先降低后增加。因此，存在一个对应紧凑城市的密度梯度和一个对应发散城市的密度梯度，两者产生相同的净利润。

3.6　本章小结

本章研究了线性城市交通走廊中轨道交通线路设计优化问题，涉及的决策变量包括线路长度、站点数量和位置、发车间隔、票价等。提出了单一票价制和基于距离的票价制下的利润最大化模型，考虑了乘客需求弹性、票价机制及城市人口分布的影响。推导了两种票价机制下利润最大化模型的一阶最优性条件（命题3.1和命题3.2），比较分析了模型解的性质（命题3.3~命题3.6），设计了求解模型的启发式算法。利用提出的模型进一步比较分析了票价机制、轨道交通投资成本和城市形态的影响，得到了一些新的见解和理论结果，表明票价机制、轨道交通投资成本、人口密度、密度梯度及交通走廊长度对轨道交通线路参数设计和轨道交通营利能力有显著影响。

本章提出的建模方法为城市轨道交通中长期规划，以及轨道交通与土地利用政策评估提供了有效工具。但忽略了公共交通服务的一些重要特征，在进一步研究中应当予以考虑。①模型没有考虑乘客在车厢和车站拥挤的影响。已有研究表明拥挤带来的不舒适性对乘客是否选择公共交通有重要影响（Huang，2000；Li et al.，2009）。因此，在未来的研究中有必要放松这一假设，特别是对亚洲地区交通拥堵的城市。②模型仅考虑多对一的出行需求模式，但实际中存在许多出行起点和出行终点。因此，有必要将其拓展到多对多的出行需求模式（Wirasinghe and Ghoneim，1981；Liu et al.，1996；Chien and Schonfeld，1997；Wirasinghe et al.，2002）。③模型假设乘客选择离自己最近的车站上车，但现实中在高峰期部分乘客可能更倾向选择上游车站，这样有更大的概率能上车或找到座位，降低了不能上车的风险（Sumalee et al.，2009）。关于乘客对上下游车站的选择值得进一步研究。④模型聚焦公交运营商的利润最大化问题，有必要进一步从乘客的视角构建用户总成本最小化模型或从社会的视角构建社会福利最大化模型，以便对相关政策进行更全面的分析研究。

参 考 文 献

Anas A. 1982. Residential Location Markets and Urban Transportation: Economic Theory, Econometrics and Policy Analysis with Discrete Choice Models[M]. New York: Academic Press.
Chang S K, Schonfeld P M. 1991. Multiple period optimization of bus transit systems[J]. Transportation Research Part B: Methodological, 25(6): 453-478.
Chang S K, Schonfeld P M. 1993. Optimal dimensions of bus service zones[J]. Journal of Transportation Engineering, 119(4): 567-585.
Chien S, Qin Z. 2004. Optimization of bus stop locations for improving transit accessibility[J]. Transportation Planning and Technology, 27(3): 211-227.
Chien S, Schonfeld P M. 1997. Optimization of grid transit system in heterogeneous urban environment[J]. Journal of Transportation Engineering, 123(1): 28-35.
Chien S, Schonfeld P M. 1998. Joint optimization of a rail transit line and its feeder bus system[J]. Journal of Advanced Transportation, 32(3): 253-284.
Epperson J F. 2007. An Introduction to Numerical Methods and Analysis[M]. Hoboken: John Wiley & Sons.
Furth P, Rahbee A. 2000. Optimal bus stop spacing through dynamic programming and geographic modeling[J]. Transportation Research Record, 1731: 15-22.
Huang H J. 2000. Fares and tolls in a competitive system with transit and highway: The case with two groups of commuters[J]. Transportation Research Part E: Logistics and Transportation Review, 36(4): 267-284.
Hurdle V F. 1973. Minimum cost locations for parallel public transit lines[J]. Transportation Science, 7(4): 340-350.
Hurdle V F, Wirasinghe S C. 1980. Location of rail stations for many to one travel demand and several feeder modes[J]. Journal of Advanced Transportation, 14(1): 29-46.
Kocur G, Hendrickson C. 1982. Design of local bus service with demand equilibrium[J]. Transportation Science, 16(2): 149-170.
Kuah G K, Perl J. 1988. Optimization of feeder bus routes and bus stop spacing[J]. Journal of Transportation Engineering, 114(3): 341-354.
Lam W H K, Cheung C Y, Poon Y F. 1998. A study of train dwelling time at the Hong Kong mass transit railway system[J]. Journal of Advanced Transportation, 32(3): 285-296.
Lam W H K, Zhou J. 2000. Optimal fare structure for transit networks with elastic demand[J]. Transportation Research Record, 1733: 8-14.
Li Z C, Lam W H K, Wong S C. 2009. The optimal transit fare structure under different market regimes with uncertainty in the network[J]. Networks and Spatial Economics, 9(2): 191-216.
Liu G, Quain G, Wirasinghe S C. 1996. Rail line length in a crosstown corridor with many-to-many demand[J]. Journal of Advanced Transportation, 30(1): 95-114.
Liu T L, Huang H J, Yang H, et al. 2009. Continuum modeling of park-and-ride services in a linear monocentric city with deterministic mode choice[J]. Transportation Research Part B: Methodological, 43(6): 692-707.
O'Sullivan A. 2000. Urban Economics[M]. Boston: Irwin/McGraw-Hill Higher Education.

Saka A A. 2001. Model for determining optimum bus-stop spacing in urban areas[J]. Journal of Transportation Engineering, 127(3): 195-199.

Spasovic L, Schonfeld P M. 1993. A method for optimizing transit service coverage[J]. Transportation Research Record, 1402: 28-39.

Spasovic L N, Boile M, Bladikas A. 1994. Bus transit service coverage for maximum profit and social welfare[J]. Transportation Research Record, 1451: 12-22.

Spiegel M R, Lipschutz S, Liu J. 2009. Mathematical Handbook of Formulas and Tables[M]. New York: McGraw-Hill Higher Education.

Strang G. 2006. Linear Algebra and Its Applications[M]. 4th ed. Belmont: Thomson, Brooks/Cole.

Sumalee A, Tan Z, Lam W H K. 2009. Dynamic stochastic transit assignment with explicit seat allocation model[J]. Transportation Research Part B: Methodological, 43(8-9): 895-912.

Transport Department. 2003. Travel Characteristics Survey 2002–Final Report[R]. Hong Kong: Transport Department of Hong Kong.

Vuchic V R. 1969. Rapid transit interstation spacings for maximum number of passengers[J]. Transportation Science, 3(3): 214-232.

Vuchic V R. 2005. Urban Transit: Operations, Planning and Economics[M]. Hoboken: John Wiley & Sons.

Vuchic V R, Newell G F. 1968. Rapid transit interstation spacings for minimum travel time[J]. Transportation Science, 2(4): 303-339.

Wang J Y T, Yang H, Lindsey R. 2004. Locating and pricing park-and-ride facilities in a linear monocentric city with deterministic mode choice[J]. Transportation Research Part B: Methodological, 38(8): 709-731.

Wirasinghe S C, Ghoneim N S. 1981. Spacing of bus-stops for many to many travel demand[J]. Transportation Science, 15(3): 210-221.

Wirasinghe S C, Quain G J, Vandebona U, et al. 2002. Optimal terminus location for a rail line with many to many travel demand: proceedings of the 15th international symposium on transportation and traffic theory[C]//Taylor M A P. Transportation and Traffic Theory in the 21st Century. Oxford: Elsevier: 75-97.

Wirasinghe S C, Seneviratne P N. 1986. Rail line length in an urban transportation corridor[J]. Transportation Science, 20(4): 237-245.

Zhou J, Lam W H K, Heydecker B G. 2005. The generalized Nash equilibrium model for oligopolistic transit market with elastic demand[J]. Transportation Research Part B: Methodological, 39(6): 519-544.

第 4 章　交通走廊沿线应急救援站点布局优化模型

4.1　概　　述

随着经济的快速发展和城市化进程的加快,我国一些大城市机动车保有量大幅上升,导致交通拥堵日益严重、交通事故频繁发生。据统计,近年来,我国每年约 10 万人死于城市交通事故,占全球交通事故死亡人数的 20%。随着城市化进程的不断加快,未来因交通事故导致的死亡人数可能进一步上升。交通事故已成为制约我国城市可持续发展的重要障碍,发展高效的交通事故应急救援体系、减少交通事故造成的人员伤亡与财产损失,对提高我国城市综合治理水平、促进城市经济可持续健康发展意义重大。

在交通事故中,大多数死者并非在事故发生后立即死亡,而是由于没有得到及时救治。交通事故发生后,伤员如果能在 90 分钟、60 分钟、30 分钟内得到救治,则相应的伤员幸存率分别为 10%、40%、80%(Wu and Wang, 2011)。在我国一些大城市(如北京、深圳、武汉等),地方政府已部署一定数量的应急救援站点或应急中心来应对日常发生的交通事故。一旦交通事故发生,附近的应急救援站点立即收到通知,并及时派遣救援队伍到达事故点实施紧急救援。Brotcorne 等(2003)通过实证研究发现,及时、高效的应急救援方案确实能明显降低交通事故死亡率、减少社会损失。由于交通事故多集中在车流密度较大的交通干线,为提升城市交通网络抵御突发事件的能力,一些地方政府开始在城市主要交通干线沿线部署交通事故应急救援站点,这提出了一个有趣而重要的问题:在有限预算约束下,如何在交通走廊沿线有效部署应急救援站点及医疗服务资源(如医生、护士、药品、医疗器械等),以尽可能地减少交通事故人员伤亡? 这正是本章拟解决的问题。

应急救援站点的布局属于设施选址问题。设施选址方面的研究工作可追溯到 Hakimi(1964)提出的 P-中位模型,该模型主要用于解决高速公路沿线的警务站选址问题。文献中关于设施选址的模型甚多,有关综述性文献请参看 Brandeau 和 Chiu(1989)、Bélanger 等(2019)的研究工作。

为方便起见,表 4.1 对该领域代表性研究成果进行了总结,包括模型的决策变量（站点选址、站点数量与站点任务分配）、目标函数（旅行时间、投资成本、服务需求、运营成本和期望破坏成本）、交通需求分布（离散与连续分布）、求解方法（数值与解析法）、救援车辆或资源分配，以及是否考虑救援时间对伤亡人员的影响等。

表 4.1　设施选址模型相关研究

文献	决策变量	目标函数	交通需求分布	求解方法	救援车辆/资源分配	救援时间对伤亡人员的影响
Hakimi（1964）	车站位置	最小化总旅行时间	离散	数值	×	×
Toregas 等（1971）	车站位置	最小化总投资成本	离散	数值	×	×
Church 和 Revelle（1974）	车站位置	最大化总服务需求	离散	数值	×	×
Larson（1974, 1975）	车辆位置、响应区域	最小化总旅行时间和投资成本	离散	数值	×	×
Daskin（1983）	车站位置	最大化总服务需求	离散	数值	×	×
Shier 和 Dearing（1983）	车站位置	最小化总旅行时间	离散	数值	×	×
Revelle 和 Hogan（1989）	车站位置	最大化总服务需求	离散	数值	×	×
Ball 和 Lin（1993）	车辆位置	最小化车辆数量	离散	数值	√	×
Badri 等（1998）	车站位置	最大化总服务能力、最小化平均旅行时间	离散	数值	√	×
Snyder 和 Daskin（2005）	车站位置、任务指派	最小化运营成本和期望破坏成本	离散	数值	×	×
Gendreau 等（2006）	车辆位置、响应区域	最大化总服务需求	离散	数值	√	×
Jia 等（2007）	车站位置	最小化总旅行时间、最大化总服务需求	离散	数值	×	×
Balcik 和 Beamon（2008）	车站位置和数量	最大化总服务需求	离散	数值	√	×
Li 等（2012c）	车站位置和数量、发车频率、票价	最大化利润	连续	解析	×	×
An 等（2013）	车站位置、任务指派	最小化期望车辆及疏散成本	离散	解析	√	×
An 等（2014）	车站位置、任务指派	最小化不同事故场景下运营成本加权和	离散	数值	×	×
He 等（2015）	动态车辆位置、任务指派	最小化系统动态总旅行时间	离散	数值	√	×
本章	车站位置和数量、医疗资源容量	最小化总破坏成本	连续	解析	√	√

注："√"代表"是"，"×"代表"否"

第 4 章 交通走廊沿线应急救援站点布局优化模型

通过表 4.1 发现，现有的设施选址研究主要关注最小化用户总撤退/旅行时间（或成本）、最小化站点建造成本及最大化总服务需求或服务能力，较少关注交通事故对乘客身心健康的影响。已有研究表明，交通事故会对乘客的身体与心理造成广泛的负面影响，如精神失常、残疾，甚至死亡等。本章将这些负面影响称为破坏成本，通过提出合理的模型，确定轨道交通沿线应急救援站点和医疗资源最优部署方案，从而最小化交通事故导致的总破坏成本。模型将考虑事故发生后救援等待时间对人员健康状况恶化的影响。

此外，表 4.1 表明大多数现有的设施选址模型为离散型网络模型，对现实问题比较适用。但由于网络结构较复杂，往往只能通过近似算法获得数值解，且模型解非常依赖网络的拓扑结构，难以揭示设施选址问题的一般性质。连续型建模方法在一定程度上能克服这些缺点，通过推导模型解析解，来揭示模型解的性质，从而为政策的制定提供明确的结论与方向。关于连续建模方法与离散建模方法的详细论述，可参考 Liu 等（2009）和 Li 等（2012a，2014）的研究工作。连续型解析模型可视为离散型网络模型的有益补充，目前已被广泛应用于各类交通问题研究（Liu et al.，2009；Holguín-Veras et al.，2012；Li et al.，2012a，2012b，2012c，2014；Du and Wang，2014；Peng et al.，2017；Li and Wang，2018）。

本章主要在线性城市交通走廊框架下研究应急救援站点的部署问题，以便提高交通事故发生后伤员救援效率。考虑长度为 L 的线性走廊，其边界与 CBD 的坐标分别为 0 与 L，如图 4.1 所示。应急救援站点从 CBD 开始沿走廊向外部署，分别记为 $\{1,2,\cdots,N\}$。D_s 为应急救援站点 s 的位置坐标，表示该站点与走廊边界的距离。本章确定应急救援站点的最优部署方案，包括最优站点数量、站点位置及相应的医疗资源分配。

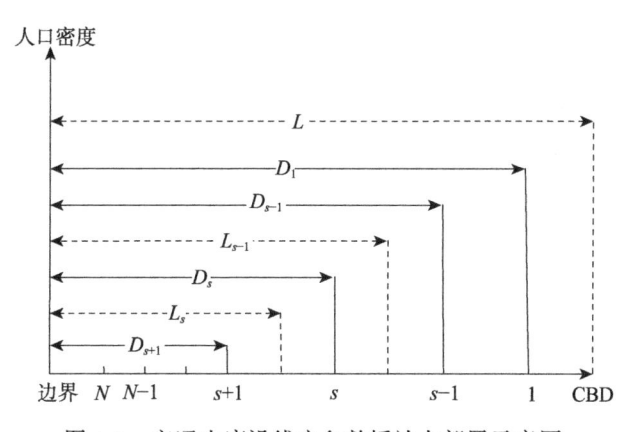

图 4.1 交通走廊沿线应急救援站点部署示意图

本章创新点如下：①基于交通走廊沿线居民分布和交通事故调查数据，提出交通走廊沿线事故率分布函数；考虑不同类型事故下救援等待时间与伤员健康状况衰退之间的关系，提出破坏成本函数。②提出总破坏成本最小化模型，来确定应急救援站点的最优布局方案；研究该模型的解析性质，证明应急救援站点最优选址解的唯一性，推导最优平均站点间距解析表达式。③通过数值试验，探讨人口密度和密度梯度的影响，对比分析等间距与非等间距两种应急救援站点部署方案的效果。④将模型应用于武汉地铁 2 号线，结果表明，该模型提供的方案能有效提高应急救援效率。

4.2 基本假设与破坏成本函数

【假设 4.1】考虑连接城市 CBD 与郊区的线性交通走廊。该假设在文献中较常见（Liu et al.，2009；Li et al.，2012a，2012b，2012c；Peng et al.，2017）。该交通走廊可视为城市交通主干道，其中包含地面交通（巴士公交和小汽车等）与地下交通（地铁）（Du and Wang，2014）。

【假设 4.2】假设交通走廊沿线的人口密度为与城市边界距离的线性函数(Chu and Tsai，2008；Li et al.，2014)。具体而言，走廊中任意位置 x 处的人口密度为 $p(x)=cx+e, \forall x\in[0,L]$，其中，$L$ 为 CBD 的坐标，0 为城市边界的坐标，$e(\geqslant 0)$ 为城市边界的人口密度，$c(\geqslant 0)$ 为密度梯度。当 $c=0$ 时，线性分布退化为均匀分布。

【假设 4.3】一旦走廊中的某一点发生交通事故，则该处的伤员将被立即送往走廊中离事故点最近的应急救援站点进行医治。

【假设 4.4】走廊中每一点的事故发生频率为该点乘客需求的线性函数，不同种类的交通事故具有不同的发生频率和不同的救援时间。

根据假设 4.3，交通事故中伤员将被送往离事故点最近的应急救援站点进行救治。相邻站点间的区域存在分界线，将该区域分成两部分，如图 4.1 所示（Li et al.，2012b，2012c）。设 L_s 为站点 s 与 $s+1$ 之间的分界线。根据假设 4.3，该分界线恰好位于线段 $(s, s+1)$ 的中点，即

$$L_s = \frac{D_s + D_{s+1}}{2}, \quad \forall s = 1, 2, \cdots, N \tag{4.1}$$

因此，应急救援站点 s 的救援覆盖区域为 $[L_s, L_{s-1}]$。

设 $q(x)$ 为走廊中位置 x 处的累积乘客需求，$p(x)$ 为位置 x 处的乘客需求密度。根据假设 4.2，$q(x)$ 可表示为 $p(x)$ 在 $[0, x]$ 上的积分，即

$$q(x) = \int_0^x p(w)\mathrm{d}w = \int_0^x (cw+e)\mathrm{d}w = \frac{1}{2}cx^2 + ex, \quad \forall x \in [0, L] \tag{4.2}$$

显然，$q(x)$ 随位置 x 的增大而增大。

现实中交通事故多种多样，如火灾、踩踏、地震、恐怖袭击、机械故障等，

这些事故对乘客的身体和心理伤害程度不一。因此，有必要对这些事故进行分类处理。本章假设有 M 类事故，一旦走廊中某处发生事故，伤员将会被立即送往最近的应急救援站点。设 s 为离位置 x 最近的应急救援站点，v 为运送伤员的平均速度，ξ_m 用来刻画事故 m 对救援时间的影响。定义 $u_m(x)$ 为事故 m 发生后将伤员从位置 x 运送到最近应急救援站点 s 所需的时间，其表达式为

$$u_m(x) = \begin{cases} \xi_m \dfrac{D_s - x}{v}, & \forall x \leqslant D_s, \\ \xi_m \dfrac{x - D_s}{v}, & \forall x > D_s, \end{cases} \quad \forall x \in [0, L],\ s = 1, 2, \cdots, N \quad (4.3)$$

式（4.3）表明，ξ_m 越大，将伤员从位置 x 运送到最近的应急救援站点 s 所需的时间就越长。

根据假设 4.4，走廊中任一位置的事故发生频率为该处累积乘客需求的线性函数。设 $f_m(x)$ 为事故 m 在位置 x 的发生频率，其表达式为

$$f_m(x) = a_m q(x) + b_m \quad (4.4)$$

其中，a_m 为事故 m 的频率梯度，用来衡量乘客需求 $q(x)$ 增加时事故发生频率 $f_m(x)$ 的上升速度。a_m 越大，则事故 m 越可能发生。a_m 反映了事故发生频率与乘客需求呈正相关关系。例如，地铁中发生踩踏或恐怖袭击事故的概率会随该处聚集人数的增加而增大。b_m 为事故发生频率 $f_m(x)$ 的常数项，与乘客需求和乘客位置无关。例如，地震或火灾的发生频率往往与人口密度无直接联系。

为说明式（4.4）的合理性，我们搜集了武汉市 2014 年交通事故发生最频繁的十条主干道的数据（表 4.2），并用线性函数对事故发生频率随人口密度的变化进行了拟合，结果如图 4.2 所示，表明线性单调递增函数可以很好地拟合交通事故发生频率与人口密度之间的正相关关系。

表 4.2　2014 年武汉市十条交通主干道的交通事故统计分析

道路名称	人口密度/（人/公里^2）	平均事故发生频率/（次/月）
建设大道	26900	178
关山大道	24600	161
青年路	22400	155
发展大道	18800	90
龙阳大道	16900	77
汉阳大道	16600	75
解放大道	15700	73
和平大道	7100	61
关谷大道	3300	52
三环线	2200	12

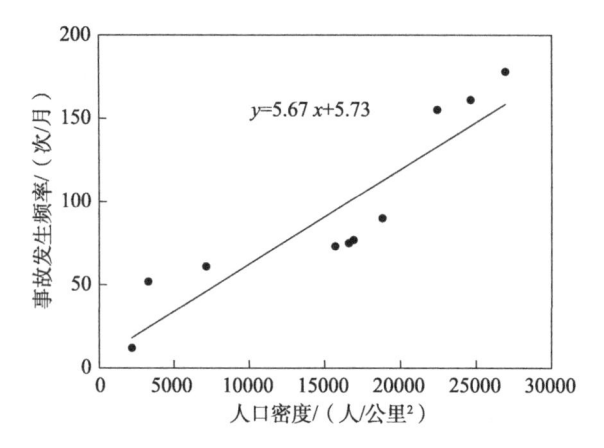

图 4.2 人口密度与交通事故发生频率之间的线性回归

交通事故给乘客的身心健康带来负面影响，救援时间是影响事故中伤员幸存率的关键因素。Wu 和 Wang（2011）、Sánchez-Mangas 等（2010）研究表明，缩短救援时间可以明显降低死亡率，若救援时间过长，则事故中的死亡人数会明显上升。为反映这一事实，定义 $c_m(x)$ 为位置 x 处发生事故 m 后的破坏成本，表达式为

$$c_m(x) = Z_m \times u_m(x) \times k_m \times q(x) \tag{4.5}$$

其中，Z_m 为事故 m 发生后乘客的受伤程度，可由死亡或受伤人数来衡量；k_m 为事故 m 发生后伤员单位时间健康状况的衰退速度。式（4.5）意味着，一旦事故 m 发生，每个乘客有一个初始的受伤程度 Z_m。救援时间 $u_m(x)$ 可由式（4.3）确定。事故 m 发生后，最近应急救援站点派出的救援队伍将花费 $u_m(x)$ 的时间到达事故地点。当救援队伍到达时，每个乘客平均健康衰退量为 $Z_m \times u_m(x) \times k_m$，所有乘客总的健康衰退量为 $Z_m \times u_m(x) \times k_m \times q(x)$。

根据以上讨论，交通走廊中位置 x 处发生交通事故后，总的破坏成本 $w(x)$ 可表示为

$$w(x) = \sum_m f_m(x) c_m(x) \tag{4.6}$$

将式（4.3）~式（4.5）代入式（4.6），得

$$w(x) = \begin{cases} \dfrac{1}{v}\left(a\left(\dfrac{1}{2}cx^2 + ex\right) + b\right)\left(\dfrac{1}{2}cx^2 + ex\right)(D_s - x), & \forall x \leqslant D_s \\ \dfrac{1}{v}\left(a\left(\dfrac{1}{2}cx^2 + ex\right) + b\right)\left(\dfrac{1}{2}cx^2 + ex\right)(x - D_s), & \forall x > D_s \end{cases} \tag{4.7}$$

其中，

$$a = \sum_m \xi_m a_m Z_m k_m \tag{4.8}$$

$$b = \sum_m \xi_m b_m Z_m k_m \qquad (4.9)$$

其中，a 和 b 分别表示事故率的可变部分和固定部分。a 反映了走廊沿线的交通事故发生频率关于乘客需求的增长速度。

令 $\bar{R}_s$ 为应急救援站点 s 的覆盖区域的期望破坏成本，表示为

$$\bar{R}_s = \begin{cases} \int_{L_1}^{L} w(x)\mathrm{d}x, & s = 1 \\ \int_{L_s}^{L_{s-1}} w(x)\mathrm{d}x, & s = 2,\cdots,N-1 \\ \int_{0}^{L_{N-1}} w(x)\mathrm{d}x, & s = N \end{cases} \qquad (4.10)$$

其中，L_s 由式（4.1）确定。应急救援站点 s 覆盖区域的期望破坏成本 $\bar{R}_s$ 取决于走廊沿线交通事故的频率分布。

当伤员被送达救援站点时，他们将接受医疗救治，救治的效率依赖应急救援站点医疗服务资源（如医生、护士、药品、医疗设备等）的供应。医疗资源越多，得到救治的效率就越高，伤员的治愈率与成活率也越高。为反映医疗资源的重要影响，式（4.10）中的破坏成本进一步修改为

$$R_s = \frac{1}{p^\alpha} \bar{R}_s \qquad (4.11)$$

其中，R_s 为应急救援站点 s 的实际破坏成本；p 为一个应急救援站点的医疗资源容量；α 为正的参数。为简化问题，本章假定每个应急救援站点的医疗资源容量相同。式（4.11）表明，当应急救援站点的医疗资源容量 p 增大时，破坏成本 R_s 下降。

将式（4.7）代入式（4.11），可得

$$R_s = \begin{cases} \int_{D_1}^{L} \frac{1}{p^\alpha v} \left(a\left(\frac{1}{2}cx^2 + ex\right) + b\right)\left(\frac{1}{2}cx^2 + ex\right)(x - D_1)\mathrm{d}x \\ \quad + \int_{\frac{D_1+D_2}{2}}^{D_1} \frac{1}{p^\alpha v} \left(a\left(\frac{1}{2}cx^2 + ex\right) + b\right)\left(\frac{1}{2}cx^2 + ex\right)(D_1 - x)\mathrm{d}x, & s = 1 \\ \int_{D_s}^{\frac{D_{s-1}+D_s}{2}} \frac{1}{p^\alpha v} \left(a\left(\frac{1}{2}cx^2 + ex\right) + b\right)\left(\frac{1}{2}cx^2 + ex\right)(x - D_s)\mathrm{d}x \\ \quad + \int_{\frac{D_s+D_{s+1}}{2}}^{D_s} \frac{1}{p^\alpha v} \left(a\left(\frac{1}{2}cx^2 + ex\right) + b\right)\left(\frac{1}{2}cx^2 + ex\right)(D_s - x)\mathrm{d}x, & s = 2,\cdots,N-1 \\ \int_{D_N}^{\frac{D_{N-1}+D_N}{2}} \frac{1}{p^\alpha v} \left(a\left(\frac{1}{2}cx^2 + ex\right) + b\right)\left(\frac{1}{2}cx^2 + ex\right)(x - D_N)\mathrm{d}x \\ \quad + \int_{0}^{D_N} \frac{1}{p^\alpha v} \left(a\left(\frac{1}{2}cx^2 + ex\right) + b\right)\left(\frac{1}{2}cx^2 + ex\right)(D_N - x)\mathrm{d}x, & s = N \end{cases} \qquad (4.12)$$

4.3 应急救援站点布局优化模型及其性质

假定引入应急救援站点的目的是最小化走廊系统总破坏成本。设 π 为系统总破坏成本，C_1 为应急救援站点投资的固定成本，C_2 为应急救援站点运营的可变成本（如单位医疗资源的可变成本），B 为应急救援站点项目的预算。根据式（4.12），使系统总破坏成本最小的应急救援站点布局优化模型可表示为

$$\min_{N,p,D_1,D_2,\cdots,D_N} \pi = \sum_{s=1}^{N} R_s \quad (4.13)$$

$$\text{s.t.} \quad N(C_1 + C_2 p) \leq B \quad (4.14)$$

$$0 \leq D_s \leq L, \forall s \quad (4.15)$$

$$D_s > D_{s+1}, \forall s \quad (4.16)$$

$$p \geq p_0 \quad (4.17)$$

上述模型中，决策变量为应急救援站点的数量 N、站点位置 $D_1, D_2, \cdots, D_N$ 及每个应急救援站点的医疗资源容量 p。式（4.14）为预算约束，表示项目投资总成本不能超过预算 B，这意味着投资应急救援站点时，决策者需在站点数量与站点医疗资源容量之间做出权衡。不等式约束[式（4.14）]在最优解处必定取到等号，即紧约束。这是因为目标函数 π 关于医疗资源容量 p 单调递减，即 $\partial\pi/\partial p < 0$。式（4.15）确保所有站点位于走廊内部。式（4.16）规定了各站点之间的顺序。式（4.17）表示每个应急救援站点的医疗资源容量不能小于最小值 p_0。

下面分析模型[式（4.13）~式（4.17）]的性质。定义应急救援站点 s 与 $s+1$ 之间的站点间距为 $\delta_{s+1} = D_s - D_{s+1} > 0$，假设 $\delta_{s+1} \geq \eta\delta_s$，其中，$\eta$ 用于衡量走廊沿线应急救援站点的稀疏性。以下命题表明，在某些条件下，应急救援站点布局的最优解唯一，证明过程见附录 B.1。

【命题 4.1】设应急救援站点的数量为 N，只要下面两个条件中的任意一个成立，则应急救援站点位置 $\{D_1, D_2, \cdots, D_N\}$ 的最优解必定唯一。

（1）走廊沿线的人口密度与交通事故发生频率均服从均匀分布（$c=0, a=0$），且 $\eta \geq 1$，$\frac{1}{3}D_{N-1} \leq D_N$。

（2）走廊沿线的交通事故发生频率服从均匀分布（$a=0$），且 $\eta \geq \frac{2+\sqrt{7}}{3} \approx 1.55$，$D_{N-1} \leq (2\sqrt{2}-1)D_N \approx 1.83D_N$。

由关系式 $\delta_{s+1} \geq \eta\delta_s \geq \eta^2\delta_{s-1} \geq \eta^3\delta_{s-2}$ 可知，η 越大，则应急救援站点沿 CBD

到城市边界的分布就越稀疏。不等式 $\frac{1}{3}D_{N-1} \leqslant D_N$ 与 $D_{N-1} \leqslant (2\sqrt{2}-1)D_N \approx 1.83D_N$ 意味着应急救援站点 N 与 $N-1$ 的间距不能过大。命题 4.1 表明，为保证应急救援站点选址最优解的唯一性，必须事先规定应急救援站点稀疏性 η 的下界。直观地说，如果应急救援站点的分布密度随着与 CBD 的距离的增加而单调下降，即离 CBD 越远站点越稀疏，则最优选址解的唯一性可以得到保证。显然，这一假设与现实情况相吻合。这是因为与郊区相比，CBD 附近的人口密度更大，现实中有限的救援资源往往优先分配到人口密集的区域。命题 4.1 中 η 的下界（1 或 $\frac{2+\sqrt{7}}{3} \approx 1.55$）与走廊沿线人口密度分布的参数 c 和 e 无关。

命题 4.2 给出了最优平均站点间距解析解，证明过程见附录 B.2。

【**命题 4.2**】设应急救援站点的数量为 $N(\geqslant 3)$，若走廊沿线的人口密度与交通事故发生频率均服从均匀分布（$c=0, a=0$），则最优平均站点间距为

$$\delta = 2D_1 \frac{(N-1)(2N-1) - \sqrt{(N-1)(2N^3 + N^2 - 9N + 7)}}{(N-2)(2N^2 - 5N + 4)} \tag{4.18}$$

命题 4.2 表明，最优平均站点间距依赖第一个站点的位置 D_1 及站点数量 N。一旦 D_1 确定，则最优平均站点间距 δ 关于站点数量 N 单调递减。为验证该性质，下面给出例 4.1。

【**例 4.1**】设第 1 个站点的位置 $D_1 = 50$ 公里，则式（4.18）中最优平均站点间距 δ 与站点数量 N 之间的关系如图 4.3 所示。显然，最优平均站点间距 δ 关于站点数量 N 单调递减。

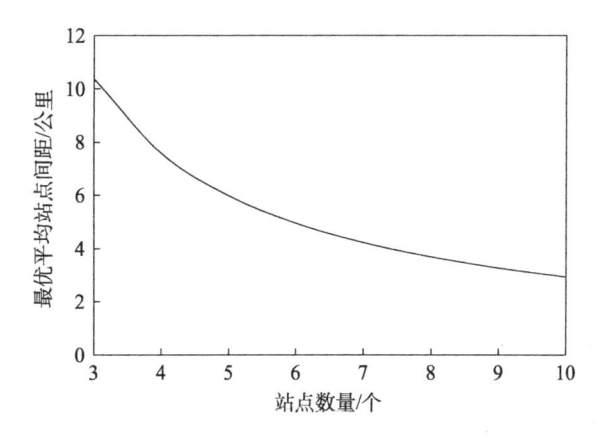

图 4.3　最优平均站点间距 δ 与站点数量 N 之间的关系

4.4 模 型 应 用

本节举例说明模型的应用。首先，探究走廊沿线人口密度对应急救援站点和医疗资源部署方案的影响；然后，探讨走廊沿线密度梯度（城市形态）对应急救援站点和医疗资源部署方案的影响；最后，评价武汉地铁 2 号线沿线当前实际采用的应急救援站点部署方案的效率，比较现有方案与使用本章建模方法得到的方案的性能。根据图 4.2 的校正结果，本节数值试验中交通事故发生频率函数的参数设置为 $a = 5.67$ 和 $b = 5.73$。

4.4.1 人口密度的影响

本节研究交通走廊沿线人口密度对应急救援站点最优部署方案的影响。选择武汉、北京、上海、香港 4 个城市为研究对象，这 4 个城市的人口密度如表 4.3 所示。假设交通走廊的长度 L 为 50 公里，预算 B 为 2000 万元，应急救援站点投资的固定成本 C_1 为 150 万元，单位医疗资源的可变成本 C_2 为 10 万元。令 $\alpha = 0.45$ 和 $p_0 = 5$。

表 4.3 4 个城市的人口密度

城市	人口密度/（人/公里^2）
武汉	7200
北京	11500
上海	13400
香港	34000

首先，研究等间距与非等间距应急救援站点布局方案下，站点数量对系统总破坏成本的影响。以北京的人口密度（11500 人/公里^2）为例，结果如图 4.4 和图 4.5 所示。图 4.4 表明，非等间距方案的破坏成本曲线总是在等间距方案的破坏成本曲线之下；随着站点数量增加，两种方案的系统总破坏成本均先减小后增大。这意味着给定站点数量，非等间距方案产生的系统总破坏成本比等间距方案产生的系统总破坏成本要低。非等间距方案和等间距方案下最佳站点数量分别为 6 个和 7 个。图 4.5 进一步展示了最优等间距方案与最优非等间距方案下应急救援站点沿走廊的布局，可以看出，在非等间距方案中，越靠近 CBD，应急救援站点分布越密集。

现在探究人口密度对模型解的影响，包括系统总破坏成本、最优站点数量、平均站点间距及医疗资源分配，结果如表 4.4 所示。可以看到，无论是等间距方

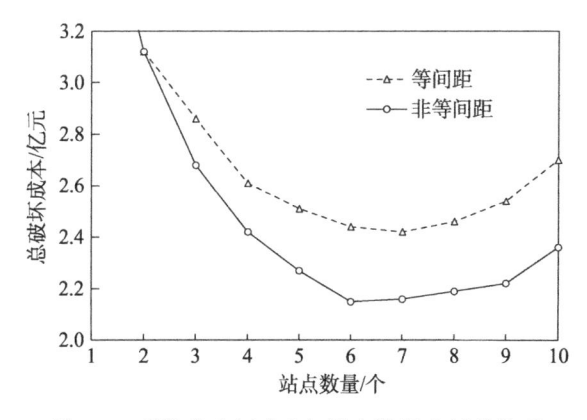

图 4.4 系统总破坏成本与站点数量之间的关系

图 4.5 等间距与非等间距方案中救援站点最优布局

表 4.4 不同人口密度下的最优解

城市	总破坏成本/亿元		平均站点间距/公里		站点数量/个		医疗资源容量 p/个医疗资源单位	
	等间距	非等间距	等间距	非等间距	等间距	非等间距	等间距	非等间距
武汉	0.99	0.86	5.84	6.26	6	6	18.33	18.33
北京	2.43	2.15	5.08	6.13	7	6	13.57	18.33
上海	3.29	2.92	4.99	5.35	7	7	13.57	13.57
香港	18.43	17.17	4.05	4.30	9	9	7.22	7.22

案还是非等间距方案，随着人口密度增加，系统总破坏成本均增加。非等间距方案产生的系统总破坏成本比等间距方案产生的系统总破坏成本低，且两者的差距随着人口密度的增加变得更显著。此外，最优站点数量整体上随着人口密度的增加而增加。对于两种方案，最优平均站点间距均随人口密度的增加而减小。等间距方案的平均站点间距要小于非等间距方案的平均站点间距，但两者的差值随着人口密度的增加而缩小。

4.4.2 密度梯度的影响

本节研究走廊沿线的密度梯度 c 对应急救援站点和医疗服务资源最优部署方案的影响。图 4.6 显示了长度为 50 公里、人口数量为 600000 人的交通走廊在三种密度梯度（c=0，200，400）下的人口分布模式。可以看到，c 越小，人口分布越分散；c 越大，城市形态越紧凑。当 c=0 时，走廊沿线人口服从均匀分布。

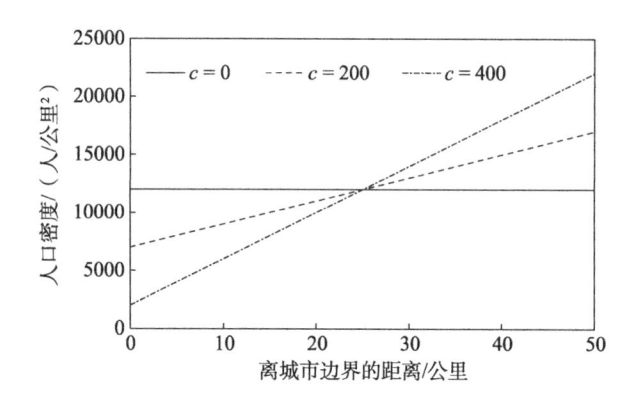

图 4.6　不同密度梯度下的城市人口分布

表 4.5 表明，当密度梯度 c 从 0 逐渐增大到 400 时，等间距方案与非等间距方案下最优站点数量之间的差距并不明显。当 c 分别等于 0、100、200 时，等间距方案的最优站点数量始终为 7 个，而非等间距方案的最优站点数量始终为 6 个。当 c 增加到 300 时，等间距方案的最优站点数量保持不变，但非等间距方案的最优站点数量则从 6 个增加到 7 个。当 c 为 400 时，与 c 为 200 时相比，两种方案都需要增加 1 个应急救援站点。

表 4.5　不同密度梯度下的最优解

密度梯度 c	总破坏成本 /亿元		平均站点间距 /公里		站点数量 /个		医疗资源容量 p /个医疗资源单位	
	等间距	非等间距	等间距	非等间距	等间距	非等间距	等间距	非等间距
0	2.50	2.38	5.08	6.12	7	6	13.57	18.33
100	2.18	2.06	4.89	5.95	7	6	13.57	18.33
200	1.87	1.76	4.66	5.72	7	6	13.57	18.33
300	1.59	1.46	4.37	4.77	7	7	13.57	13.57
400	1.34	1.21	3.58	4.43	8	7	10.00	13.57

图 4.7 表明，应急救援站点的最优布局随密度梯度 c 的变化差异显著。随着密度梯度增加，应急救援站点的最优分布朝着 CBD 方向越来越密集。此外，系统总破坏成本和平均站点间距随着密度梯度的增加而急剧减小，如表 4.5 所示。这表明，给定城市人口规模，紧凑的城市结构比分散的城市结构更有利于提高应急救援效率。

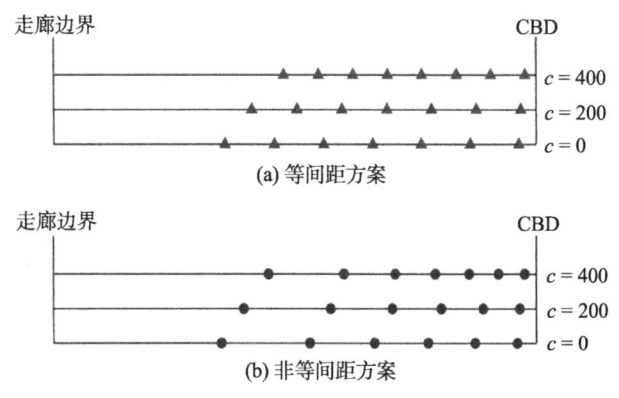

第 4 章　交通走廊沿线应急救援站点布局优化模型 | 73

(a) 等间距方案

(b) 非等间距方案

图 4.7　不同密度梯度下应急救援站点的最优布局

4.4.3　武汉地铁 2 号线的案例研究

下面以武汉地铁 2 号线一期和二期工程光谷广场站至天河机场站为案例，进一步表明本章提出的方法在改善现有应急救援系统性能方面的效果。武汉地铁 2 号线光谷广场站至天河机场站线路如图 4.8 和图 4.9 所示，线路长 47.53 公里，途经武汉市东西湖区、江汉区和武昌区。表 4.6 给出了这 3 个区的人口密度。由于这 3 个区的人口密度各不相同，人口密度函数是分段函数，这导致破坏成本函数

图 4.8　武汉地铁 2 号线地图

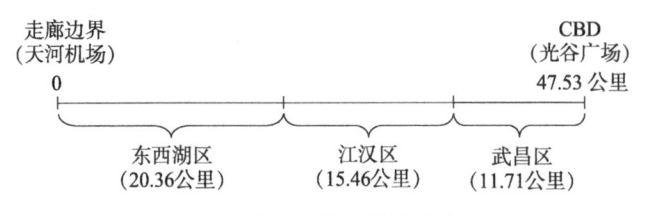

图 4.9　武汉地铁 2 号线示意图

表 4.6　武汉地铁 2 号线途经区的人口密度

区名称	人口密度/（人/公里^2）
东西湖	1029
江汉	20445
武昌	13717

[式（4.12）]也需进一步修正，修正细节见附录 B.3。截至 2019 年底，武汉地铁 2 号线沿线有 3 个应急救援站点，它们与天河机场（走廊边界）的距离分别为 45.15 公里、36.94 公里和 20.91 公里，见图 4.10 中的现有方案。假设预算 B 为 1500 万元，应急救援站点的固定成本与可变成本分别为 150 万元与 10 万元，每个现有应急救援站点的医疗资源容量为 10 个医疗资源单位。

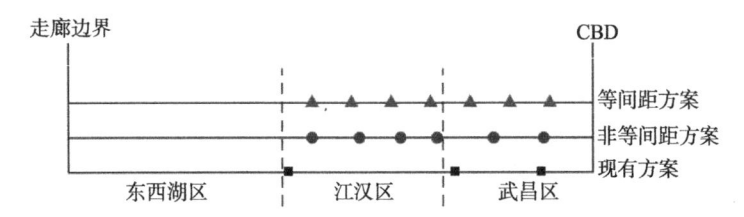

图 4.10　武汉地铁 2 号线应急救援站点的现有方案与优化方案

表 4.7 比较了现有方案、等间距方案及非等间距方案的结果。可以看到，与现有方案相比较，等间距方案和非等间距方案能分别使系统总破坏成本减少 63.39%和 66.24%，表明武汉地铁 2 号线现有应急救援设施的效率还有很大的提升空间，可以通过合理地增加应急救援站点来降低系统总破坏成本。具体来说，等间距方案和非等间距方案的站点数量比现有方案的站点数量分别多 4 个和 3 个，其平均站点间距与现有方案相比分别缩短 68.65%和 63.45%。

表 4.7　武汉地铁 2 号线不同方案解的比较

解	等间距方案	非等间距方案	现有方案
平均站点间距/公里	3.80	4.43	12.12
站点数量/个	7	6	3
医疗资源容量 p/个医疗资源单位	6.43	10.00	10.00
总破坏成本/亿元	3.99	3.68	10.90

图 4.10 显示了等间距方案、非等间距方案及现有方案下应急救援站点的最优布局。可以看到，对每个方案，没有应急救援站点设在东西湖区；对等间距方案和非等间距方案，尽管武昌区比江汉区更靠近 CBD，但江汉区的站点数量多于武昌区。原因在于，首先，东西湖区的人口密度远低于其他两个区；其次，江汉区的人口密度远高于武昌区。现有方案中站点数量仅为 3 个，而等间距方案和非等间距方案中站点数量分别为 7 个和 6 个。与现有方案相比，非等间距方案和等间距方案的平均站点间距分别减少 7.69 公里和 8.32 公里，系统总破坏成本分别降低 7220 万元和 6910 万元。因此，武汉地铁 2 号线沿线有必要增加应急救援站点，而且新建的应急救援站点建议优先设置在江汉区，如图 4.10 所示。上述结果可以在战略层面为城市应急救援系统的中长期规划提供理论指导和科学依据。

4.5 本章小结

本章研究了城市交通走廊沿线应急救援站点部署问题，提出了一个可解析的连续型模型，该模型在有限预算约束下对交通走廊沿线的应急救援站点数量、站点位置及相应的医疗资源容量进行优化，以便减少交通事故带来的损失。对比分析了等间距与非等间距两种优化方案，证明了应急救援站点布局最优解的唯一性，推导了最优平均站点间距的解析表达式。数值结果表明，人口密度与密度梯度对应急救援站点的最优部署和系统性能有较大影响。具体来说，在提高救援效率方面，非等间距方案比等间距方案具有优势，紧凑的城市结构比分散的城市结构具有优势。对武汉地铁 2 号线开展案例研究，表明本章提出的模型能有效提高应急救援系统的效率，为城市应急救援系统的规划设计及应急救援能力评估提供有力的工具。

为建模需要，本章做了一些假设。在未来的研究中，可以放松这些假设。首先，本章假设了线性人口密度和单中心城市结构，但在现实中人口密度可能服从其他的函数形式（Li et al.，2012a，2012b，2012c），城市结构可能是多中心的（Yin et al.，2013）。因此，未来可以考虑其他人口密度函数形式和多中心城市结构。其次，本章没有考虑方式竞争对需求分担和应急救援系统设计的影响。现实中当紧急事件发生在地铁时，可以使用巴士将地铁乘客从事故点疏散。因此，有必要设计多方式协调应急救援系统。再次，本章使用连续建模方法，构建了线性走廊应急救援站点布局优化模型，虽然方便分析模型的性质，但实际的城市网络远比线性城市结构复杂，因此，有必要采用离散网络建模方法来研究一般网络情形。最后，本章没有考虑乘客的疏散行为和灾后救援问题。在实际的地铁事故中，乘客经常表现出恐慌，快速高效地疏散乘客（Pel et al.，2012；Hsu and Peeta，2013）

和指派救援服务（Hu et al., 2014；Sheu, 2014）对提高伤员的存活率非常重要。因此，非常有必要研发集乘客疏散行为、救援资源分配、应急救援站点布局于一体的组合模型服务于应急救援。

参 考 文 献

An S, Cui N, Li X, et al. 2013. Location planning for transit-based evacuation under the risk of service disruptions[J]. Transportation Research Part B: Methodological, 54: 1-16.

An Y, Zeng B, Zhang Y, et al. 2014. Reliable p-median facility location problem: Two-stage robust models and algorithms[J]. Transportation Research Part B: Methodological, 64: 54-72.

Badri M A, Mortagy A K, Alsayed C A. 1998. A multi-objective model for locating fire stations[J]. European Journal of Operational Research, 110(2): 243-260.

Balcik B, Beamon B M. 2008. Facility location in humanitarian relief[J]. International Journal of Logistics Research and Applications, 11(2): 101-121.

Ball M O, Lin F L. 1993. A reliability model applied to emergency service vehicle location[J]. Operations Research, 41: 18-36.

Bélanger V, Ruiz A, Soriano P. 2019. Recent optimization models and trends in location, relocation, and dispatching of emergency medical vehicles[J]. European Journal of Operational Research, 272: 1-23.

Brandeau M L, Chiu S S. 1989. An overview of representative problems in location research[J]. Management Science, 35(6): 645-674.

Brotcorne L, Laporte G, Semet F. 2003. Ambulance location and relocation models[J]. European Journal of Operational Research, 147(3): 451-463.

Chu C P, Tsai J F. 2008. The optimal location and road pricing for an elevated road in a corridor[J]. Transportation Research Part A: Policy and Practice, 42(5): 842-856.

Church R, Revelle C. 1974. The maximal covering location problem[J]. Papers of the Regional Science Association, 32(1): 101-118.

Daskin M S. 1983. A maximum expected covering location model: Formulation, properties and heuristic solution[J]. Transportation Science, 17(1): 48-70.

Du B, Wang D Z W. 2014. Continuum modeling of park-and-ride services considering travel time reliability and heterogeneous commuters-a linear complementarity system approach[J]. Transportation Research Part E: Logistics and Transportation Review, 71: 58-81.

Gendreau M, Laporte G, Semet F. 2006. The maximal expected coverage relocation problem for emergency vehicles[J]. The Journal of the Operational Research Society, 57(1): 22-28.

Hakimi S L. 1964. Optimum locations of switching centers and the absolute centers and medians of a graph[J]. Operations Research, 12(3): 450-459.

He X, Zheng H, Peeta S. 2015. Model and a solution algorithm for the dynamic resource allocation problem for large-scale transportation network evacuation[J]. Transportation Research Part C, 59: 233-347.

Holguín-Veras J, Yushimito W F, Aros-Vera F, et al. 2012. User rationality and optimal park-and-ride location under potential demand maximization[J]. Transportation Research Part B: Methodological, 46(8): 949-970.

Hsu Y T, Peeta S. 2013. An aggregate approach to model evacuee behavior for no-notice evacuation operations[J]. Transportation, 40(3): 671-696.

Hu Z H, Sheu J B, Xiao L. 2014. Post-disaster evacuation and temporary resettlement considering panic and panic spread[J]. Transportation Research Part B: Methodological, 69: 112-132.

Jia H Z, Ordóñez F, Dessouky M. 2007. A modeling framework for facility location of medical services for large-scale emergencies[J]. IIE Transactions, 39(1): 41-55.

Larson R C. 1974. A hypercube queuing model for facility location and redistricting in urban emergency services[J]. Computers & Operations Research, 1(1): 67-95.

Larson R C. 1975. Approximating the performance of urban emergency service systems[J]. Operations Research, 23(5): 845-868.

Li, Z C, Lam W H K, Wong S C. 2012a. Modeling intermodal equilibrium for bimodal transportation system design problems in a linear monocentric city[J]. Transportation Research Part B: Methodological, 46(1): 30-49.

Li Z C, Lam W H K, Wong S C, et al. 2012b. Modeling the effects of integrated rail and property development on the design of rail line services in a linear monocentric city[J]. Transportation Research Part B: Methodological, 46(6): 710-728.

Li Z C, Lam W H K, Wong S C, et al. 2012c. Design of a rail transit line for profit maximization in a linear transportation corridor[J]. Transportation Research Part E: Logistics and Transportation Review, 48(1): 50-70.

Li Z C, Wang Y D. 2018. Analysis of multimodal two-dimensional urban system equilibrium for cordon toll pricing and bus service design[J]. Transportation Research Part B: Methodological, 111: 244-265.

Li Z C, Wang Y D, Lam W H K, et al. 2014. Design of sustainable cordon toll pricing schemes in a monocentric city[J]. Networks & Spatial Economics, 14(2): 133-158.

Liu T L, Huang H J, Yang H, et al. 2009. Continuum modeling of park-and-ride services in a linear monocentric city with deterministic mode choice[J]. Transportation Research Part B: Methodological, 43(6): 692-707.

Pel A J, Bliemer M C J, Hoogendoorn S P. 2012. A review on travel behaviour modelling in dynamic traffic simulation models for evacuations[J]. Transportation, 39(1): 97-123.

Peng Y T, Li Z C, Choi K. 2017. Transit-oriented development in an urban rail transportation corridor[J]. Transportation Research Part B: Methodological, 103: 269-290.

Revelle C, Hogan K. 1989. The maximum availability location problem[J]. Transportation Science, 23(3): 192-200.

Sánchez-Mangas R, García-Ferrrer A, de Juan A, et al. 2010. The probability of death in road traffic accidents. How important is a quick medical response?[J]. Accident Analysis and Prevention, 42(4): 1048-1056.

Sheu J B. 2014. Post-disaster relief-service centralized logistics distribution with survivor resilience maximization[J]. Transportation Research Part B: Methodological, 68: 288-314.

Shier D R, Dearing P M. 1983. Optimal locations for a class of nonlinear, single-facility location problems on a network[J]. Operations Research, 31(2): 292-303.

Snyder L V, Daskin M S. 2005. Reliability models for facility location: The expected failure cost case[J]. Transportation Science, 39(3): 400-416.

Toregas C, Swain R, Revelle C, et al. 1971. The location of emergency service facilities[J]. Operations Research, 19(6): 1363-1373.

Wu Y H, Wang F Z. 2011. Research on location and optimization of railway emergency rescue center[C]. Beijing: Proceedings of The 2nd IEEE International Conference on Emergency Management and Management Sciences: 330-333.

Yin J, Wong S C, Sze N N, et al. 2013. A continuum model for housing allocation and transportation emission problems in a polycentric city[J]. International Journal of Sustainable Transportation, 7(4): 275-298.

第 5 章 公共交通技术选择与投资时机决策模型

5.1 概　　述

随着城市经济的快速发展和城市化进程的不断推进，城市交通需求迅猛增长，道路供给已无法满足交通需求的增长，交通拥堵问题日益严峻。为缓解交通拥堵，地方政府启动了许多大型公共交通基础设施建设项目，包括地铁、轻轨和 BRT 投资项目。根据中国城市轨道交通协会发布的数据，截至 2021 年底，我国有 50 个城市开通运营城市轨道交通，线路总长度为 9192 公里，其中地铁线路总长度超过 7200 公里；轻轨线路总长度为 200 多公里。根据交通运输部统计数据，截至 2021 年底，我国 BRT 线路总长度接近 7000 公里。

大容量公共交通可承载较大规模的交通流量，但其建设耗资巨大。例如，上海地铁 2 号线的投资成本约 6 亿元/公里，广州中山路的 BRT 线路投资成本约 5000 万元/公里。每种公共交通技术有其优缺点。地铁速度快，承载能力大，但与 BRT 相比需要更高的投资成本。BRT 结合了轨道交通运行速度快、可靠性和灵活性高等特点，且其投资成本远低于地铁；但 BRT 的容量相对较小，难以满足高密度地区的客运需求，特别是在客流集中的城市 CBD 区域。轻轨作为路面轨道交通系统，其容量和速度比地铁低但高于 BRT，其投资成本也介于地铁和 BRT 之间。针对运行速度、容量和投资成本之间的权衡，提出了一个重要问题：在这些大容量公共交通技术中，决策者应选择哪个进行投资？

此外，公共交通基础设施投资项目的可行性非常依赖城市人口规模，城市人口规模决定了公共交通乘客需求水平。通常，城市未来的人口规模是不确定的，尤其是随着城镇化进程的加快，大量的农村人口迁移至城市，城市人口规模显著增加，导致城市人口规模剧烈波动。如果大容量公共交通项目投资过度超前，那么交通基础设施容量得不到充分利用，结果导致运营亏损、效率低下；如果大容量公共交通项目投资滞后，则会导致交通供给长期满足不了不断增长的交通需求，结果产生高额的社会成本（如增加交通拥堵成本和空气污染成本）。这提出了另一个重要的问题：对一个快速发展的城市，考虑未来城市人口规模的不确定性，如何决策大容量公共交通技术最佳投资时机？本章将回答这些问题。

关于公共交通技术选择与投资时机决策问题已有较多研究。例如，Allport（1981）、Stutsman（2002）、Bruun（2005）和 Tirachini 等（2010a）比较了不同公共交通技术的成本或运营效率。Parajuli 和 Wirasinghe（2001）考虑了出行者、运营商及社区的需求，建立了多属性决策模型来探讨公共交通技术选择问题，所采用的经验统计方法基于田野调查，需要大量人力和财力支持。Tirachini 等（2010b）建立了以社会福利最大化和利润最大化为目标的解析模型来优化发车频率和票价，比较了投资 BRT、轻轨和地铁的收益。Chen 等（2015）提出了一个确定性的静态（稳态）模型来研究公共交通技术选择问题，模型假设静态、确定性出行需求。Szymanski（1991）比较了社会福利最大化和利润最大化下基础设施投资时机决策解。Chu 和 Polzin（2000）使用成本效益分析方法研究了大型交通基础设施的投资时机决策问题。Sivakumaran 等（2014）探讨了步行、自行车或巴士等作为接驳方式如何影响公交网络干线部分公共交通技术（包括轻轨、BRT 和巴士）的投资选择。

以上关于公共交通技术投资问题的研究考虑的都是确定性、静态问题。然而，城市未来的人口规模及出行需求往往随时间动态波动（Sáez et al., 2012）。特别是对我国一些快速发展的城市，随着新型城镇化建设的推进，出现大量的人口迁移，未来的城市人口规模是不确定的，公共交通项目的回报或收益随时间随机动态变化。因此，非常有必要在公共交通技术投资决策模型中考虑城市人口规模的动态随机性。

现有的相关研究通常采用净现值（net present value，NPV）方法（Snell, 2011）。但传统的 NPV 方法已被证实无法准确描述管理层推迟、放弃或扩大投资机会的灵活性（或柔性），对不可逆、不确定的投资环境更是无能为力（Dixit and Pindyck, 1994；Zhao and Tseng, 2003；Zhao et al., 2004）。实物期权（real options，RO）方法提供了一种有效的途径来量化传统 NPV 方法所无法考虑的投资决策柔性的价值（McDonald and Siegel, 1986；Trigeorgis, 1996；de Neufville and Scholtes, 2011）。

近年来，实物期权理论引起了交通研究人员的广泛关注。表 5.1 总结了实物期权理论在交通基础设施投资决策中的应用。可以看出，现有相关研究主要关注公共交通技术投资时机决策问题，而对公共交通技术选择问题关注较少。此外，相关研究通常忽视交通基础设施投资对城市空间结构的影响。McDonald 和 Osuji（1995）、Bowes 和 Ihlanfeldt（2001）以及 Li 等（2012, 2013）的研究表明，新建公交线路对出行可达性的改善可能会诱发城市土地利用模式、房地产价值、住房市场（房价、家庭住房面积）的变化，这些城市空间结构特征的变化会改变居住分布和出行需求，进而影响投资项目的价值。因此，在公共交通技术投资决策问题中，有必要考虑公共交通技术投资对家庭居住地选择和住房市场的影响。

表 5.1 实物期权理论在交通基础设施投资决策中的应用

文献	交通基础设施类型	决策变量	目标函数	考虑投资对土地利用和空间结构的影响	模型解	不确定性来源
Pichayapan 等（2003）	快速路	立即投资还是推迟投资	最大化期望项目收益	否	仿真	交通流量
Zhao 等（2004）	一条公路走廊	车道数量、路宽、维护决策	最大化期望利润	否	仿真	交通需求、土地价格、路面退化
Saphores 和 Boarnet（2006）	一条公路走廊或公交线	投资时机	最大化投资前后居民效用变化量的期望值	否	解析解	城市人口规模
Friesz 等（2008）	交通网络	流量时空分布	最大化期望净出行价值	否	仿真	出行成本
Galera 和 Soliño（2010）	一条公路走廊	公路项目特许期	最大化期望现金流或收入	否	解析解	交通流量
Chow 和 Regan（2011a）	交通网络	路段改善时机	最大化期权价值（包括推迟和重新设计网络的期权）	否	仿真	交通需求
Chow 和 Regan（2011b）	交通网络	路段改善时机和能力扩张	最大化期权价值（包括推迟和重新安排项目建设次序的期权）	否	仿真	交通需求
Gao 和 Driouchi（2013）	一条轨道交通线	投资时机	最大/最小化投资前后居民效用变化量的期望值	否	解析解	城市人口规模与决策
本章	一条公交线	公共交通技术选择和投资时机	最大化期望社会福利	是	解析解	城市人口规模

基于上述讨论，本章研究城市未来人口规模不确定情况下的交通基础设施投资决策问题，包括公共交通技术选择与投资时机决策问题。主要创新点如下：①提出实物期权模型来研究公共交通技术选择与投资时机决策问题，该模型考虑未来城市人口规模的不确定性和公共交通技术投资对城市空间结构（如家庭居住地、住房市场）的影响，对比分析考虑和不考虑城市空间均衡的模型解的差异；②推导公共交通项目投资人口阈值解析式及多种备选投资项目间的转换人口阈值解析式；③对模型的主要参数进行灵敏度分析，包括居民收入水平、人口波动率、项目建设工期和折现率；④评估 NPV 方法相对于实物期权方法所导致的项目价值损失。

5.2 模型的基本组成部分

5.2.1 基本假设

【**假设 5.1**】假设政府是公共交通项目的投资者，且对公共交通投资依次决策，即先决策选择投资哪种公共交通技术，然后决策何时投资。公共交通技术投资决策的目标是最大化城市系统的期望社会福利。假设资金利息率是无风险的，且为已知的常数。当前，我国的资金利息率约为6%，其他国家的资金利息率为9%~15%。

【**假设 5.2**】所研究的城市是线性、封闭、单中心城市，所有的工作机会集中在CBD。城市边界的地价等于农业地租（土地的机会成本）。在城市经济学领域，这些假设经常采用（Alonso, 1964; Mills, 1972; Fujita, 1989; O'Sullivan, 2000; Kraus, 2006; Li et al., 2013）。

【**假设 5.3**】考虑住房市场中的三类利益相关者：政府、房地产开发商及城市居民。政府通过选择公共交通技术和投资时机来最大化城市系统的期望社会福利。房地产开发商通过决策住房供应量来最大化自身的期望净利润。假定所有房地产开发商采用柯布-道格拉斯住房生产函数（Beckmann, 1974; Quigley, 1984; Li et al., 2013）。

【**假设 5.4**】城市居民具有同质属性，其收入水平和效用函数相同。假定所有家庭都采用柯布-道格拉斯效用函数，每个家庭的收入用于交通、住房和非住房商品的消费。每个家庭在其预算约束下通过选择居住位置、住房面积和非住房商品的数量来最大化家庭效用（Solow, 1972, 1973; Beckmann, 1969, 1974; Anas, 1982; Fujita, 1989）。假定城市人口规模（大于零）在时间维度上发生随机波动，且服从几何布朗运动（Saphores and Boarnet, 2006; Gao and Driouchi, 2013）。

【**假设 5.5**】假定每个家庭使用公共交通前往CBD的日均出行次数为δ。例如，$\delta=1$表示每个家庭每天乘坐公共交通前往CBD一次。

5.2.2 住房市场均衡

公共交通项目主要包括三个阶段：项目投资前（项目不存在）、项目建设中及项目运营后。为叙述方便，采用下标"0"、"1"、"2"分别代表这三个阶段。在阶段0和阶段1，城市系统采用的公共交通方式为常规公交（如巴士或小巴）；在阶段2，城市系统采用大容量公共交通（如地铁、轻轨或BRT）。令i表示公共交通项目阶段。下面描述阶段i的住房市场均衡问题。

1. 家庭居住地选择行为

令x为家庭居住位置与CBD的距离，B_i为阶段i城市边界到CBD的距离（城市规模）。采用如下的柯布-道格拉斯家庭效用函数：

$$U_i(x) = \alpha \ln z_i(x) + \beta \ln g_i(x), \quad \alpha, \beta > 0, \alpha + \beta = 1, x \in [0, B_i], i = 0, 1, 2 \quad (5.1)$$

其中，$U_i(x)$ 为阶段 i 位置 x 处的家庭的效用；$z_i(x)$ 为阶段 i 位置 x 处的家庭的非住房商品消费，价格标准化为 1；$g_i(x)$ 为阶段 i 位置 x 处的家庭的住房消费；α 和 β 为正的常数。

根据假设 5.4，家庭在选择居住位置时，力图在其预算约束下使得自身效用最大化。该效用最大化问题可表示为

$$\max_{z_i, g_i} U_i(x) = \alpha \ln z_i(x) + \beta \ln g_i(x) \quad (5.2)$$

$$\text{s.t.} \quad z_i(x) + p_i(x)g_i(x) = Y_i - \varphi_i(x), \quad \forall x \in [0, B_i], i = 0, 1, 2 \quad (5.3)$$

其中，$p_i(x)$ 为阶段 i 位置 x 处的房价；Y_i 为阶段 i 的家庭年均收入；$\varphi_i(x)$ 为阶段 i 从位置 x 到 CBD 的年均出行成本（或支出），可表示为

$$\varphi_i(x) = 2\rho C_i(x), \quad \forall x \in [0, B_i], i = 0, 1, 2 \quad (5.4)$$

其中，"2" 表示位置 x 与 CBD 之间的一次往返出行；ρ 为家庭前往 CBD 的年均出行次数，与家庭的日均出行次数 δ 相关（假设 5.5），本章假设 $\rho = 365\delta$；$C_i(x)$ 为从位置 x 到 CBD 的单向平均出行成本，可表示为出行距离的函数：

$$C_i(x) = \tau \frac{x}{V_i} + f_i, \quad \forall i = 0, 1, 2 \quad (5.5)$$

其中，V_i 为阶段 i 从位置 x 到 CBD 的公交运行速度；τ 和 f_i 分别为时间价值和阶段 i 的公交票价。V_i 和 f_i 随公交车辆类型而改变，例如，对于地铁、轻轨和 BRT，地铁具有最高的运行速度，但票价也最高；BRT 的票价最低，但运行速度也最低；轻轨则介于两者之间。

根据最大化问题[式（5.2）和式（5.3）]的一阶最优性条件，得到

$$p_i(x) = p_i(0) \left(1 - \frac{\varphi_i(x)}{Y_i}\right)^{\frac{1}{\beta}}, \quad \forall i = 0, 1, 2 \quad (5.6)$$

$$g_i(x) = \frac{\beta Y_i}{p_i(0)} \left(1 - \frac{\varphi_i(x)}{Y_i}\right)^{-\frac{\alpha}{\beta}}, \quad \forall i = 0, 1, 2 \quad (5.7)$$

$$z_i(x) = \alpha(Y_i - \varphi_i(x)), \quad \forall i = 0, 1, 2 \quad (5.8)$$

其中，$p_i(0)$ 表示阶段 i CBD 处的房价。式（5.6）~式（5.8）分别定义了阶段 i 位置 x 处的均衡房价、均衡家庭住房面积和均衡非住房商品消费（Li et al., 2012）。

将式（5.7）和式（5.8）代入式（5.2），得到均衡状态下家庭的效用为

$$U_i = \alpha \ln(\alpha Y_i) + \beta \ln\left(\frac{\beta Y_i}{p_i(0)}\right), \quad \forall i = 0, 1, 2 \quad (5.9)$$

一旦 $p_i(0)$ 给定，则式（5.9）等号右边是常数，此时达到家庭居住地选择均衡状态，即城市中所有的居民（无论居住位置或住房面积如何）具有相等的效用。

2. 住房生产

令 $S_i(x)$ 为阶段 i 位置 x 处的投资强度，用以描述特定区域的土地开发强度。根据假设5.3，房地产开发商遵循以下柯布-道格拉斯住房生产函数：

$$h(S_i(x)) = \mu \cdot (S_i(x))^\theta, \quad 0 < \theta < 1 \tag{5.10}$$

其中，$h(S_i(x))$ 为位置 x 处单位土地面积的住房供应量；μ 和 θ 为正的常数。

令 $\Lambda_i(x)$ 为阶段 i 位置 x 处单位土地面积住房开发的净利润，可表示为

$$\Lambda_i(x) = p_i(x)h(S_i(x)) - (r_i(x) + kS_i(x)), \quad \forall i = 0,1,2 \tag{5.11}$$

其中，$r_i(x)$ 为阶段 i 位置 x 处的地价；k 为资金利息率；房价 $p_i(x)$ 可由式（5.6）给出。式（5.11）等号右边的第一项为房租总收入，后两项分别为地价成本和资金成本。

根据假设5.3，住房市场中每个房地产开发商通过确定投资强度来最大化自身净利润，数学模型表示如下：

$$\max_{S_i(x)} \Lambda_i(x) = \mu p_i(x)(S_i(x))^\theta - (r_i(x) + kS_i(x)) \tag{5.12}$$

最大化问题[式（5.12）]的一阶最优性条件如下：

$$\frac{\partial \Lambda_i(x)}{\partial S_i(x)} = \theta \mu p_i(x)(S_i(x))^{\theta-1} - k = 0 \tag{5.13}$$

将式（5.6）代入式（5.13），得到

$$S_i(x) = (p_i(x)\mu\theta k^{-1})^{1/(1-\theta)} = \left(k^{-1}\mu\theta p_i(0)\left(1-\frac{\varphi_i(x)}{Y_i}\right)^{1/\beta}\right)^{1/(1-\theta)}, \quad \forall i = 0,1,2 \tag{5.14}$$

令 $n_i(x)$ 为阶段 i 位置 x 处的家庭居住密度，可表示为

$$n_i(x) = \frac{h(S_i(x))}{g_i(x)} = \frac{1}{\beta Y_i}(p_i(0)\mu)^{1/(1-\theta)}(\theta k^{-1})^{\theta/(1-\theta)}\left(1-\frac{\varphi_i(x)}{Y_i}\right)^{(\alpha+\beta\theta)/(\beta-\beta\theta)},$$
$$\forall i = 0,1,2 \tag{5.15}$$

在完全竞争市场中，每个竞争的房地产开发商所获得的净利润为零，因此

$$r_i(x) = \mu p_i(x)(S_i(x))^\theta - kS_i(x), \quad \forall i = 0,1,2 \tag{5.16}$$

将式（5.6）和式（5.14）代入式（5.16），可得

$$r_i(x) = k\left(\frac{1}{\theta}-1\right)S_i(x) = (1-\theta)\theta^{\theta/(1-\theta)}\left(\mu p_i(0)\left(1-\frac{\varphi_i(x)}{Y_i}\right)^{1/\beta}k^{-\theta}\right)^{1/(1-\theta)}, \tag{5.17}$$
$$\forall i = 0,1,2$$

式（5.14）、式（5.15）和式（5.17）分别定义了阶段 i 位置 x 处的均衡投资强度、均衡家庭居住密度和均衡地价。给定 $p_i(0)$、Y_i、μ 和 θ，投资强度、家庭居住密度和地价均随出行成本或通货膨胀率（或利息率）的增加而下降。

3. 住房市场供需均衡

城市住房市场的均衡须满足两个条件。首先，所有家庭都必须居住在城市边界以内，即

$$\int_0^{B_i} n_i(x)\mathrm{d}x = N \tag{5.18}$$

其中，N 为城市人口规模。

其次，在城市边界上，土地租金等于农业地租或土地机会成本，即

$$r_i(B_i) = R_A \tag{5.19}$$

其中，R_A 为农业地租，是常量。

联立求解式（5.18）和式（5.19），可得到 $p_i(0)$ 和 B_i。

【命题 5.1】给定农业地租 R_A，阶段 i CBD 处的房价 $p_i(0)$ 和城市边界 B_i 分别为

$$p_i(0) = \mu^{-1}\left(\frac{k}{\theta}\right)^\theta \left(\frac{R_A}{1-\theta}\right)^{1-\theta}\left(1 - \frac{2\rho f_i}{Y_i}\right)^{-1/\beta}\left(\frac{2N\rho\tau}{R_A V_i} + 1\right)^{(1-\theta)}, \forall i = 0,1,2 \tag{5.20}$$

$$B_i = \frac{V_i}{\tau}\left(\frac{Y_i}{2\rho} - f_i\right)\left(1 - \left(\frac{2N\rho\tau}{R_A V_i} + 1\right)^{\beta(\theta-1)}\right), \forall i = 0,1,2 \tag{5.21}$$

附录 C.1 提供了命题 5.1 的推导过程。根据命题 5.1，一旦 CBD 处的房价 $p_i(0)$ 和城市边界 B_i 由式（5.20）和式（5.21）确定，可通过式（5.6）、式（5.7）、式（5.9）、式（5.14）、式（5.15）和式（5.17）计算出均衡状态下任一位置 x 处的房价 $p_i(x)$、家庭住房面积 $g_i(x)$、家庭效用 U_i、投资强度 $S_i(x)$、家庭居住密度 $n_i(x)$ 和地价 $r_i(x)$。

命题 5.2 提供了 CBD 处房价 $p_i(0)$ 和城市边界 B_i 的比较静态结果。

【命题 5.2】在假设 $R_A V_2 \ll 2N\rho\tau$ 下，$p_i(0)$ 随城市人口规模 N 和公交票价 f_i 的增加而增加，随家庭年均收入 Y_i 和公交运行速度 V_i 的增加而降低。B_i 随家庭年均收入 Y_i、城市人口规模 N 和公交运行速度 V_i 的增加而增加，随公交票价 f_i 的增加而减小。表 5.2 归纳了 Y_i、N、V_i 和 f_i 对 $p_i(0)$ 和 B_i 的影响。

命题 5.2 的证明见附录 C.2。命题 5.2 的假设条件 $R_A V_2 \ll 2N\rho\tau$ 一般会满足，这是因为城市人口规模 N 通常比较大。命题 5.2 可以解释如下：①如果城市人口规模增加，那么住房需求和市中心房价也会增加。此时，一些居民愿意迁移到郊

表 5.2　模型参数对 CBD 房价和城市边界的影响

变量	家庭年均收入 Y_i	人口规模 N	阶段 i 公交运行速度 V_i	阶段 i 公交票价 f_i
CBD 处房价 $p_i(0)$	−	+	−	+
城市边界 B_i	+	+	+	−

注："+"表示正相关，"−"表示负相关

区居住以便享受更大的住房面积，因此城市面积扩大。②公交票价的提高会增加居民的出行成本，因此一些居民愿意住在市中心以便减少交通支出，结果城市规模变小，市中心房价上涨。③如果家庭年均收入增加，那么每个家庭有更多的预算可用于交通支出，一些家庭愿意选择居住在郊区以便享受更大的住房面积，从而导致城市扩张，市中心房价也会下降。④公交运行速度增加意味着旅行时间缩短，从而可能导致一些家庭搬去郊区居住，因此城市规模扩大，市中心房价下降。

5.3　公共交通技术投资时机与投资选择模型及其性质

5.3.1　公交项目成本

公交项目成本主要包括公交线路设施成本和公交运营成本。公交线路设施成本由固定成本（如线路管理成本）和可变成本（如土地征用、线路建设、维护和劳动力成本）构成，与公交线路长度成正比，可表示为

$$C_L = \lambda_0 + \lambda_1 L \tag{5.22}$$

其中，λ_0 为固定成本；λ_1 为每公里的可变成本；L 为公交线路长度。为简化问题，假设在公交项目运营期，公交线路长度 L 等于城市长度，即

$$L = B_2 \tag{5.23}$$

其中，B_2 由式（5.21）确定。

公交运营成本包括固定运营成本和可变运营成本，可表示为

$$C_O = \omega_0 + \omega_1 \frac{\Theta}{H} \tag{5.24}$$

其中，ω_0 为固定运营成本；ω_1 为车辆的可变运营成本；H 为公交车头时距；Θ 为车辆往返一次的旅行时间；Θ/H 为公交车队规模。Θ 由式（5.25）确定：

$$\Theta = \frac{2L}{V_2} \tag{5.25}$$

其中，V_2 为公交车辆运行速度；L/V_2 为公交车辆单程平均旅行时间。

式（5.22）和式（5.24）中的 λ_0、λ_1、ω_0 和 ω_1 主要取决于公交车辆类型。一般而言，地铁的参数值大于轻轨的对应值，轻轨的参数值大于 BRT 的对应值。

5.3.2 公共交通技术投资时机问题

由于城市人口规模和交通需求具有不确定性，公交项目的价值也呈现不确定性。为描述城市人口规模随时间的动态变化，令 $N(t)$ 表示时间 t 的城市人口规模。根据假设 5.4，城市人口规模 $N(t)$ 服从几何布朗运动，可表示为

$$dN(t) = \eta N(t)dt + \sigma N(t)dw(t) \tag{5.26}$$

其中，η 为城市人口增长率；σ 为城市人口漂移率；dt 为无穷小的时间增量；$dw(t)$ 为标准维纳过程的增量。给定时间 t，$dw(t)$ 满足方程 $dw(t) = \varepsilon_t \sqrt{t}$，其中，$\varepsilon_t$ 为随机变量，服从均值为 0 和方差为 1 的标准正态分布。

交通基础设施投资是不可逆的，建成后会造成大量的沉没成本。Dixit 和 Pindyck（1994）指出传统的 NPV 方法不能精准量化不确定、不可逆环境下投资项目的价值，而实物期权方法为精确量化项目管理的柔性价值提供了有效途径。实物期权是指在一个预先约定的时期（期权生命周期）内以某一预先确定的价格（执行价格或合同价格）购买一项实物资产或投资计划的权利（Copeland and Antikarov，2001）。本节采用实物期权方法来研究城市人口规模随时间扰动下公共交通技术投资时机决策问题。

公共交通技术最佳投资时机的确定实际上是一个标准的停时问题（stopping problem）。对一个人口密度低的城市，乘客需求较低，如果公共交通技术投资成本过高，那么最好的策略是继续等待，即确定等待区域（waiting region）。对一个人口密度高的城市，乘客需求高，因此最好的策略是立即投资，即确定停时区域（stopping region）。公共交通技术投资时机决策问题可定义为：如何确定最优的人口阈值 N^* 以便将等待区域和停时区域分离。当时间 t 的人口规模 $N(t)$ 超过人口阈值 N^* 时（即 $N(t) > N^*$），应当立即投资该公交项目；否则，应当推迟投资该公交项目。

由定义可知，在人口阈值处，政府对两种投资策略（继续等待或立即投资）没有偏好。换言之，继续等待和立即投资的价值相等。由于本章假设公交项目由政府投资，项目决策从期望社会福利最大化的视角进行考量（假设 5.1 和假设 5.3），因此，继续等待的价值等于不引入公交项目时的期望折现社会福利与等待投资公交项目的期权价值之和。立即投资的价值等于引入公交项目时的期望折现社会福利，即项目建设和运营期间的期望折现社会福利之和。令 $F(N)$ 表示在人口规模 N 下投资公交项目的期权价值，$SW_0(N)$ 表示无公交项目时的期望折现社会福利，$SW_1(N)$ 和 $SW_2(N)$ 分别表示在项目建设和运营期间的期望折现社会福利。在人口阈值 N^* 处，满足如下均衡条件：

$$F(N^*) + \text{SW}_0(N^*) = \text{SW}_1(N^*) + \text{SW}_2(N^*) \tag{5.27}$$

式（5.27）称为价值匹配条件，即在人口阈值 N^* 处，不引入公交项目时的期望折现社会福利加上期权价值等于引入公交项目时的期望折现社会福利。

下面分别定义在投资阶段 0、1 和 2 的期望折现社会福利 $\text{SW}_0(N)$、$\text{SW}_1(N)$ 和 $\text{SW}_2(N)$。社会福利等于消费者剩余加上生产者剩余（公交投资的期望净利润）。当不引入新的公交项目时，期望折现社会福利等于期望折现消费者剩余，其值取决于家庭效用 $U_0(N(t))$。因此，$\text{SW}_0(N)$ 可表示为

$$\text{SW}_0(N) = E_N\left[\xi\int_0^{+\infty} U_0(N(t))N(t)\mathrm{e}^{-kt}\mathrm{d}t\right] \tag{5.28}$$

其中，$E_N[\cdot]$ 为关于人口规模 N 的期望算子（expectation operator）；ξ 为将家庭效用转换成当量货币单位的参数；k 为资金利息率，是常数。家庭效用 $U_0(N(t))$ 可由式（5.9）确定。

在立即投资策略中，公交项目包括建设和运营两个阶段。当公交项目处于建设阶段时，期望折现社会福利 $\text{SW}_1(N)$ 等于期望折现消费者剩余减去期望折现公交线路设施成本，可表示为

$$\text{SW}_1(N) = E_N\left[\xi\int_0^{\Delta} U_1(N(t))N(t)\mathrm{e}^{-kt}\mathrm{d}t - \int_0^{\Delta} C_L \mathrm{e}^{-kt}\mathrm{d}t\right] \tag{5.29}$$

其中，Δ 为公交项目的建设工期，假定为常数；C_L 为公交线路设施成本，可由式（5.22）给出。此时，公交设施仍在建设中，还未投入运营，公交运营成本为 0。

当公交项目处于运营阶段（在时间区间 $[\Delta,+\infty)$）时，期望折现社会福利 $\text{SW}_2(N)$ 等于期望折现消费者剩余减去期望折现公交运营成本，表示为

$$\text{SW}_2(N) = E_N\left[\xi\int_{\Delta}^{+\infty} U_2(N(t))N(t)\mathrm{e}^{-kt}\mathrm{d}t - \int_{\Delta}^{+\infty} C_O \mathrm{e}^{-kt}\mathrm{d}t\right] \tag{5.30}$$

其中，C_O 为公交运营成本，可由式（5.24）确定。

将式（5.28）～式（5.30）代入式（5.27），经过一些运算之后可得到

$$F(N^*) = \Phi(N^*) \tag{5.31}$$

其中，$\Phi(N)$ 由式（5.32）确定：

$$\begin{aligned}\Phi(N) = E_N\bigg[&\int_0^{+\infty} \xi(U_1(N(t)) - U_0(N(t)))N(t)\mathrm{e}^{-kt}\mathrm{d}t \\ &+ \int_{\Delta}^{+\infty}(\xi(U_2(N(t)) - U_1(N(t)))N(t) - C_O)\mathrm{e}^{-kt}\mathrm{d}t - \int_0^{\Delta} C_L \mathrm{e}^{-kt}\mathrm{d}t\bigg]\end{aligned} \tag{5.32}$$

$\Phi(N)$ 表示由引入公交项目所带来的期望折现社会福利的变化量，也称为投资回报、投资收益或项目价值。在假设 $R_A V_2 \ll 2N\rho\tau$ 下，可推导出 $\Phi(N)$ 的表达式如下，其证明见附录 C.3。

【命题 5.3】 在假设 $R_A V_2 \ll 2N\rho\tau$ 下，公交项目价值由式（5.33）确定：

$$\Phi(N) = \xi\beta(1-\theta)\frac{N}{k-\eta}\ln\left(\frac{V_1}{V_0}\right) + \xi\left[\beta(1-\theta)\ln\left(\frac{V_2}{V_1}\right) + \ln\left(1-\frac{2\rho f_2}{Y_2}\right)\right]\frac{Ne^{(\eta-k)\Delta}}{k-\eta}$$
$$-\frac{C_L(1-e^{-k\Delta})}{k} - \frac{C_O e^{-k\Delta}}{k} \quad (5.33)$$

根据实物期权理论（Dixit and Pindyck，1994），在很短的时间段 dt，投资机会的期望回报等于其资本的预期增长率，表示为

$$kF(N(t))dt = E_t[dF(N(t))] \quad (5.34)$$

式（5.34）实际上表示期权价值 $F(N(t))$ 的贝尔曼方程。运用伊藤引理（Dixit and Pindyck，1994），可推导出引入一个新的公交项目的人口阈值 N^* 和期权价值 $F(N(t))$ 的解析式。

【命题 5.4】 在假设 $R_A V_2 \ll 2N\rho\tau$ 下，人口阈值 N^* 和期权价值 $F(N(t))$ 分别由式（5.35）和式（5.36）确定：

$$N^* = \frac{b_1(k-\eta)[C_L(1-e^{-k\Delta}) + C_O e^{-k\Delta}]}{\xi k(b_1-1)\left(\beta(1-\theta)\ln\left(\frac{V_1}{V_0}\right) + \left(\beta(1-\theta)\ln\left(\frac{V_2}{V_1}\right) + \ln\left(1-\frac{2\rho f_2}{Y_2}\right)\right)e^{(\eta-k)\Delta}\right)} \quad (5.35)$$

$$F(N(t)) = a_1(N(t))^{b_1} \quad (5.36)$$

其中，

$$\begin{cases} b_1 = \frac{1}{2} - \frac{\eta}{\sigma^2} + \sqrt{\left(\frac{\eta}{\sigma^2} - \frac{1}{2}\right)^2 + \frac{2k}{\sigma^2}} \\ a_1 = \left(\frac{\xi}{b_1(k-\eta)}\left(\beta(1-\theta)\ln\left(\frac{V_1}{V_0}\right)\right.\right. \\ \left.\left. + \left(\beta(1-\theta)\ln\left(\frac{V_2}{V_1}\right) + \ln\left(1-\frac{2\rho f_2}{Y_2}\right)\right)e^{(\eta-k)\Delta}\right)\right)^{b_1}\left(\frac{k(b_1-1)}{C_L(1-e^{-k\Delta}) + C_O e^{-k\Delta}}\right)^{b_1-1} \end{cases} \quad (5.37)$$

命题 5.4 的证明见附录 C.4。对人口阈值 N^* 进行比较静态分析，得到以下结果。

【命题 5.5】 人口阈值 N^* 与城市人口漂移率 σ、公交线路设施可变成本 λ_1 及公交运营可变成本 ω_1 呈正相关关系，即 $\frac{\partial N^*}{\partial \sigma} > 0$，$\frac{\partial N^*}{\partial \lambda_1} > 0$，$\frac{\partial N^*}{\partial \omega_1} > 0$；当公交线设施成本不小于公交运营成本（$C_L \geq C_O$）时，人口阈值 N^* 与项目建设工期 Δ 呈正相关关系，即 $\frac{\partial N^*}{\partial \Delta} > 0$。

附录C.5提供了命题5.5的证明。人口阈值N^*关于家庭年均收入Y_i和折现率k的符号（$\frac{\partial N^*}{\partial Y_i}$和$\frac{\partial N^*}{\partial k}$）难以确定，5.4节将采用数值方法来查验它们的符号。

为比较分析，下面推导传统NPV方法对应的人口阈值。在NPV方法下，投资一个公交项目的条件为：当且仅当引入该项目的期望折现社会福利不小于不引入该项目的期望折现社会福利，即

$$\mathrm{SW}_1(N_{\mathrm{NPV}}^*) + \mathrm{SW}_2(N_{\mathrm{NPV}}^*) \geqslant \mathrm{SW}_0(N_{\mathrm{NPV}}^*) \tag{5.38}$$

根据式（5.38），NPV方法对应的人口阈值N_{NPV}^*为

$$N_{\mathrm{NPV}}^* = \frac{(k-\eta)[C_L(1-e^{-k\Delta}) + C_O e^{-k\Delta}]}{\xi k \left(\beta(1-\theta)\ln\left(\frac{V_1}{V_0}\right) + \beta(1-\theta)\ln\left(\frac{V_2}{V_1}\right) + \ln\left(1 - \frac{2\rho f_2}{Y_2}\right) \right) e^{(\eta-k)\Delta}} \tag{5.39}$$

根据式（5.35）和式（5.39），可得到实物期权方法与NPV方法所得人口阈值之间的关系：

$$N^* = \frac{b_1}{b_1 - 1} N_{\mathrm{NPV}}^* \tag{5.40}$$

式（5.40）表明实物期权方法所得的人口阈值总是大于NPV方法所得的人口阈值，这是因为实物期权方法考虑了项目管理柔性（如继续等待或推迟投资）的价值。

5.3.3 公共交通技术选择问题

根据假设5.1，政府依次做出公交项目投资决策：首先决定投资哪种公共交通技术，然后决定何时投资。因此，一旦确定所投资的公共交通技术，可通过5.3.2节提出的方法来确定其最佳投资时机。本节探讨公共交通技术选择问题：给定多种可选公共交通技术，确定投资哪种最适合。

考虑多种候选公共交通技术，如地铁、轻轨和BRT，这些大容量公共交通技术在我国许多大城市正处于快速发展期。给定城市人口规模，不同的公共交通技术可带来不同的项目价值。根据假设5.3，政府将引入能带来最高项目价值的公共交通技术。令M为候选公共交通技术集合；m_1和m_2为两种公共交通技术，即$m_1, m_2 \in M$。令$\Psi_{m_1}(N)$和$\Psi_{m_2}(N)$分别表示在人口规模N下投资公共交通技术m_1和m_2带来的回报。$\Psi(\cdot)$的定义可适用于不同的投资估价方法。具体而言，$\Psi(\cdot) = F(\cdot)$〔见式（5.36）〕表示采用实物期权方法，$\Psi(\cdot) = \Phi(\cdot)$〔见式（5.33）〕表示采用NPV方法。为叙述方便，引入如下定义。

【定义5.1】占优公共交通技术。公共交通技术m_1在$[N^L, N^U]$内占优公共交通

技术 m_2，当且仅当

$$\Psi_{m_1}(N) \geqslant \Psi_{m_2}(N), \quad N \in [N^L, N^U] \tag{5.41}$$

其中，N^L 和 N^U 分别为占优区间的下界和上界。当 $[N^L, N^U]$ 为整个实数域时，称公共交通技术 m_1 完全占优公共交通技术 m_2。

【定义 5.2】 公共交通技术转换人口阈值。人口规模 $\bar{N}$ 称为从投资公共交通技术 m_2 转换为投资公共交通技术 m_1 的阈值，当且仅当

$$\Psi_{m_1}(\bar{N}) = \Psi_{m_2}(\bar{N}) \tag{5.42}$$

以下从公共交通技术转换角度，进一步揭示了 NPV 方法与实物期权方法之间的差别。

【命题 5.6】（1）对 NPV 方法，公共交通技术投资从 m_2 转换为 m_1 的人口阈值 $\bar{N}_{\text{NPV}}$ 为

$$\bar{N}_{\text{NPV}} = \frac{(k-\eta)[(C_L^{m_1}(1-e^{-k\Delta_{m_1}}) + C_O^{m_1} e^{-k\Delta_{m_1}}) - (C_L^{m_2}(1-e^{-k\Delta_{m_2}}) + C_O^{m_2} e^{-k\Delta_{m_2}})]}{\xi k \left(\left(\beta(1-\theta) \ln\left(\frac{V_2^{m_1}}{V_1}\right) + \ln\left(1 - \frac{2\rho f_2^{m_1}}{Y_2}\right) \right) e^{(\eta-k)\Delta_{m_1}} - \left(\beta(1-\theta) \ln\left(\frac{V_2^{m_2}}{V_1}\right) + \ln\left(1 - \frac{2\rho f_2^{m_2}}{Y_2}\right) \right) e^{(\eta-k)\Delta_{m_2}} \right)}$$

$$\tag{5.43}$$

（2）对实物期权方法，一种公共交通技术的期权价值总是完全占优另一种公共交通技术的期权价值。具体而言，当满足式（5.44）时，公共交通技术 m_1 完全占优公共交通技术 m_2：

$$\frac{\beta(1-\theta)\ln\left(\frac{V_1}{V_0}\right) + \left(\beta(1-\theta)\ln\left(\frac{V_2^{m_1}}{V_1}\right) + \ln\left(1 - \frac{2\rho f_2^{m_1}}{Y_2}\right)\right) e^{(\eta-k)\Delta_{m_1}}}{\beta(1-\theta)\ln\left(\frac{V_1}{V_0}\right) + \left(\beta(1-\theta)\ln\left(\frac{V_2^{m_2}}{V_1}\right) + \ln\left(1 - \frac{2\rho f_2^{m_2}}{Y_2}\right)\right) e^{(\eta-k)\Delta_{m_2}}}$$

$$\geqslant \left(\frac{C_L^{m_1}(1-e^{-k\Delta_{m_1}}) + C_O^{m_1} e^{-k\Delta_{m_1}}}{C_L^{m_2}(1-e^{-k\Delta_{m_2}}) + C_O^{m_2} e^{-k\Delta_{m_2}}} \right)^{\frac{b_1-1}{b_1}} \tag{5.44}$$

证明：将式（5.33）代入式（5.42），可直接得出对应于 NPV 方法的式（5.43）。当满足式（5.44）时，由式（5.37）可得到 $a_1^{m_1} \geqslant a_1^{m_2}$，进而由式（5.36）得到 $F_{m_1}(N) \geqslant F_{m_2}(N)$。根据定义 5.1，公共交通技术 m_1 完全占优公共交通技术 m_2。证毕。

命题 5.6 表明，给定公共交通技术 m_1 和 m_2，对于 NPV 方法，当人口规模达到公共交通技术转换人口阈值 $\bar{N}_{\text{NPV}}$ 时，公共交通技术投资应当从 m_2 转换到 m_1；

对于实物期权方法，只要满足式（5.44）（通常总是满足），公共交通技术 m_1 总是完全占优公共交通技术 m_2。

【评注 5.1】由式（5.43）可以看出，公共交通技术转换人口阈值 $\bar{N}_{\text{NPV}}$ 依赖公交车辆运行速度 V_2、公交票价 f_2、公交项目建设工期 Δ、公交线路设施成本 C_L 和公交运营成本 C_O 等参数。这些参数描述了公共交通技术的内在特征，其值通常随公共交通技术类型而改变。其中，V_2、f_2 和 C_O 相对稳定，C_L 和 Δ 受城市环境和地质条件的影响较大，尤其是地铁。由式（5.43）容易得出，对公共交通技术 m，当 $C_L \geqslant C_O$ 时，公共交通技术转换人口阈值 $\bar{N}_{\text{NPV}}$ 满足：

$$\frac{\partial \bar{N}_{\text{NPV}}}{\partial C_L^{m_1}} > 0, \quad \frac{\partial \bar{N}_{\text{NPV}}}{\partial \Delta_{m_1}} > 0, \quad \frac{\partial \bar{N}_{\text{NPV}}}{\partial C_L^{m_2}} < 0, \quad \frac{\partial \bar{N}_{\text{NPV}}}{\partial \Delta_{m_2}} < 0 \qquad (5.45)$$

式（5.45）表明公共交通技术转换人口阈值 $\bar{N}_{\text{NPV}}$ 随公共交通技术 m_1 对应的 C_L 和 Δ 的增加而增加，随公共交通技术 m_2 对应的 C_L 和 Δ 的增加而减小。

式（5.35）或式（5.39）中的 N^* 给出了引入公交项目的人口阈值。式（5.43）中的 $\bar{N}$ 定义了在 NPV 方法下从一种公共交通技术转换到另一种公共交通技术的人口阈值。$\bar{N}$ 和 N^* 可能不相同，因此引入如下定义。

【定义 5.3】从多种候选公共交通技术中选择投资一种公共交通技术的人口阈值 N^{**} 定义为投资该公共交通技术的人口阈值 N^* 与公共交通技术转换人口阈值 $\bar{N}$ 中的最大值，即

$$N^{**} = \max(N^*, \bar{N}) \qquad (5.46)$$

其中，N^* 和 $\bar{N}$ 分别由式（5.35）和式（5.43）给出。当一个城市的人口规模达到人口阈值 N^{**} 时，应该引入新的公共交通技术。根据命题 5.6 和式（5.46），对实物期权方法，N^{**} 与 N^* 相等；对 NPV 方法，N^{**} 与 N^* 可能不相等。

5.4 模型应用

本节举例说明模型的应用和本章的贡献。算例 1 旨在揭示考虑和不考虑城市空间均衡对公共交通技术投资决策带来的差异。不考虑土地利用均衡意味着公共交通技术投资之后的城市空间结构（包括城市居住分布、房价、住房面积、城市规模等）与公共交通技术投资之前相同。算例 1 也探讨了公共交通技术投资对城市空间结构的影响及模型主要参数（如项目建设工期、折现率、家庭年均收入和人口波动率）对公共交通技术投资的人口阈值的影响。算例 2 是模型在我国两个城市的实际应用。在以下分析中，除非特别申明，否则模型所有输入参数的基准值与表 5.3 一致。考虑 BRT、轻轨和地铁三种公共交通技术，它们的输入参数如表 5.4 所示。

表 5.3　模型输入参数

参数	定义	基准值
Y	家庭年均收入/元	80000
R_A	城市边界的农业地租/[元/(米^2·年)]	100
α,β	家庭效用函数参数	0.75, 0.25
θ,μ	住房生产函数参数	0.7, 0.05
V_0,V_1	项目建设前和建设期间的公交运行速度/(公里/小时)	20, 18
f_0,f_1	项目建设前和建设期间的公交票价/元	0, 0
H	公交车头时距/(小时/辆)	0.1
ξ	社会福利函数参数	6350
η	年人口增长率/%	1.1
σ	人口漂移率/%	8.0
k	无风险利息率/%	6.0
δ	每个家庭前往 CBD 的日均出行次数	1.0

资料来源：Li 等（2012）、Saphores 和 Boarnet（2006）以及 Chen 等（2015）

表 5.4　地铁、轻轨、BRT 的输入参数

参数	定义	地铁	轻轨	BRT
V_2	平均运行速度/(公里/小时)	40	35	30
f_2	公交票价/元	4.0	3.0	2.0
λ_0	公交线路设施固定成本/($\times 10^6$ 元/年)	1.2	1.0	0.7
λ_1	公交线路设施可变成本/[$\times 10^6$ 元/(公里·年)]	50.0	7.0	5.0
ω_0	公交固定运营成本/($\times 10^6$ 元/年)	1.2	0.5	0.35
ω_1	公交可变运营成本/[$\times 10^6$ 元/(辆·年)]	6.5	1.8	1.5
Δ	公交项目建设工期/年	5	3	1

5.4.1　算例 1：模型性质的验证

1. 土地利用均衡对投资决策解的影响

图 5.1（a）和图 5.1（b）显示了在考虑和不考虑土地利用均衡下，不同公共交通技术投资的期权价值曲线和 NPV 曲线，其中期权价值和 NPV 可分别由式（5.36）和式（5.33）计算得到。在图 5.1（a）和图 5.1（b）中，给定公共交通技术，期权价值曲线与 NPV 曲线的交点（D 或 D'）表示在实物期权方法下对应公共交通技术投资的人口阈值 N^* [可由式（5.31）确定]。根据式（5.39），NPV 曲线与水平轴（或横轴）的交点（G 或 G'）表示 NPV 方法下对应公共交通技术投资的人口阈值 N^*_{NPV}。不同公共交通技术 NPV 曲线之间的交点（X 或 X'）表示不同公共交通技术转换的人口阈值 [由式（5.43）计算得到]。从多种候选公共交通

技术中选择一种公共交通技术的人口阈值 N^{**} 由式（5.46）确定。表 5.5 给出了实物期权方法和 NPV 方法在考虑和不考虑土地利用均衡下的人口阈值解。

(a) 考虑土地利用均衡

(b) 不考虑土地利用均衡

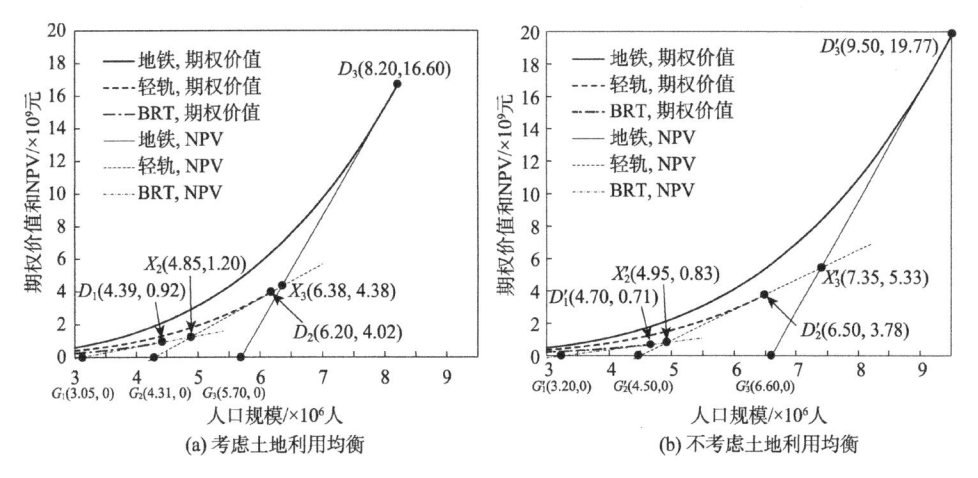

图 5.1 不同公共交通技术投资下的期权价值曲线和 NPV 曲线

表 5.5 实物期权和 NPV 方法下不同公共交通技术的人口阈值（单位：$\times 10^6$ 人）

公共交通技术	估价方法	考虑土地利用均衡 N^*	考虑土地利用均衡 N^{**}	不考虑土地利用均衡 N^*	不考虑土地利用均衡 N^{**}
地铁	实物期权方法	8.20	8.20	9.50	9.50
	NPV 方法	5.70	6.38	6.60	7.35
轻轨	实物期权方法	6.20	6.20	6.50	6.50
	NPV 方法	4.31	4.85	4.50	4.95
BRT	实物期权方法	4.39	4.39	4.70	4.70
	NPV 方法	3.05	3.05	3.20	3.20

注：N^* 为单一公共交通技术的人口阈值，由式（5.35）给出；N^{**} 为多种公共交通技术的人口阈值，由式（5.46）给出

图 5.1（a）和图 5.1（b），以及表 5.5 的主要结论归纳如下。

（1）地铁的期权价值曲线在轻轨的期权价值曲线之上，轻轨的期权价值曲线在 BRT 的期权价值曲线之上。这意味着越贵的公共交通技术有越高的期权价值，具体来说，地铁的期权价值最高，BRT 的期权价值最低，轻轨的期权价值介于两者之间。也就是说，从期权价值角度，地铁完全占优轻轨和 BRT，轻轨完全占优 BRT。这一结果与命题 5.6（2）相一致。该结果从期权价值的角度支持优先引入更贵的公共交通技术，这要求等待更长的时间以便城市人口规模达到人口阈值。

（2）忽略公共交通技术投资对土地利用或城市空间均衡的影响，可能导致因低估项目价值而推迟投资。以实物期权解为例，在考虑土地利用均衡时，地铁、轻轨和 BRT 的人口阈值 N^* 分别为 820 万人、620 万人和 439 万人，对应于图 5.1

(a) 中的点 D_3、D_2 和 D_1；在不考虑土地利用均衡时，地铁、轻轨和 BRT 的人口阈值 N^* 分别为 950 万人、650 万人和 470 万人，对应于图 5.1（b）中的点 D_3'、D_2' 和 D_1'。NPV 方法的结果类似。

（3）对于 NPV 方法，单一公共交通技术的人口阈值 N^* 与多种候选公共交通技术的人口阈值 N^{**} 不相等。例如，在考虑土地利用均衡时，地铁和轻轨的 NPV 解 N^* 分别为 570 万人和 431 万人［图 5.1（a）中的点 G_3 和 G_2］，对应的 N^{**} 分别为 638 万人和 485 万人［图 5.1（a）中的点 X_3 和 X_2］；在不考虑土地利用均衡时，结果类似［图 5.1（b）］。

（4）给定公共交通技术，实物期权方法的人口阈值大于 NPV 方法的人口阈值，满足式（5.40）。例如，在考虑土地利用均衡时，实物期权方法和 NPV 方法下地铁的人口阈值 N^* 和 N^*_{NPV} 分别为 820 万人和 570 万人；轻轨的人口阈值分别为 620 万人和 431 万人；BRT 的人口阈值分别为 439 万人和 305 万人。因此，NPV 方法导致过早投资，这进一步验证了式（5.40）。

2. 公共交通项目对城市空间结构的影响

图 5.2（a）～图 5.2（d）分别显示了城市人口规模为 820 万人［这是引入地铁的

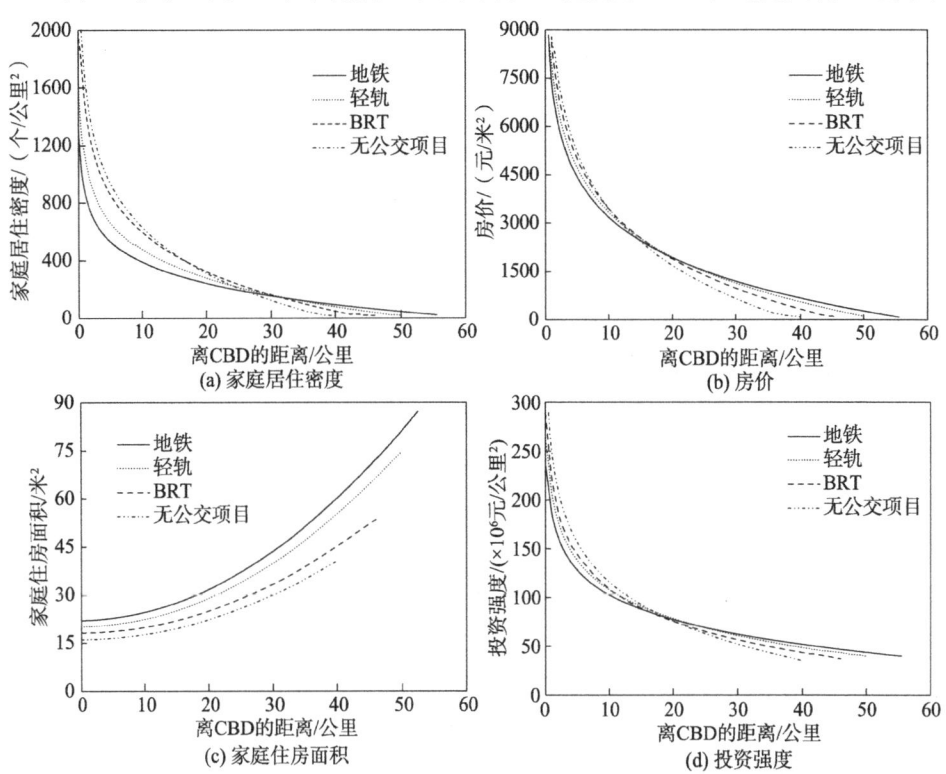

图 5.2　城市系统均衡时的家庭居住密度、房价、家庭住房面积和投资强度分布

实物期权人口阈值，见图 5.1（a）或表 5.5］城市系统均衡时的家庭居住密度、房价、家庭住房面积和投资强度的分布。图 5.2（a）表明，与不引入公共交通技术相比较，引入公共交通技术增加了郊区与城市 CBD 之间的出行可达性和便利性，从而导致城市蔓延。引入地铁、轻轨和 BRT 分别导致城市蔓延了 15.6 公里、10.3 公里和 6.3 公里（表 5.6）。引入公共交通技术后，城市 CBD 的家庭居住密度降低，郊区的家庭居住密度增加。图 5.2（b）和图 5.2（d）表明，郊区房价和投资强度增加，而城市 CBD 的房价和投资强度则下降。由于城市 CBD 的家庭居住密度下降和郊区的投资强度增加，城市 CBD 和郊区的家庭住房面积均增加，如图 5.2（c）所示。

表 5.6　不同公交项目下城市系统的性能（城市人口规模为 820 万人）

性能指标	地铁	轻轨	BRT	无公交项目
城市长度/公里	55.3	50.0	46.0	39.7
平均家庭居住密度/（个/公里^2）	682	776	852	920
平均房价/（元/米^2）	4550	5100	5522	5642
平均家庭住房面积/米^2	39	37	34	29
平均地价/（元/米^2）	776	840	912	941
平均投资强度/（×10^{6}元/公里^2）	166.9	174.1	186.2	196.2

表 5.6 进一步归纳了引入公共交通技术对城市系统性能的影响（城市人口规模为 820 万人）。可以发现，引入公共交通技术将导致城市的平均家庭居住密度、平均房价、平均地价和平均投资强度降低，但平均家庭住房面积增加。在地铁、轻轨、BRT 这三种公共交通技术中，地铁对城市系统的影响最大，其次是轻轨，BRT 的影响最小。具体地，引入地铁、轻轨和 BRT 导致平均家庭居住密度分别减少 238 个/公里^2、144 个/公里^{2}和 68 个/公里^2，平均房价分别下降 1092 元/米^2、542 元/米^{2}和 120 元/米^2，平均地价分别降低 165 元/米^2、101 元/米^{2}和 29 元/米^2，平均投资强度分别下降 2930 万元/公里^2、2210 万元/公里^{2}和 1000 万元/公里^2，而平均家庭住房面积分别增加 10 米^2、8 米^{2}和 5 米^2。

3. 地铁项目建设工期和折现率对人口阈值的影响

现实中，地铁项目建设工期与城市地质条件密切相关，而轻轨和 BRT 的建设工期则相对稳定。图 5.3 给出了地铁项目建设工期和折现率对地铁人口阈值的影响。给定折现率，地铁项目建设工期越长，人口阈值越高，反之亦然。建设工期长意味着投资成本高，从而减少了投资项目的吸引力。因此，最好的办法是推迟投资，等待项目价值随着人口的增长而增加。相反，给定地铁项目的建设工期，随着折现率的增加，地铁投资人口阈值降低，反之亦然。这是因为折现率高意味着项目投资成本高。因此，明智的决策是在折现率较低时投资，从而降低投资成本。

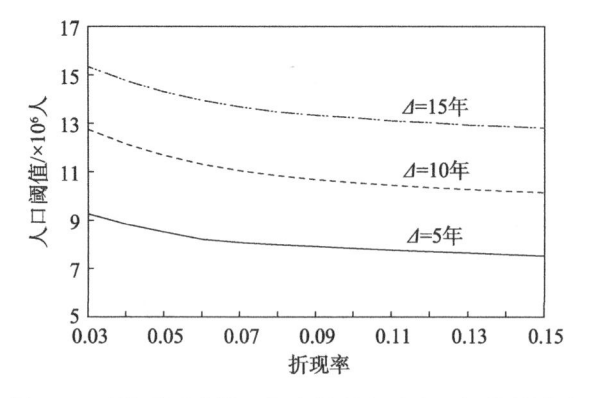

图 5.3　地铁项目建设工期和折现率对人口阈值的影响

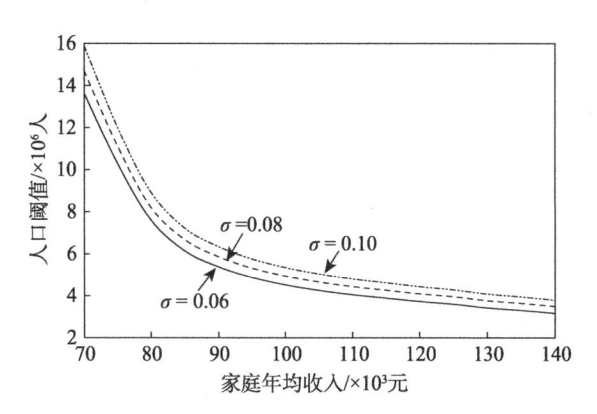

4. 家庭年均收入和人口漂移率对人口阈值的影响

图 5.4 展示了人口阈值随家庭年均收入和人口漂移率的变化而发生的变化。可以看到，给定人口漂移率，人口阈值随着家庭年均收入的增加而下降。根据式（5.3），家庭年均收入的提高意味着用于交通和住房商品消费的预算增加，此时一些家庭可能更偏好住在城市郊区，以享受更大的住房面积。因此，应尽早引入大容量公共交通来满足居民的需要，结果导致人口阈值下降。反过来，给定家庭年均收入，随着人口漂移率的增加，人口阈值也增加。这是因为城市人口漂移率增加意味着公交项目柔性价值（或期权价值）增加［事实上，由式（5.36）容易证明 $\partial F(N^*)/\partial \sigma > 0$］。因此，推迟投资比立即投资更好。

图 5.4　家庭年均收入和人口漂移率对人口阈值的影响

5.4.2　算例 2：案例研究

本节将提出的公共交通技术投资模型应用于我国的两个城市：大连和常州。

大连是位于辽宁省的一个中等人口密度城市。常州是位于江苏省的一个低人口密度城市。表 5.7 列出了 1994~2014 年两个城市的人口规模（流动人口和常住人口总和）和人均收入情况。两个城市的人口年均增长率、人均收入年均增长率及人口波动率见表 5.7。

表 5.7　1994~2014 年大连和常州的城市人口规模和人均收入

年份	人口规模/×10⁶ 人 大连	人口规模/×10⁶ 人 常州	人均收入/(元/年) 大连	人均收入/(元/年) 常州
1994	5.039	3.310	3152	4123
1995	5.295	3.390	3574	4532
1996	5.350	3.510	4001	4847
1997	5.566	3.550	4544	5322
1998	5.690	3.704	5077	5633
1999	5.770	3.770	5434	6192
2000	5.890	3.795	6098	6392
2001	5.966	3.855	6234	7205
2002	5.984	3.902	6765	7833
2003	5.992	3.923	7255	8705
2004	6.015	4.023	8183	9851
2005	6.020	4.110	11994	11379
2006	6.060	4.257	13456	14356
2007	6.080	4.352	15456	18765
2008	6.130	4.407	17234	24092
2009	6.170	4.452	19734	26723
2010	6.690	4.593	21923	27455
2011	6.740	4.650	24276	29559
2012	6.850	4.687	27480	33587
2013	6.954	4.692	29434	35232
2014	6.966	4.723	30238	39483
年均增长率	1.65%	1.80%	12.27%	12.20%
人口波动率	2.05%	1.16%	—	—

资料来源：中国统计年鉴（NBSC，1994~2014）

为运用 5.2 节提出的家庭居住地选择模型，表 5.7 的人口规模和人均收入需从个人水平转换为家庭水平。假设每个家庭有三个成员（父母和一个孩子），每个家庭每天平均使用公交出行至 CBD 共 3 次，即 $\delta=3.0$。假设 2014 年之后城市人口规模在时间上的扰动遵循几何布朗运动，人均收入按当前的年均增长率（表 5.7）增长。不失一般性，基于几何布朗运动，为每个城市未来的人口规模产生 3 条随机变化轨迹（或路径），如图 5.5 右侧所示。根据两个城市的历史人均收入年均增长率，模拟出两个城市未来人均收入随时间变化的轨迹，如图 5.6 右侧所示。

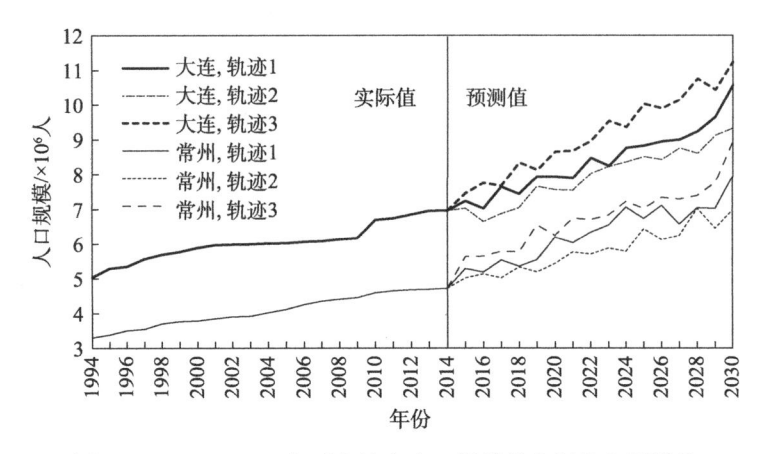

图 5.5　1994～2030 年两个城市人口规模的实际值和预测值

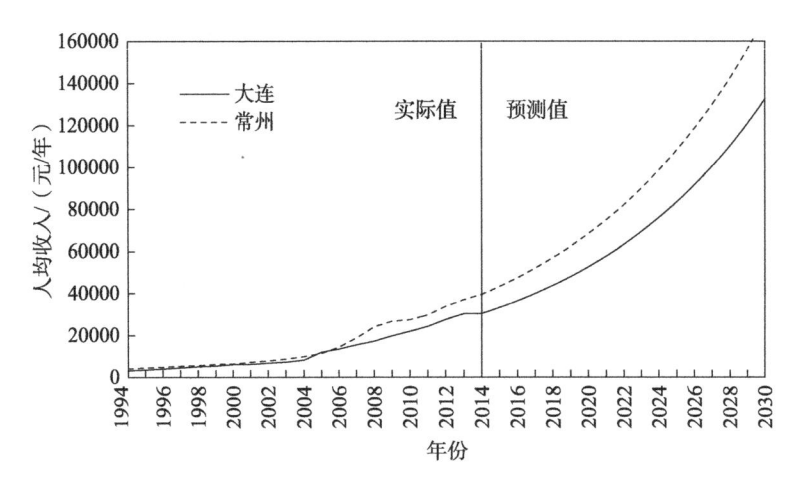

图 5.6　1994～2030 年两个城市人均收入的实际值和预测值

图 5.7（a）和图 5.7（b）分别显示了在未来城市人口规模按轨迹 1（图 5.5）变化时，大连和常州两个城市引入不同公共交通技术带来的期权价值和 NPV 随时间变化的曲线。图 5.7（a）表明，大连引入轻轨的期权价值曲线和 NPV 曲线相交于点 Q_1，对应的投资时间为 2007 年，产生的项目价值为 73.1 亿元；大连引入地铁的期权价值曲线和 NPV 曲线相交于点 Q_2，对应的投资时间和项目价值分别为 2015 年和 173.2 亿元。点 Q_1 和 Q_2 是根据式（5.35）使用实物期权方法计算得到的结果。图 5.7（a）也显示了大连引入轻轨和地铁的 NPV 曲线分别与水平轴相交于点 Q_3 和 Q_4，即 NPV 解，对应的投资时间分别为 1997 年和 2001 年。

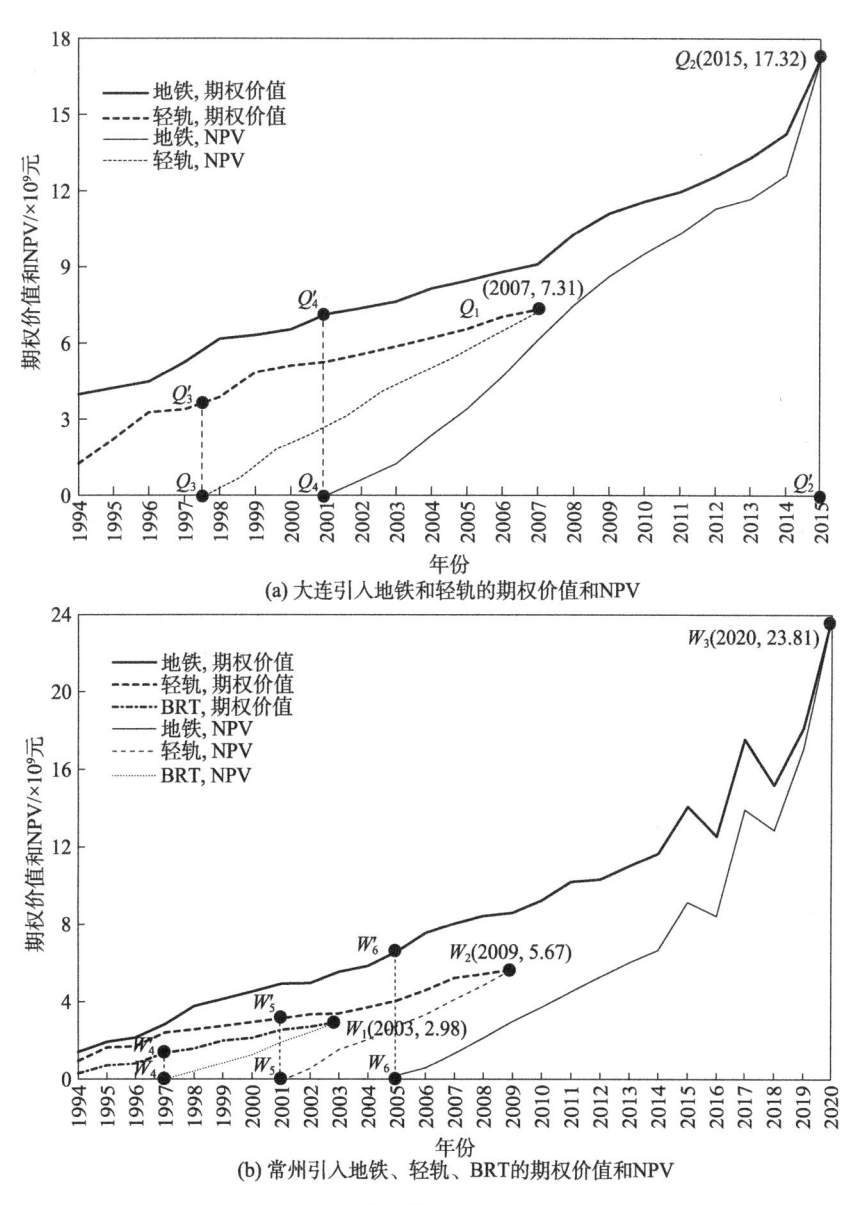

图 5.7 未来人口规模在轨迹 1 下的期权价值和 NPV

类似地，图 5.7（b）表明，实物期权方法下常州引入 BRT、轻轨和地铁的最优投资决策发生在点 W_1、W_2 和 W_3，对应的投资时间分别为 2003 年、2009 年和 2020 年，项目价值分别为 29.8 亿元、56.7 亿元和 238.1 亿元；NPV 方法对应的最佳投资时间为 1997 年、2001 年和 2005 年，分别在发生在点 W_4、W_5 和 W_6。

表 5.8 归纳了大连和常州在人口规模变化轨迹 1 下使用实物期权方法和 NPV 方法估计的公共交通技术投资时机。可以看到，对于大连，NPV 方法下地铁和轻

轨的引入时机比实物期权方法下的引入时机要分别早 14 年和 10 年；对于常州，NPV 方法下地铁、轻轨和 BRT 的引入时机比实物期权方法下的引入时机要分别早 15 年、8 年和 6 年。

表 5.8　在人口规模变化轨迹 1 下估计的两个城市公共交通技术投资时机

公共交通技术	估价方法	估计的投资时间/年 大连	估计的投资时间/年 常州
地铁	实物期权方法	2015	2020
	NPV 方法	2001	2005
轻轨	实物期权方法	2007	2009
	NPV 方法	1997	2001
BRT	实物期权方法	–	2003
	NPV 方法	–	1997

注：自 1994 年以来，大连人口规模超过 500 万人（表 5.7），BRT 不能满足大连的发展需要，因此，这里假设大连不考虑引入 BRT 项目

此外，基于图 5.7（a）和图 5.7（b），可以计算从 NPV 方法估计的投资时机到实物期权方法估计的投资时机之间产生的项目价值，以及采用 NPV 方法进行决策带来的损失。根据图 5.7（a），对于大连投资地铁项目，从 2001 年（NPV 方法估计的投资时间）到 2015 年（实物期权方法估计的投资时间），产生的总的期权价值和总的 NPV 分别为多边形 $Q_2Q_2'Q_4Q_4'$ 和 $Q_2Q_2'Q_4$ 的面积，项目价值损失等于多边形 $Q_2Q_4Q_4'$ 的面积。如果大连在 1997 年而不是 2007 年投资轻轨项目，项目价值损失等于多边形 $Q_1Q_3Q_3'$ 的面积。类似地，常州投资地铁、轻轨和 BRT 项目，如果采用 NPV 方法而不是实物期权方法进行决策，那么项目价值损失分别等于多边形 $W_3W_6W_6'$、$W_2W_5W_5'$ 和 $W_1W_4W_4'$ 的面积。

上面介绍了人口规模变化轨迹 1 下公共交通技术投资决策解。不同的人口规模变化轨迹将导致不同的投资价值曲线和不同的投资决策。因此，有必要计算不同人口规模变化轨迹下平均项目价值和对应的 NPV 方法带来的平均项目价值损失，如表 5.9 所示。可以看到，大连投资地铁项目的平均期权价值和平均 NPV 分别为 1517.6 亿元和 1071.3 亿元，平均项目价值损失为 446.3 亿元。如果大连投资轻轨项目，与实物期权方法相比，使用 NPV 方法将带来的平均项目价值损失为 191.1 亿元。此外，常州投资地铁、轻轨、BRT，如果采用 NPV 方法进行估价，则平均项目价值损失分别为 742 亿元、118.7 亿元和 48.5 亿元。这些结果进一步表明使用 NPV 方法进行公共交通技术投资决策时将引起重大偏差，因此，NPV 方法应当谨慎使用。

表 5.9 实物期权和 NPV 方法下两个城市公交项目的期望价值

公共交通技术	估价方法	项目期望价值/亿元 大连	项目期望价值/亿元 常州
地铁	实物期权方法	1517.6	1928.7
	NPV 方法	1071.3	1186.7
	差值	446.3	742.0
轻轨	实物期权方法	549.3	374.3
	NPV 方法	358.2	255.6
	差值	191.1	118.7
BRT	实物期权方法	—	151.1
	NPV 方法	—	102.6
	差值	—	48.5

注：表中结果为对应图 5.5 中 3 条人口规模变化轨迹的均值

5.5 本章小结

本章提出了城市人口规模不确定情况下的公共交通技术选择与投资时机决策模型，该模型考虑了公共交通技术投资对城市系统的影响，包括对家庭居住地选择、住房市场供需均衡等的影响。分析了单一公共交通技术投资的人口阈值和多种候选公共交通技术间投资转换的人口阈值。对公共交通技术投资的人口阈值和城市系统进行了比较静态分析。此外，通过数值方法，分析了家庭年均收入、人口漂移率、项目建设工期、折现率等对公共交通技术投资决策的影响，比较了考虑和不考虑土地利用均衡的公交项目投资决策，评估了由 NPV 方法造成的估价偏差所带来的投资项目价值损失。

本章取得了一些新见解和重要发现。第一，公共交通技术投资将改变城市居住分布和住房市场，引起城市蔓延。忽略公共交通技术投资对土地利用或城市空间结构的影响将低估项目价值，从而推迟项目投资。第二，使用实物期权方法和 NPV 方法估计的公共交通技术项目价值曲线差异显著。对 NPV 方法，多种候选公共交通技术投资选择总存在转换人口阈值，但对实物期权方法，一种公共交通技术的期权价值总是占优另一种公共交通技术的期权价值。与实物期权方法相比，NPV 方法总是低估公交项目的价值，导致过早投资，从而引起项目价值损失。第三，公交项目的最佳投资时机取决于公共交通技术类型（如 BRT、轻轨和地铁）、项目成本和建设工期、家庭年均收入、城市人口规模、人口波动率和折现率等；单一公共交通技术与多种候选公共交通技术的投资决策可能不同。本章提出的模型可作为公共交通基础设施投资强有力的辅助决策工具，也可用来从战略层面评价城市公交项目投资决策和城市发展政策对城市系统的影响。

参 考 文 献

Allport R J. 1981. The costing of bus, light rail transit and metro public transport systems[J]. Traffic Engineering & Control, 22: 633-639.

Alonso W. 1964. Location and Land Use: Toward A General Theory of Land Rent[M]. Cambridge: Harvard University Press.

Anas A. 1982. Residential Location Markets and Urban Transportation. Economic Theory, Econometrics and Policy Analysis with Discrete Choice Models[M]. New York: Academic Press.

Beckmann M J. 1969. On the distribution of urban rent and residential density[J]. Journal of Economic Theory, 1: 60-67.

Beckmann M J. 1974. Spatial equilibrium in the housing market[J]. Journal of Urban Economics, 1: 99-107.

Bowes D R, Ihlanfeldt K R. 2001. Identifying the impacts of rail transit stations on residential property values[J]. Journal of Urban Economics, 50: 1-25.

Bruun E. 2005. Bus rapid transit and light rail: comparing operating costs with a parametric cost model[J]. Transportation Research Record, 1927: 11-21.

Chen Y J, Li Z C, Lam W H K. 2015. Modeling transit technology selection in a linear transportation corridor[J]. Journal of Advanced Transportation, 49: 48-72.

Chow J Y J, Regan A C. 2011a. Real option pricing of network design investments[J]. Transportation Science, 45: 50-63.

Chow J Y J, Regan A C. 2011b. Network-based real option models[J]. Transportation Research Part B: Methodological, 45: 682-695.

Chu X, Polzin S E. 2000. Timing rules for major transportation investments[J]. Transportation, 27: 201-219.

Copeland T, Antikarov V. 2001. Real Options: A Practitioner's Guide[M]. New York: Texere Limited Liability Company.

de Neufville R, Scholtes S. 2011. Flexibility in Engineering Design[M]. Cambridge: MIT Press.

Dixit A K, Pindyck R S. 1994. Investment under Uncertainty[M]. Princeton: Princeton University Press.

Friesz T L, Mookherjee R, Yao T. 2008. Securitizing congestion: The congestion call option[J]. Transportation Research Part B: Methodological, 42: 407-437.

Fujita M. 1989. Urban Economic Theory[M]. Cambridge: Cambridge University Press.

Galera A L L, Soliño A S. 2010. A real options approach for the valuation of highway concessions[J]. Transportation Science, 44: 416-427.

Gao Y L, Driouchi T. 2013. Incorporating Knightian uncertainty into real options analysis: Using multiple-priors in the case of rail transit investment[J]. Transportation Research Part B: Methodological, 55: 23-40.

Kraus M. 2006. Monocentric cities[M]//Arnott R J, McMillan D P. A Companion to Urban Economics. Oxford: Blackwell Publishing: 96-108.

Li Z C, Chen Y J, Wang Y D, et al. 2013. Optimal density of radial major roads in a two-dimensional monocentric city with endogenous residential distribution and housing prices[J]. Regional Science and Urban Economics, 43: 927-937.

Li Z C, Lam W H K, Wong S C, et al. 2012. Modeling the effects of integrated rail and property development on the design of rail line services in a linear monocentric city[J]. Transportation Research Part B: Methodological, 46: 710-728.

McDonald J F, Osuji C I. 1995. The effect of anticipated transportation improvement on residential land values[J]. Regional Science and Urban Economics, 25: 261-278.

McDonald R, Siegel D. 1986. The value of waiting to invest[J]. The Quarterly Journal of Economics, 101: 707-728.

Mills E S. 1972. Studies in the structure of the urban economy[J]. Baltimore: The Johns Hopkins Press.

NBSC. 1994~2014. China Statistical Yearbook (1994~2014) [M]. Beijing: China Statistics Press.

O'Sullivan A. 2000. Urban Economics[M]. Boston: Irwin/McGraw-Hill Higher Education.

Parajuli P M, Wirasinghe S C. 2001. A line haul transit technology selection model[J]. Transportation Planning and Technology, 24: 271-308.

Pichayapan P, Hino S, Kishi K, Satoh K. 2003. Real option analysis in evaluation of expressway projects under uncertainties[J]. Journal of the Eastern Asia Society for Transportation Studies, 5: 3015-3030.

Quigley J M. 1984. The production of housing services and the derived demand for residential energy[J]. The RAND Journal of Economics, 15: 555-567.

Sáez D, Cortés C E, Milla F, et al. 2012. Hybrid predictive control strategy for a public transport system with uncertain demand[J]. Transportmetrica, 8: 61-86.

Saphores J D M, Boarnet M G. 2006. Uncertainty and the timing of an urban congestion relief investment: The no-land case[J]. Journal of Urban Economics, 59: 189-208.

Sivakumaran K, Li Y, Cassidy M, et al. 2014. Access and the choice of transit technology[J]. Transportation Research Part A: Policy and Practice, 59: 204-221.

Snell M. 2011. Cost-benefit Analysis: A Practical Guide[M]. 2nd ed. London: Thomas Telford Limited.

Solow R M. 1972. Congestion, density and the use of land in transportation[J]. The Swedish Journal of Economics, 74: 161-173.

Solow R M. 1973. Congestion cost and the use of land for streets[J]. The Bell Journal of Economics and Management Science, 4: 602-618.

Stutsman J M. 2002. Bus rapid transit or light rail transit-how to decide?: Los Angeles case study[J]. Transportation Research Record, 1793: 55-61.

Szymanski S. 1991. The optimal timing of infrastructure investment[J]. Journal of Transport Economics and Policy, 25: 247-258.

Tirachini A, Hensher D A, Jara-Díaz S R. 2010a. Comparing operator and users costs of light rail, heavy rail and bus rapid transit over a radial public transport network[J]. Research in Transportation Economics, 29: 231-242.

Tirachini A, Hensher D A, Jara-Díaz S R. 2010b. Restating modal investment priority with an improved model for public transport analysis[J]. Transportation Research Part E: Logistics and Transportation Review, 46: 1148-1168.

Trigeorgis L. 1996. Real Options: Managerial Flexibility and Strategy in Resource Allocation[M]. Cambridge: The MIT Press.

Zhao T, Sundararajan S K, Tseng C L. 2004. Highway development decision-making under uncertainty: a real options approach[J]. Journal of Infrastructure Systems, 10: 23-32.

Zhao T, Tseng C L. 2003. Valuing flexibility in infrastructure expansion[J]. Journal of Infrastructure Systems, 9: 89-97.

第6章　TOD 投资决策模型

6.1　概　　述

TOD 是治理"城市病"（交通拥堵、环境污染等）和控制城市过度蔓延的有效手段（Cervero and Day，2008；Papa and Bertolini，2015），近年来引起了广泛关注。TOD 是指以公交站点为中心，对其周边土地进行适度（中高密度）开发，以打造集公共服务、就业、零售和居住为一体的多功能社区（Calthorpe，1993）。TOD 项目作为创建绿色交通系统的重要途径，引起了许多国家和地区的重视（Lund，2006；Cervero and Day，2008；Loo et al.，2010；Sung and Oh，2011）。近年来，广州、深圳、武汉等人口密集城市也引入了 TOD 项目。

TOD 项目通过为居民提供便捷舒适的设施来吸引他们在公交站点附近居住，从而提高土地利用效率和站点周边房产价值（Kay et al.，2014）。另外，TOD 社区内建设行人友好的道路（如便利的人行道和自行车道），从而间接鼓励居民优先步行或骑行至公交站点并乘坐公共交通工具出行，以便有效缓解由机动车出行所带来的相关问题（Cervero，2007；Loo et al.，2010）。然而，TOD 社区内公共设施的建设（如步行道、学校、医院、购物中心和体育设施）需要大量的资金投入（Nelson and Niles，1999；Lee et al.，2015）。因此，TOD 项目收益与投资成本之间的权衡是 TOD 项目投资决策的关键。

TOD 社区的位置、半径和数量对 TOD 项目的成本与收益有显著影响。事实上，轨道交通沿线不同的 TOD 位置、半径和数量将导致不同的居民分布和乘客需求，因此产生不同的住房供给和土地开发成本，进而导致不同的 TOD 项目成本和收益。因此，科学决策 TOD 社区的位置、半径和数量对促进 TOD 项目的成功尤为重要。本章从战略规划角度探讨 TOD 投资决策问题。

文献中可以找到一些关于 TOD 设计或投资问题的研究（Cervero，1994；Bernick and Cervero，1997；Cervero and Kockelman，1997），但主要关注 TOD 设计策略和设计原理。例如，Cervero 和 Kockelman（1997）归纳了 TOD 的设计原则：围绕公交站点的高密度、步行友好、混合用途的土地开发。Lund（2006）通过调查揭示了人们选择在 TOD 社区居住的动机和他们对出行方式的选择。Cervero（2007）使用统计分析方法研究了 TOD 投资对 TOD 社区内公交乘客需求的影响。Loo 等（2010）通过纽约和香港的实证分析，揭示了影响 TOD 社区内公交乘客数量的重要因素。Kay 等（2014）使用特征回归分析（hedonic regression analysis）方法研究了 TOD 投资和混合土地开发提供的便利性对公交站点附近房地产的影响。但是，现有的相关研究通常采用实证或统计方法。仅见 Lin 和 Gau（2006）提出了一个多目标模型来确定既定 TOD 社区内的最佳投资强度（建筑面积与土地面积之比），但仅考虑了轨道交通线路上一个特定站点的 TOD 社区，并未涉及沿线 TOD 社区位置、半径和数量的联合优化问题。基于此，本章试图研究地铁走廊沿线 TOD 投资问题，以填补这一研究领域的空白。

表 6.1 归纳了交通与土地利用研究的一些重要文献，涉及家庭居住地选择、住房市场均衡、公交服务优化、TOD 投资等。从表中可以看到，现有相关研究主要关注城市土地利用（家庭居住地选择和住房市场均衡）和公交服务优化问题。Li 等（2012a）、Ma 和 Lo（2013）及 Li 等（2015）考虑了地铁投资对沿线家庭居住地选择和住房市场均衡的影响，但并未考虑 TOD 设计问题（TOD 社区的位置、半径和数量）及 TOD 投资、家庭居住地选择、住房市场均衡之间的相互作用。Lund（2006）、Hess 和 Almeida（2007）、Duncan（2011）及 Dröes 和 Rietveld（2015）的实证研究表明，TOD 投资会影响地铁沿线家庭居住地选择决策和乘客需求分布，进而影响列车的发车频率和 TOD 的投资决策。因此，在 TOD 设计问题中，应当考虑 TOD 投资、家庭居住地选择及列车发车频率等之间的相互作用。

表 6.1　交通与土地利用模型研究

文献	家庭居住地选择	住房市场均衡	公交服务优化	TOD 位置、半径和数量	TOD 投资模式（公共或私人投资）
Eliasson 和 Mattsson（2000）	√	×	×	×	×
Chang 和 Mackett（2006）	√	×	×	×	×
Martínez 和 Henríquez（2007）	√	√	×	×	×
Li 等（2012a）	√	√	√	×	×
Li 等（2012b）	×	×	√	×	×
Li 等（2013）	√	√	×	×	×
Ma 和 Lo（2013）	√	√	√	×	×
Li 和 Guo（2017）	√	√	×	×	×
Ng 和 Lo（2015）	√	√	√	×	×
Wang 和 Lo（2016）	×	×	√	×	×
本章	√	√	√	√	√

注："√"代表对应项被考虑，"×"代表对应项不被考虑

此外，现有的相关研究没有考虑 TOD 项目的资金来源问题。TOD 设施为人们提供便利、享受或舒适的环境，包括住房和便利设施（如购物中心或体育设施）。在我国，TOD 社区内的住房通常由房地产开发商投资建设；TOD 社区内的便利设施（简称 TOD 便利设施）作为公共基础设施，通常由政府投资建设。此外，也有

一些 TOD 便利设施是由房地产开发商投资建设的案例。因此，研究 TOD 社区内便利设施的投资机制对投资决策的影响有重要意义。本章把由政府和房地产开发商来投资建设 TOD 社区内便利设施的机制分别称为公共 TOD 投资机制和私人 TOD 投资机制（分别简称公共投资机制和私人投资机制）。为方便叙述，本章无区别地使用"TOD"和"TOD 便利设施"。TOD 投资即 TOD 便利设施的投资。

本章结构如下：6.2 节将介绍一些基本假设；6.3 节阐述模型的基本组成部分，包括乘客出行成本、车站乘客需求、家庭居住地选择、房地产开发商住房生产行为和住房市场均衡；6.4 节介绍不同投资机制下 TOD 社区设计优化模型，以便确定 TOD 社区的最佳位置、数量、半径及列车车头时距，并提出启发式贪婪算法来求解模型；6.5 节使用数值算例来验证模型的有效性和应用；6.6 节为本章小结。

6.2 基 本 假 设

为建模需要，不失一般性，做出如下假设。

【假设 6.1】假设城市是线性的、封闭的、单中心城市，城市人口规模外生给定，所有就业机会都集中在高度紧凑的 CBD。假设土地归外居地主所有，城市边界处的地价等于农业地租或机会成本。这些假设在城市经济学领域是最基本且被广泛采用的假设（Alonso, 1964; Muth, 1969; Mills, 1972; Fujita, 1989; O'Sullivan, 2000; McDonald, 2009; Li et al., 2013; Li and Guo, 2017; Li and Peng, 2016）。

【假设 6.2】城市经济体中有三类参与者，即政府、家庭和房地产开发商。如图 6.1 所示，政府确定地铁沿线 TOD 社区的位置、半径、数量及地铁线路列车车头时距，以最大化城市系统的社会福利。房地产开发商确定住房投资强度，以最大化自身净利润。房地产开发商采用柯布-道格拉斯住房生产函数（Beckmann, 1974; Quigley, 1984; Li et al., 2013; Li and Guo, 2017）。

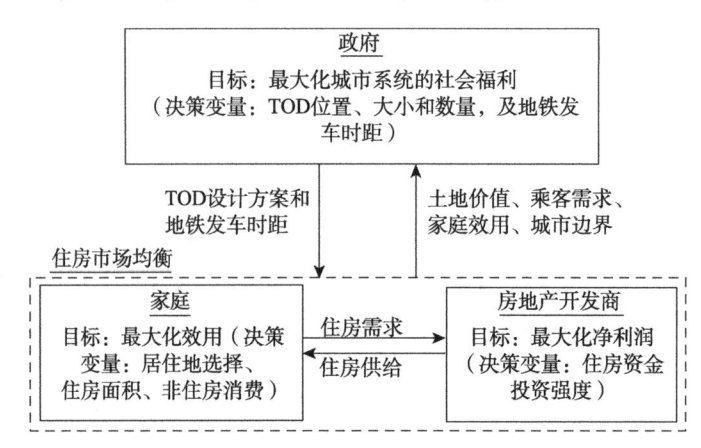

图 6.1 城市经济体中参与者之间的相互作用关系

【假设 6.3】 假设城市所有家庭具有同质属性，即具有相同的收入和效用函数。假定效用函数为拟线性形式（Song and Zenou，2006；Kono et al.，2012），每个家庭的收入用于交通、住房和非住房商品消费，其目的是在预算约束下选择居住位置、住房面积和非住房商品数量来最大化自身效用（Solow，1972，1973；Beckmann，1969，1974；Anas，1982；Fujita，1989）。

【假设 6.4】 TOD 便利设施为居民提供便利、享受或舒适的环境，但便利性随与地铁车站（TOD 社区的中心）距离的增加而降低。本章采用以下形式的便利性函数：$\Phi(x) = 1 + a_1 e^{-a_2|D_j - x|}$，其中，$D_j$ 为 TOD 站点 j 到 CBD 的距离；a_1 和 a_2 为正的参数，可通过观测数据进行校正（Wu and Plantinga，2003；Wu，2006；Kovacs and Larson，2007）。在 TOD 边界，便利性函数不连续，如图 6.2 所示。

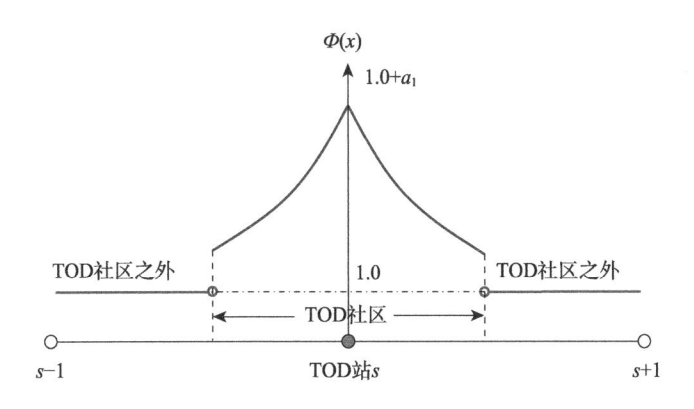

图 6.2 便利性函数 $\Phi(x)$ 的形状

【假设 6.5】 本章主要关注基于家庭的工作通勤，属于强制性义务性活动，不受各种因素（如家庭平均收入或房价）的影响。假定家庭平均通勤者数量外生给定，记为 η。每个通勤者每天在居住地与工作地（位于 CBD）之间往返出行一次。因此，每个家庭去 CBD 的日均出行次数为 η。例如，$\eta = 1$ 意味着每个家庭平均每天去一次 CBD（Anas and Xu，1999；Song and Zenou，2006）。

【假设 6.6】 采用负指数弹性需求函数来刻画乘客对轨道交通服务质量的响应行为（de Dios Ortuzar and Willumsen，2001）。轨道交通服务质量可使用出行成本来衡量，它由步行到车站的时间成本、车站等待时间成本、车内旅行时间成本和票价等组成。乘客响应行为包括采用其他交通方式（如小汽车或公共汽车）出行或放弃出行（Lam and Zhou，2000；Li et al.，2012b）。为模拟 TOD 便利设施的影响，假设居住在 TOD 社区内的乘客对地铁出行成本的敏感度低于居住在 TOD 社区之外的乘客（Lund et al.，2004；Lund，2006；Cervero，2007）。

6.3 模型的基本组成部分

考虑一条地铁线路走廊，计划在其沿线投资建设 TOD 社区，如图 6.3 所示。该地铁线路走廊包含一些地铁车站，从郊区到 CBD 车站标号依次为 $\{1,2,\cdots,M+1\}$。令 D_s 表示车站 s 到 CBD 的距离，D_1 为地铁线路长度。TOD 投资将地铁沿线划分为两类区域：TOD 社区和 TOD 社区之外的区域。令 J 表示所有 TOD 社区的覆盖范围，$\bar{J}$ 表示所有 TOD 社区之外的区域；B 为城市边界到 CBD 的距离（走廊的长度）。因此，$J \cup \bar{J} = B$。令 X_s 为 0-1 决策变量，表示车站 s 是否投资 TOD 项目。若 $X_s=1$，则车站 s 投资 TOD 项目，若 $X_s=0$，则车站 s 不投资 TOD 项目。令 $\varDelta_s$ 为 TOD 车站 s 的半径，则车站 s 所建 TOD 社区的范围可表示为 $[D_s-\varDelta_s, D_s+\varDelta_s]$。因此，地铁沿线所有 TOD 社区的覆盖范围 J 可表示为

$$J = \bigcup_{s=1}^{M} \left[X_s(D_s - \varDelta_s), X_s(D_s + \varDelta_s) \right] \qquad (6.1)$$

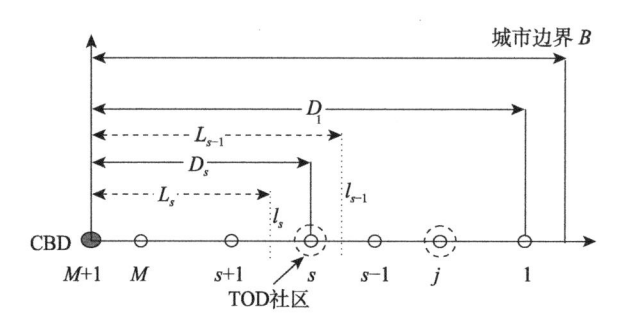

图 6.3 地铁线路和 TOD 社区

下面依次描述乘客出行成本、车站乘客需求、家庭居住地选择、房地产开发商住房生产行为和住房市场均衡。

6.3.1 乘客出行成本

令 x 为地铁走廊沿线任一位置到 CBD 的距离，$c(x)$ 为乘客从位置 x 到 CBD 的出行成本，包括步行到车站的时间成本、车站等待时间成本、车内旅行时间成本和票价，可表示为

$$c(x) = \tau_a A_s(x) + \tau_w W_s + \tau_t T_s + F_s, x \in [0,B], s = 1,2,\cdots,M \qquad (6.2)$$

其中，$A_s(x)$ 为从位置 x 到车站 s 的步行时间，取决于位置 x 与车站 s 之间的距离；W_s 为乘客在车站 s 的等待时间；T_s 为从车站 s 到 CBD 的车内旅行时间；F_s 为从车站 s 到 CBD 的票价；τ_a、τ_w 和 τ_t 分别为步行到车站的时间的价值、车站等待

时间价值和车内旅行时间价值。

令乘客平均步行速度为 V_a，则 $A_s(x)$ 可表示为

$$A_s(x) = \frac{|D_s - x|}{V_a}, x \in [0, B], s = 1, 2, \cdots, M \quad (6.3)$$

假设列车车头时距为常数且乘客均匀到达车站（Lam and Morrall，1982），那么乘客在车站 s 的等待时间 W_s 可表示为

$$W_s = 0.5H, \forall s = 1, 2, \cdots, M \quad (6.4)$$

其中，H 为列车车头时距。

令 V_t 为列车平均运行速度，κ_0 为列车在每个车站的平均停留时间，那么，从车站 s 到 CBD 的车内旅行时间 T_s 可表示为

$$T_s = \frac{D_s}{V_t} + \kappa_0(M + 1 - s), \forall s = 1, 2, \cdots, M \quad (6.5)$$

其中，κ_0 可由调查数据得到。式（6.5）等号右边第一项表示列车运行时间，第二项表示沿途所有车站的总停留时间。

假设采用基于距离的票价制，即地铁票价与旅行距离成正比，那么从车站 s 到 CBD 的票价 F_s 可表示为

$$F_s = f_0 + f D_s, \forall s = 1, 2, \cdots, M \quad (6.6)$$

其中，f_0 和 f 分别表示地铁票价的固定部分和可变部分。

因此，位置 x 处乘客年均出行成本 $\varphi(x)$ 可表示为

$$\varphi(x) = 2\rho c(x) = 2\rho(\tau_a A_s(x) + \tau_w W_s + \tau_t T_s + F_s), x \in [0, B], s = 1, 2, \cdots, M \quad (6.7)$$

其中，"2" 表示位置 x 与 CBD 之间的一次往返出行；ρ 为每个家庭前往 CBD 的年均出行次数。

6.3.2 车站乘客需求

地铁线路上任意两个相邻车站竞争两车站间的乘客，因此，存在一条分界线将两相邻车站间的线段分为两个子段（图 6.3），使得两个子段上的乘客分别使用该线段的上游车站和下游车站出行。设 l_s 为车站 s 与 $s+1$ 间的客运分界线，L_s 为该分界线与 CBD 的距离。根据 Vuchic 和 Newell（1968）、Vuchic（1969）和 Li 等（2012a）的研究，分界线 l_s 的位置满足以下均衡条件：乘客从该分界线到下游车站 $s+1$ 的步行时间等于乘客从该分界线到上游车站 s 的步行时间加上从车站 s 到 $s+1$ 的车内旅行时间，即

$$\frac{L_s - D_{s+1}}{V_a} = \frac{D_s - L_s}{V_a} + \frac{D_s - D_{s+1}}{V_t}, \forall s = 1, 2, \cdots, M \quad (6.8)$$

由式（6.8）得到

$$L_s = \frac{V_t + V_a}{2V_t} D_s + \frac{V_t - V_a}{2V_t} D_{s+1}, \forall s = 1, 2, \cdots, M \tag{6.9}$$

其中，$D_{M+1} = 0$。显然，车站 s 的服务范围为 $[L_s, L_{s-1}]$。

令 $q_0(x)$ 为位置 x 处的潜在乘客需求密度，即单位距离的潜在乘客数量。根据假设 6.5，每个家庭日均出行次数为 η，故 $q_0(x) = \eta n(x)$，其中，$n(x)$ 为位置 x 处的家庭居住密度。考虑乘客对地铁出行成本的敏感性，地铁乘客需求是弹性的。根据假设 6.6，本章采用负指数弹性需求函数来刻画乘客需求弹性的影响。考虑居住在 TOD 社区内的居民使用地铁出行更便利，他们关于出行成本的敏感度要低于居住在 TOD 社区外的居民。为此，定义 TOD 社区内外的出行弹性需求函数为

$$q(x) = \begin{cases} q_0(x) \exp(-\omega_1 c(x)), & \forall x \in J \\ q_0(x) \exp(-\omega_2 c(x)), & \forall x \in \overline{J} \end{cases} \tag{6.10}$$

其中，$q(x)$ 为位置 x 处使用地铁出行的实际需求；ω_1 和 ω_2 分别反映 TOD 社区内外居民关于出行成本的敏感度。根据假设 6.6，TOD 社区内居民的出行需求弹性小于 TOD 社区外居民的出行需求弹性，即 $\omega_1 < \omega_2$。

令 Q_s 表示在车站 s 上车的日均乘客数量，可表示为

$$Q_s = \int_{L_s}^{L_{s-1}} q(x) \mathrm{d}x, \forall s = 1, 2, \cdots, M \tag{6.11}$$

其中，L_s 由式（6.9）确定；$L_0 = B$。

6.3.3 家庭居住地选择

如前所述，TOD 设施为居住在 TOD 社区内的居民提供便利性（如购物中心或体育设施）。因此，与居住在 TOD 社区外的居民相比，TOD 社区内的居民能享受由便利设施带来的额外效用。根据 Song 和 Zenou（2006）、Kono 等（2012）的研究，假定家庭效用函数为拟线性形式，考虑 TOD 社区内的便利性，家庭效用函数可定义为

$$U(x) = z(x) + \alpha \log g(x) + \beta \log \Phi(x), \ \alpha, \beta > 0 \tag{6.12}$$

其中，$U(x)$ 为位置 x 处的家庭效用；$z(x)$ 为位置 x 处非住房商品的消费（假定非住房商品的价格为 1 个单位）；$g(x)$ 为位置 x 处家庭的住房面积；α 和 β 均为正的参数。由假设 6.4，位置 x 处的便利性 $\Phi(x)$ 可表示为

$$\Phi(x) = \begin{cases} 1 + a_1 \mathrm{e}^{-a_2 |D_j - x|}, & \forall x \in J \\ 1, & \forall x \in \overline{J} \end{cases} \tag{6.13}$$

其中，a_1 和 a_2 均为正的参数，可根据调查数据进行校正。当位置 x 处的便利性 $\Phi(x)$

为 1 时，位置 x 处于 TOD 社区外，此时便利性效用项 $\beta\log\Phi(x)$ 为 0。

由假设 6.3，在收入预算约束下，每个家庭选择居住位置、住房与非住房商品的消费来最大化自身效用。家庭效用最大化问题可表示为

$$\max\quad U(z,g) = z(x) + \alpha\log g(x) + \beta\log\Phi(x) \tag{6.14}$$

$$\text{s.t.}\quad z(x) + p(x)g(x) = Y - \varphi(x), x \in [0,B] \tag{6.15}$$

其中，$p(x)$ 为位置 x 处的房价；Y 为家庭年均收入；$\varphi(x)$ 为位置 x 处家庭年均出行成本。

将式（6.15）中的 $z(x)$ 代入式（6.14），并设 $\mathrm{d}U/\mathrm{d}g = 0$，可得

$$p(x)g(x) = \alpha \tag{6.16}$$

$$z(x) = Y - \varphi(x) - \alpha \tag{6.17}$$

当家庭居住地选择达到均衡时，所有家庭的效用相等，与居住位置无关。设 u 为均衡状态下所有家庭的共同效用。将 $z(x) + \alpha\log g(x) + \beta\log\Phi(x) = u$ 代入式（6.17），可得

$$g(x) = \exp\left(\frac{1}{\alpha}(u - Y + \varphi(x) + \alpha - \beta\log\Phi(x))\right) \tag{6.18}$$

将式（6.18）代入式（6.16），得到

$$p(x) = \alpha\exp\left(-\frac{1}{\alpha}(u - Y + \varphi(x) + \alpha - \beta\log\Phi(x))\right) \tag{6.19}$$

式（6.17）和式（6.18）分别描述了均衡状态下位置 x 处家庭的非住房商品消费和住房面积。式（6.19）定义了均衡状态下位置 x 处的房价。

给定 u、TOD 投资方案和列车车头时距，由式（6.7）可确定地铁出行成本 $\varphi(x)$，由式（6.13）可计算便利性 $\Phi(x)$。然后，可由式（6.17）~式（6.19）分别确定均衡状态下位置 x 处的非住房商品消费 $z(x)$、住房面积 $g(x)$ 和房价 $p(x)$。

6.3.4 房地产开发商住房生产行为

根据假设 6.2，房地产开发商采用柯布-道格拉斯函数进行住房生产：

$$h(S(x)) = \theta_1(S(x))^{\theta_2},\quad \theta_1,\theta_2 \in (0,1),\quad x \in [0,B] \tag{6.20}$$

其中，$h(S(x))$ 为位置 x 处单位土地面积的住房供给；$S(x)$ 为位置 x 处的投资强度；θ_1 和 θ_2 为正的参数。

1. 公共投资机制下房地产开发商的净利润

公共投资机制表示 TOD 项目由政府投资，即政府负责 TOD 便利设施的投资建设。在公共投资机制下，政府负责 TOD 投资，房地产开发商负责住房供应。房

地产开发商从地铁沿线的住房供应中获得收益，并支付地价和住房建设资金的机会成本。因此，公共投资机制下房地产开发商的净利润 $\psi_{\text{PUB}}(x)$ 可表示为

$$\psi_{\text{PUB}}(x) = p(x)h(S(x)) - (r(x) + kS(x)), x \in [0, B] \quad (6.21)$$

其中，房价 $p(x)$ 可由式（6.19）计算；k 为资金利息率。式（6.21）等号右边第一项 $p(x)h(S(x))$ 为住房销售的总收入，$r(x) + kS(x)$ 为住房开发的总成本，其中，$r(x)$ 为地价成本，$kS(x)$ 为住房建设资金的机会成本。

2. 私人投资机制下房地产开发商的净利润

在私人投资机制下，TOD 投资成本由房地产开发商承担。该成本与用于建设 TOD 便利设施的地价和便利性密切相关。一般来说，地价越高或便利性越高，TOD 投资成本越高，反之亦然。不失一般性，我们假设 TOD 社区内位置 x 处的投资成本为该位置的地价和便利性的线性函数。令 $\pi(x)$ 为位置 x 处 TOD 投资成本，表示为

$$\pi(x) = c_0 + c_1 r(x) + c_2 \Phi(x), \quad x \in J \quad (6.22)$$

其中，$r(x)$ 为位置 x 处的地价；c_0 为建设 TOD 的固定投资成本；c_1 和 c_2 分别为与地价和便利性相关的可变投资成本。

设 $\psi_{\text{PRI}}(x)$ 为私人投资机制下位置 x 处房地产开发商的净利润。在私人投资机制下，房地产开发商除了生产住房，还负责投资建设 TOD 便利设施，因此，对 TOD 社区内的位置而言，房地产开发商还需要承担 TOD 投资成本。$\psi_{\text{PRI}}(x)$ 定义如下：

$$\psi_{\text{PRI}}(x) = \begin{cases} p(x)h(S(x)) - (r(x) + kS(x)) - \pi(x), & \forall x \in J \\ p(x)h(S(x)) - (r(x) + kS(x)), & \forall x \in \bar{J} \end{cases} \quad (6.23)$$

其中，位置 x 处的 TOD 投资成本 $\pi(x)$ 可由式（6.22）确定。

3. 房地产开发商的净利润最大化问题

根据假设 6.2，在住房市场中房地产开发商通过决定其投资强度来最大化自身净利润。公共或私人投资机制下的净利润最大化问题可表示为

$$\max_S \ \psi_{\text{PUB}}(S) \ \text{或} \ \psi_{\text{PRI}}(S) \quad (6.24)$$

由式（6.24）的一阶最优性条件，可得

$$p(x)\theta_1\theta_2 S^{\theta_2 - 1} - k = 0 \quad (6.25)$$

由式（6.25）可得到均衡状态下的住房投资强度：

$$S(x) = (p(x)\theta_1\theta_2 k^{-1})^{1/(1-\theta_2)} \quad (6.26)$$

尽管公共和私人投资机制下的均衡住房投资强度 $S(x)$ 表达式相同［均为式（6.26）］，但是给定位置 x，不同投资机制下 $S(x)$ 可能不相等，这是因为不同投资

机制下位置 x 处的房价 $p(x)$ 是不同的，在 6.5 节的数值算例中将进一步说明。

对完全竞争的房地产开发市场，均衡时房地产开发商的净利润为 0，即 $\psi_{\mathrm{PUB}} = \psi_{\mathrm{PRI}} = 0$，可得到公共和私人投资机制下的地价 $r_{\mathrm{PUB}}(x)$ 和 $r_{\mathrm{PRI}}(x)$ 分别为

$$r_{\mathrm{PUB}}(x) = k\left(\frac{1}{\theta_2} - 1\right)(p(x)\theta_1\theta_2 k^{-1})^{1/(1-\theta_2)}, \quad \forall x \in [0, B] \quad (6.27)$$

$$r_{\mathrm{PRI}}(x) = \begin{cases} \left[k\left(\dfrac{1}{\theta_2} - 1\right)(p(x)\theta_1\theta_2 k^{-1})^{1/(1-\theta_2)} - c_0 - c_2\Phi(x)\right] \Big/ (1 + c_1), & \forall x \in J \\ k\left(\dfrac{1}{\theta_2} - 1\right)(p(x)\theta_1\theta_2 k^{-1})^{1/(1-\theta_2)}, & \forall x \in \overline{J} \end{cases} \quad (6.28)$$

根据式（6.27）和式（6.28），地价、房价与 TOD 投资成本之间的关系阐述如下。

【命题 6.1】（1）对公共和私人投资机制，随着房价 $p(x)$ 上涨，地价 $r(x)$ 上升，反之亦然。

（2）对私人投资机制，给定房价 $p(x)$，随着 TOD 投资成本函数 [式（6.22）] 中的 c_0 或 c_2 增加，地价 $r(x)$ 下降，反之亦然。

命题 6.1 的证明见附录 D.1。TOD 投资成本函数 [式（6.22）] 中的 c_1 对地价 $r(x)$ 的影响是不确定的，取决于 $k\left(\dfrac{1}{\theta_2} - 1\right)(p(x)\theta_1\theta_2 k^{-1})^{1/(1-\theta_2)}$ 与 $c_0 + c_2\Phi(x)$ 之间的关系。

6.3.5 住房市场均衡

根据式（6.18）～式（6.20）和式（6.26），均衡时位置 x 处的居住密度 $n(x)$ 可表示为

$$n(x) = \frac{h(S(x))}{g(x)} = \sigma \exp\left(-\frac{u - Y + \alpha + \varphi(x) - \beta\log\Phi(x)}{\alpha(1 - \theta_2)}\right) \quad (6.29)$$

其中，$\sigma = (\theta_1(\alpha\theta_2 k^{-1})^{\theta_2})^{1/(1-\theta_2)}$ 为常数。

在均衡状态下，所有居民将居住在城市内，即

$$\int_J n(x)\mathrm{d}x + \int_{\overline{J}} n(x)\mathrm{d}x = N \quad (6.30)$$

其中，式（6.30）等号左边的第一项和第二项分别表示 TOD 社区内和社区外的居民数量。

根据 $J \cup \overline{J} = B$，将式（6.29）代入式（6.30），可得

$$\int_0^B \sigma \exp\left(-\frac{u - Y + \alpha + \varphi(x) - \beta\log\Phi(x)}{\alpha(1 - \theta_2)}\right)\mathrm{d}x = N \quad (6.31)$$

根据假设 6.1，在均衡状态下城市边界处的地价等于农业地租或土地的机会成本，即 $r(B) = r_A$。联合式（6.19）和式（6.27）以及 $r(B) = r_A$，可得

$$\alpha(1-\theta_2)\sigma \exp\left(-\frac{u-Y+\alpha+\varphi(B)}{\alpha(1-\theta_2)}\right) = r_A \qquad (6.32)$$

给定家庭年均收入 Y、家庭年均出行成本 $\varphi(x)$、便利性 $\Phi(x)$，求解方程（6.31）和方程（6.32），可得均衡状态下家庭效用 u 和城市边界 B，进而根据式（6.17）～式（6.19）确定 $z(x)$、$g(x)$ 和 $p(x)$，根据式（6.26）～式（6.29）确定 $S(x)$、$r(x)$ 和 $n(x)$。均衡状态下家庭效用 u 和城市边界 B 的解析解如下（证明过程见附录D.2）。

【命题 6.2】 给定家庭年均收入 Y、家庭年均出行成本 $\varphi(x)$ 和农业地租 r_A，可得

$$u = Y - \alpha + \alpha(1-\theta_2)\log\left(\frac{\sigma(\alpha(1-\theta_2)V_a\Omega_1 + 2\rho\tau_a\Omega_2)}{2\rho\tau_aN + V_ar_A}\right) \qquad (6.33)$$

$$B = D_1 + \frac{V_a}{\tau_a}\left(\frac{\alpha(1-\theta_2)}{2\rho}\log\left(\frac{\alpha(1-\theta_2)(2\rho\tau_aN+V_ar_A)}{r_A(\alpha(1-\theta_2)V_a\Omega_1+2\rho\tau_a\Omega_2)}\right) - c(D_1)\right) \qquad (6.34)$$

其中，

$$\Omega_1 = 1 - \exp\left(-\frac{\varphi(L_M)}{\alpha(1-\theta_2)}\right) + \sum_{s=1}^{M}\left(2\exp\left(-\frac{\varphi(D_s)}{\alpha(1-\theta_2)}\right) - \exp\left(-\frac{\varphi(L_s)}{\alpha(1-\theta_2)}\right)\right)$$

$$- \sum_{s=2}^{M}\exp\left(-\frac{\varphi(L_{s-1})}{\alpha(1-\theta_2)}\right) \qquad (6.35)$$

$$\Omega_2 = \sum_{s=1}^{M} X_s \int_{D_s-\Delta_s}^{D_s+\Delta_s} \exp\left(-\frac{\varphi(x)}{\alpha(1-\theta_2)}\right)\left(\exp\left(\frac{\beta\log\Phi(x)}{\alpha(1-\theta_2)}\right)-1\right)dx \qquad (6.36)$$

命题 6.3 进一步揭示了城市人口规模、TOD 社区位置和半径对家庭效用和城市边界的影响，证明过程见附录 D.3。

【命题 6.3】 均衡状态下的家庭效用 u 随 TOD 社区半径 Δ_j 的增大而增大，但随城市人口规模 N 和 TOD 车站 j 到 CBD 的距离 D_j 的增大而减小；城市边界 B 随城市人口规模 N 和 TOD 车站 j 到 CBD 的距离 D_j 的增大而增大，但随 TOD 社区半径 Δ_j 的增大而减小。表 6.2 归纳了这些结果。

表 6.2 人口规模 N、TOD 社区位置 D_j、半径 Δ_j 对效用 u 和边界 B 的影响

变量	N	D_j	Δ_j
u	−	−	+
B	+	+	−

注："+"表示正相关，"−"表示负相关

6.4 公共和私人投资机制下的 TOD 设计优化模型

本节探讨公共和私人投资机制下的 TOD 设计优化问题。如前所述，TOD 系统的布局和设计由政府制定，但在实践中，TOD 投资成本可能由政府或房地产开发商承担。从政府的角度来看，TOD 设计的目标是通过确定地铁走廊沿线的 TOD 社区位置、半径、数量及该地铁线路的列车车头时距，以实现城市系统的社会福利最大化。这里的社会福利是指城市系统中各方的总利益，定义为城市系统中所有家庭的总效用、外居地主收取的净地价总额与地铁的总票价收入之和减去列车运营成本和 TOD 投资成本。仅在公共投资机制下，社会福利目标需要扣除 TOD 投资成本；对私人投资机制，TOD 由房地产开发商投资，其净利润为 0，社会福利目标不出现 TOD 投资成本。

令 Λ^U 为城市中所有家庭的总效用，表示为

$$\Lambda^U = uN \tag{6.37}$$

其中，均衡状态下家庭的效用 u 可由式（6.33）计算得到。

令 Λ^{RENT} 为建设地铁线或住房时外居地主收取的净地价总额，Λ^{FARE} 为地铁运营产生的总票价收入，可表示为

$$\Lambda^{\text{RENT}} = \int_0^B (r(x) - r_A) \mathrm{d}x \tag{6.38}$$

$$\Lambda^{\text{FARE}} = 2\rho \sum_{s=1}^M F_s Q_s \tag{6.39}$$

其中，公共和私人投资机制下的地价 $r(x)$ 可分别由式（6.27）和式（6.28）给出，从车站 s 到 CBD 的地铁票价 F_s 由式（6.6）计算，车站 s 的乘客需求 Q_s 由式（6.11）确定。

令 C_{OPE} 为车辆的年运营成本，由固定运营成本和可变运营成本组成（Li et al., 2012a，2012b），表示为

$$C_{\text{OPE}} = \lambda_0 + \lambda_1 \frac{\Theta}{H} \tag{6.40}$$

其中，λ_0 和 λ_1 分别为固定运营成本和可变运营成本；Θ 为车辆往返一次的旅行时间；$\dfrac{\Theta}{H}$ 表示车队规模（车辆数量）。车辆往返一次的旅行时间 Θ 包括车辆终点站总停留时间、车辆运行时间和沿途车站总停留时间，表示为

$$\Theta = \zeta t_0 + 2(t_1 + t_2) \tag{6.41}$$

其中，t_0 为每个终点站的停留时间，是常数；ζ 为循环线上终点站的数量；t_1 和 t_2

分别为运行时间和沿途车站总停留时间，其中 $t_1 = D_1/V_t$ 和 $t_2 = \kappa_0 M$。

令 C_{TOD} 为地铁沿线所有 TOD 总投资成本。根据式（6.1）和式（6.22），C_{TOD} 可表示为

$$C_{\text{TOD}} = \int_J \pi(x)\mathrm{d}x = \sum_{s=1}^{M} X_s \int_{D_s-\Delta_s}^{D_s+\Delta_s}(c_0 + c_1 r(x) + c_2 \Phi(x))\mathrm{d}x \quad (6.42)$$

其中，位置 x 处的 TOD 投资成本 $\pi(x)$ 由式（6.22）计算，而所有 TOD 社区的覆盖范围 J 由式（6.1）给出。

因此，公共和私人投资机制下的社会福利最大化问题可表示为

$$\max \; \text{SW}(\boldsymbol{X},\boldsymbol{\Delta},H) = \begin{cases} \Lambda^U + \Lambda^{\text{RENT}} + \Lambda^{\text{FARE}} - C_{\text{OPE}} - C_{\text{TOD}}, & \text{公共投资机制} \\ \Lambda^U + \Lambda^{\text{RENT}} + \Lambda^{\text{FARE}} - C_{\text{OPE}}, & \text{私人投资机制} \end{cases}$$

$$= \begin{cases} uN + \int_0^B (r(x) - r_A)\mathrm{d}x + 2\rho \sum_{s=1}^{M} F_s Q_s - \left(\lambda_0 + \lambda_1 \dfrac{\Theta}{H}\right) \\ \quad - \sum_{s=1}^{M} X_s \int_{D_s-\Delta_s}^{D_s+\Delta_s}(c_0 + c_1 r(x) + c_2 \Phi(x))\mathrm{d}x, \text{公共投资机制} \\ uN + \int_0^B (r(x) - r_A)\mathrm{d}x + 2\rho \sum_{s=1}^{M} F_s Q_s - \left(\lambda_0 + \lambda_1 \dfrac{\Theta}{H}\right), \text{私人投资机制} \end{cases} \quad (6.43)$$

s.t. 式（6.30）～式（6.32）

$$\sum_{s=1}^{M} \mu Q_s \leqslant \frac{K_{\text{VEH}}}{H} \quad (6.44)$$

$$X_s \underline{\Delta} \leqslant \Delta_s \leqslant X_s \overline{\Delta}, \; s = 1,2,\cdots,M \quad (6.45)$$

$$X_s = \begin{cases} 1, & \text{选择车站} s \text{投资TOD}, \; s = 1,2,\cdots,M \\ 0, & \text{否则} \end{cases} \quad (6.46)$$

其中，SW(·) 为城市系统的总社会福利；$\boldsymbol{X} = (X_s, s = 1,2,\cdots,M)$ 为 0-1 变量 X_s 的向量形式；$\sum_{s=1}^{M} X_s$ 为地铁沿线 TOD 社区的总数量；$\boldsymbol{\Delta} = (\Delta_s, s = 1,2,\cdots,M)$ 为地铁沿线 TOD 社区半径的向量；H 为地铁列车车头时距。式（6.30）～式（6.32）表示住房市场均衡。μ 为高峰小时系数，即高峰小时乘客需求与每日乘客需求的比值，用以将每日乘客数量转换为每小时乘客数量。μQ_s 为车站 s 在高峰小时的乘客需求。K_{VEH} 为车辆通行能力（车辆所能容纳的最大乘客数量，包括坐着和站着的乘客）。式（6.44）表示线路容量约束，用以保证地铁服务供应满足高峰小时乘客需求。式（6.45）中，$\underline{\Delta}$ 和 $\overline{\Delta}$ 分别为 TOD 社区半径的下界和上界。式（6.45）保证当且仅当 $X_s = 1$ 时，$\Delta_s > 0$；否则，$\Delta_s = 0$。

该 TOD 设计优化模型是一个混合 0-1 整数规划问题，该问题的非线性、非凸

性使得寻找全局最优解非常困难。我们使用启发式贪婪算法来确定地铁沿线 TOD 社区的最优数量 $\sum_{s=1}^{M} X_s^*$、最优位置 X^* 和最优半径 $\varDelta^*$,其中,"*"代表相关变量的最优解。启发式贪婪算法的基本思想是将一个具有 M 个候选 TOD 车站的优化问题分解为 M 个独立的子问题,依次求解 M 个子问题(每次求解 1 个子问题)。TOD 社区的数量是一个整数变量,增加了问题的求解难度。因为一条地铁线上候选的 TOD 车站数量是有限的,所以优化 TOD 车站数量的一个简单方法是比较不同 TOD 车站数量下的目标函数,从中选择使得目标函数值最大的 TOD 车站数量作为解。TOD 车站半径是一个连续变量,通常为 [100, 1000] 米(Calthorpe,1993)。为了简化,求解时将其处理为离散变量,范围为 100~1000 米,搜索步长设置为 10 米。启发式贪婪算法的具体步骤如下。

(1)第一层循环操作。令 j 为第一层循环计数器,其初值为 1,即 $j=1$。

(2)第二层循环操作。确定第 j 个 TOD 社区的位置和半径。

①选择第 j 个 TOD 社区的初始位置 $X^{j(1)}$ 和半径 $\varDelta^{j(1)}$,计算便利性 $\varPhi^{j(1)}$,并设置第二层循环计数器为 $\xi=1$。

②第三层循环操作。为地铁列车车头时距设置一个初值 $H^{(1)}$,并设置第三层循环计数器为 $i=1$。

③根据式(6.2)~式(6.7),计算家庭年均出行成本 $\varphi^{(i)}$;根据式(6.33)~式(6.36),确定均衡效用 $u^{(i)}$ 和城市边界 $B^{(i)}$。随后,通过式(6.18)~式(6.20)和式(6.26)~式(6.29),计算向量 $p^{(i)}$、$g^{(i)}$、$S^{(i)}$、$r^{(i)}$ 和 $n^{(i)}$;利用式(6.38)~式(6.42),确定净地价总额 $\varLambda^{\text{RENT}(i)}$、总票价收入 $\varLambda^{\text{FARE}(i)}$、车辆年运营成本 $C_{\text{OPE}}^{(i)}$ 和 TOD 投资成本 $C_{\text{TOD}}^{(i)}$。根据式(6.11),计算车站 s 的乘客需求 $Q_s^{(i)}$。

④检查乘客需求 $Q_s^{(i)}$ 是否超过地铁服务供给,即是否满足容量约束 [式(6.44)]。如果式(6.44)成为紧约束(或主动约束),则令辅助列车车头时距 $\hat{H}^{(i)} = K_{\text{VEH}} \Big/ \sum_{s=1}^{M} \mu Q_s^{(i)}$。

⑤根据 $H^{(i+1)} = H^{(i)} + (\hat{H}^{(i)} - H^{(i)})/i$,更新列车车头时距。

⑥第三层循环的收敛性检查。如果 $\| H^{(i+1)} - H^{(i)} \| / \| H^{(i)} \|$ 小于预设精度,则停止第三层循环;否则,令 $i=i+1$,然后转步骤③。

⑦第二层循环的收敛性检查。改变第 j 个 TOD 社区的位置和半径,即 $X^{j(\xi)}$ 和 $\varDelta^{j(\xi)}$,重复执行步骤②~步骤⑥。检查社会福利:如果无法找到更好的解,则停止并输出 $\text{SW}^{(j)} = \max(\text{SW}^{(\xi)})$;否则,令 $\xi=\xi+1$,然后转步骤②。

(3)第一层循环的收敛性检查。重复步骤①~步骤⑦,检查所得到的社会福利。如果 $SW^{(j+1)} < SW^{(j)}$，则停止并输出 $SW^* = SW^{(j)}$。否则，令 $j = j+1$，然后转步骤（2）。

在上述迭代过程中，一旦约束［式（6.44）或式（6.45）］被违背，那么车头时距 H 或 TOD 社区的半径 Δ_s 设置在相应的边界上。尽管所提出的启发式贪婪算法可通过求解一系列决策问题来寻找到一个解，但每个决策是当前的最优解（局部最优解），因此无法保证最终求得的解为全局最优解。

6.5 模型应用

本节使用数值算例来说明模型的应用，主要目的如下：比较不同投资机制下的最优解，揭示 TOD 项目投资对城市空间结构的影响（包括对家庭居住分布、住房面积、房价、投资强度和地铁乘客需求的影响），探究 TOD 投资成本和城市人口规模对 TOD 设计方案的影响，以及公共和私人机制下投资 TOD 项目的城市人口阈值。算法采用 MATLAB 编码，在一台 Intel(R) Core(TM) i5 中央处理器（central processing unit，CPU）（2.4 吉赫）、4 吉字节随机存取存储器（random access memory，RAM）的 ThinkPad T410 计算机上运行。设置计算精度为 0.00001，数值试验大约花费 40 分钟的 CPU 时间。

本算例考虑长度为 20 公里的地铁线路，其上有 10 个车站，假设车站均匀分布，每 2 公里分布 1 个车站。在以下分析中，除非特别声明，否则输入参数值与表 6.3 一致。

表 6.3　输入参数值

符号	定义	基准值
M	地铁线路的车站数量/个	10
D_1	地铁线路长度/公里	20
τ_a	步行到车站时间的价值/（元/小时）	30
τ_w	车站等待时间的价值/（元/小时）	40
τ_t	车内旅行时间的价值/（元/小时）	20
V_a	乘客的平均步行速度/（公里/小时）	5.0
V_t	列车的平均运行速度/（公里/小时）	50
κ_0	列车在每个车站的平均停留时间/小时	0.01
f_0	地铁票价的固定部分/元	3.0
f	地铁票价的可变部分/（元/公里）	0.3
ρ	家庭前往 CBD 的年均出行次数/次	365
η	家庭前往 CBD 的日均出行次数/次	1.0
ω_1, ω_2	TOD 社区内和社区外弹性需求函数参数	0.001, 0.08

续表

符号	定义	基准值
α,β	家庭效用函数参数	15000, 80000
a_1,a_2	便利性函数参数	0.1, 0.001
Y	家庭年均收入/元	60000
θ_1,θ_2	住房生产函数参数	0.04, 0.7
k	利息率	0.05
c_0,c_1,c_2	TOD 的固定投资成本/（元/年）、可变投资成本/[元/（公里·年）]	160000, 0.9, 100000
N	城市家庭数量	600000
r_A	城市边界处地价/[元/（公里·年）]	150000
λ_0,λ_1	列车固定运营成本/（×10^{6}元/年）、可变运营成本/[×10^{6}元/（辆·年）]	50, 20
ζ	循环地铁线路上终点站数量/个	2.0
t_0	列车终点站停留时间/小时	0.1
μ	高峰小时系数	0.1
K_{VEH}	列车容量/（人/辆）	1500
$\underline{\Delta},\overline{\Delta}$	TOD 社区半径的上、下界/公里	0.1, 1.0

6.5.1 公共和私人投资机制下模型解的比较

图 6.4 展示了在公共和私人投资机制下，城市系统的社会福利随 TOD 投资的变化及产生的最优 TOD 设计方案。从图 6.4（a）可以看到，随着 TOD 站点的增加，两种投资机制下的城市系统社会福利均先增加后减少。公共和私人投资机制下最优的 TOD 社区数量分别为 5 个和 8 个，对应的最大社会福利分别为 636.8 亿元和 647.3 亿元。无 TOD 投资（对应 TOD 社区数量为 0）下的城市系统社会福利最低，为 635.0 亿元。这意味着公共和私人投资机制每年可使社会福利分别增加 1.8 亿元和 12.3 亿元。从图 6.4（a）也可以看到，私人投资机制下的社会福利曲线始终高于公共投资机制下的社会福利曲线，说明私人投资机制在社会福利方面优于公共投资机制。因此，从社会福利最大化的角度来看，将 TOD 项目的开发权授予房地产开发商更为合适。

图 6.4（b）和图 6.4（c）分别描述了公共和私人投资机制下地铁沿线最优 TOD 设计方案。可以看到，两种投资机制下 TOD 社区的数量和半径及投资重要性排序不同。具体来说，由图 6.4（b）可知，在公共投资机制下，地铁沿线需建设 5 个 TOD 社区，第 1 个 TOD 社区位于靠近 CBD 第二近的地铁车站，半径为 230 米；TOD 社区的半径沿着从 CBD 到郊区的方向先增大后减小。但在私人投资机制下 ［图 6.4（c）］，从城市 CBD 向郊区需要依次投资建设 8 个 TOD 社区，且 TOD 社

区的半径沿着地铁线向郊区一直减小。这些变化是 CBD 可达性与（受地价和便利性影响的）TOD 投资成本之间博弈的结果。

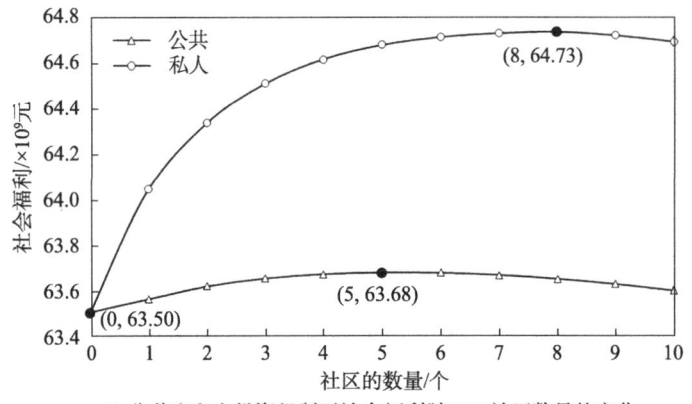

(a) 公共和私人投资机制下社会福利随TOD社区数量的变化

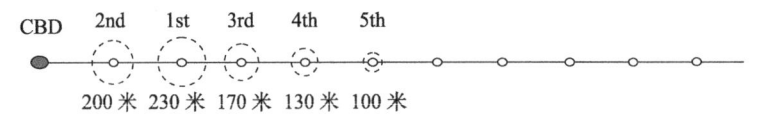

(b) 公共投资机制下最优的TOD社区位置和半径

(c) 私人投资机制下最优的TOD社区位置和半径

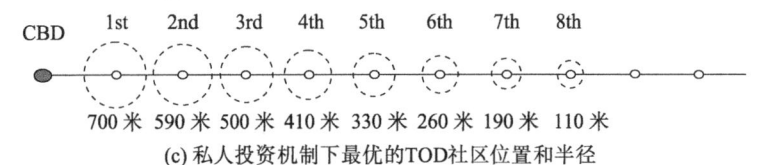

图 6.4　公共和私人投资机制下城市系统的社会福利随 TOD 投资的变化及产生的最优 TOD 设计方案

6.5.2　TOD 投资对城市系统的影响

图 6.5 显示了公共和私人投资机制及无 TOD 投资下的城市家庭居住密度、住房面积、房价、投资强度、地价及地铁车站乘客需求。从图 6.5（a）可以看出，与无 TOD 投资情况相比，公共和私人投资机制下 TOD 项目投资导致 TOD 社区内的家庭居住密度更高，但 TOD 社区外的家庭居住密度更低。这是因为 TOD 社区可为居民提供更多的便利设施，方便居民娱乐、购物等，因此一些居民愿意从 TOD 社区外迁徙到 TOD 社区内居住，使 TOD 社区内的房价和投资强度增加，而 TOD 社区外的房价和投资强度下降，如图 6.5（c）和图 6.5（d）所示；TOD 社区内的住房面积减少，而 TOD 社区外的住房面积增加，如图 6.5（b）所示。从图 6.5（e）也可以看出，与无 TOD 投资情况相比，公共投资机制下的 TOD 项目投资导致 TOD 社区内的地价增加，而 TOD 社区外的地价减少。但在私人投资机制下，整个城市的地价下降。这是因为在公共投资机制中，政府投资 TOD 便利设施，房地产开发

商投资住房开发，由此导致两者的土地竞争，因此 TOD 社区内的地价增加。但在私人投资机制下，房地产开发商同时投资住房和 TOD 便利设施，从而导致较低的地价。上述数值结果与命题 6.1 的结果一致。

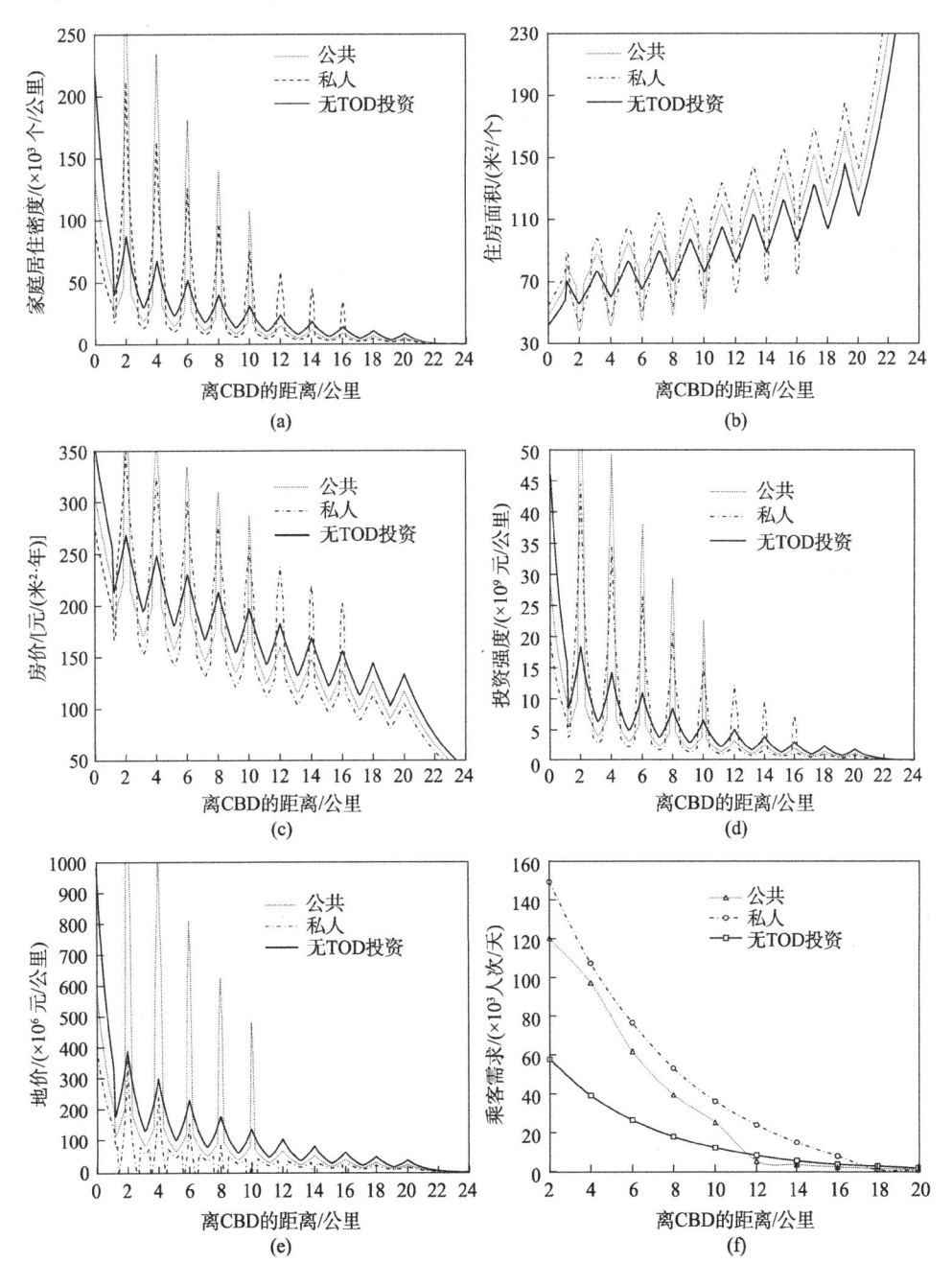

图 6.5　公共、私人投资机制和无 TOD 投资下的城市家庭居住密度、
　　　　住房面积、房价、投资强度、地价和车站乘客需求

图 6.5（f）展示了在有无 TOD 投资项目下，地铁车站乘客需求的变化。可以看到，随着与 CBD 距离的增加，车站乘客需求减少。与无 TOD 投资的情况相比，TOD 投资可能导致靠近 CBD 区域的地铁站点乘客需求增加，但郊区站点的乘客需求减少。换言之，存在一个临界距离，当地铁车站与 CBD 的距离小于该临界距离时，乘客需求由于 TOD 投资而增加，反之则减少。从图 6.5（f）可知，公共和私人投资机制下地铁车站与 CBD 之间的临界距离分别为 12 公里和 18 公里。

表 6.4 进一步归纳了不同投资机制下 TOD 投资对城市系统的影响。可以看到，与无 TOD 投资的情况相比，公共或私人投资机制可能导致城市系统的家庭效用、平均家庭居住密度、平均房价、平均投资强度、总乘客需求和社会福利增加，但

表 6.4 有无 TOD 投资下的模型解

模型解	无 TOD 投资	公共投资机制	私人投资机制
TOD 数量/个	–	5	8
TOD 社区总的服务范围/公里	–	1.66	6.18
TOD 社区内的家庭数量/个	–	277634	450282
TOD 社区外的家庭数量/个	600000	322366	149718
列车车头时距/分钟	3.27	2.50	1.90
城市长度/公里	25.68	25.23	24.86
家庭效用/（元/年）	101140	103328	105099
平均家庭居住密度/（个/公里）	23358	23783	24139
TOD 社区内	–	167250	72861
TOD 社区外	–	13677	8015
平均住房面积/（米^2/个）	71.89	66.31	67.06
TOD 社区内	–	45.28	57.30
TOD 社区外	–	84.43	96.42
平均房价/[元/（米^2·年）]	208.66	226.21	223.68
TOD 社区内	–	331.30	261.78
TOD 社区外	–	177.67	155.56
平均投资强度/（$\times 10^6$元/公里）	4905.26	4994.4	5069.1
TOD 社区内	–	35122.41	15300.86
TOD 社区外	–	2872.17	1683.16
平均地价/（$\times 10^6$元/公里）	105.11	107.02	34.94
TOD 社区内	–	752.62	31.52
TOD 社区外	–	61.55	36.07
总乘客需求/（$\times 10^6$人次/天）	0.18	0.36	0.47
社会福利/亿元	635.0	636.8	647.3

注：平均家庭居住密度=N/城市长度；平均住房面积=$\int_0^B h(S(x))\mathrm{d}x / N$；平均房价=$\int_0^B p(x)h(S(x))\mathrm{d}x / \int_0^B h(S(x))\mathrm{d}x$；平均投资强度=$\int_0^B S(x)\mathrm{d}x$/城市长度；平均地价=$\int_0^B r(x)\mathrm{d}x$/城市长度

城市长度和平均住房面积减少。具体来说，在公共和私人投资机制下，分别有 277634 个和 450282 个家庭迁移至 TOD 社区内，结果公共投资机制下的城市长度减少 0.45 公里（从 25.68 公里减少到 25.23 公里），而私人投资机制下的城市长度减少 0.82 公里（从 25.68 公里减少到 24.86 公里）。这表明，TOD 投资将导致更紧凑的城市，从而抑制城市蔓延。此外，公共和私人投资机制下的 TOD 投资分别导致地铁乘客需求增加 18 万人次（从 18 万人次增加到 36 万人次）和 29 万人次（从 18 万人次增加到 47 万人次）；在公共和私人投资机制下，列车车头时距分别减少 0.77 分钟和 1.37 分钟（列车频率增加）。从表 6.4 也可以看到，与无 TOD 投资的情况相比，公共投资机制下的家庭效用和社会福利分别增加 2188 元/年和 1.8 亿元，私人投资机制下的家庭效用和社会福利分别增加 3959 元/年和 12.3 亿元，表明地铁沿线 TOD 投资既有利于家庭，也有利于社会，是一项双赢的举措。

表 6.4 还表明，与公共投资机制相比，私人投资机制下 TOD 社区的总服务范围从 1.66 公里增加到 6.18 公里，增加了 4.52 公里。这是因为私人投资机制降低了 TOD 社区内的地价［图 6.5（e）］，从而减少了 TOD 投资成本，导致 TOD 社区的总面积增加。此外，私人投资机制下 TOD 社区内的家庭数量、家庭效用、总乘客需求和社会福利分别增加了 172648 个、1771 元/年、11 万人次/天、10.5 亿元，但平均地价降低了 7208 万元/公里。

6.5.3 TOD 投资成本对 TOD 设计方案的影响

为研究 TOD 投资成本对 TOD 设计方案的影响，我们将 TOD 投资成本函数［式（6.22）］中的 c_0 分别调整至基准值的 80% 和基准值的 1.2 倍，数值结果如图 6.6 和图 6.7 所示。从图 6.6 可知，对公共投资机制，TOD 投资从距离 CBD 第二近的地铁车站开始，且 TOD 社区的半径沿地铁线路先增大后减小；但对私人投资机制，地

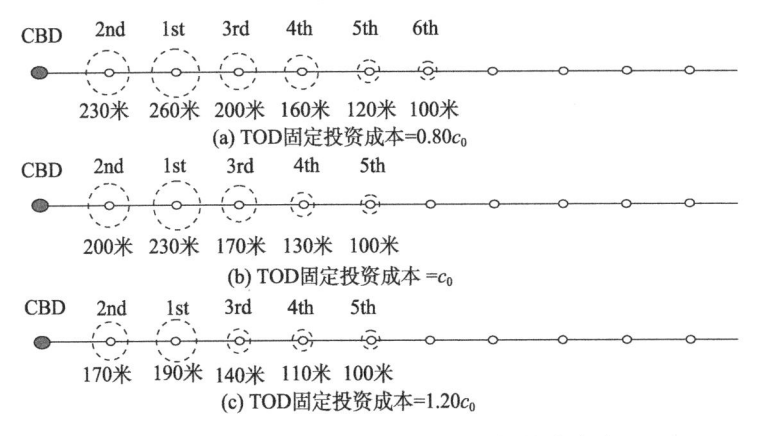

图 6.6　公共投资机制下 TOD 投资成本对 TOD 解的影响（$c_0 = 160000$ 元/年）

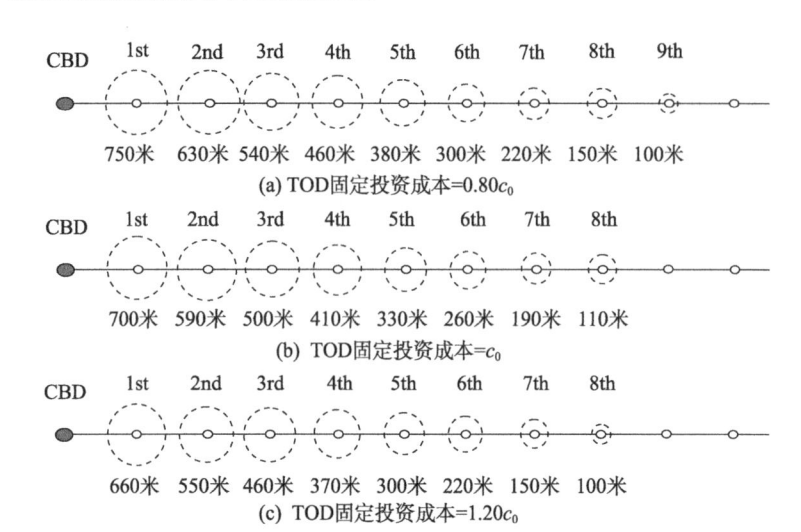

```
      CBD    1st   2nd   3rd   4th   5th   6th   7th   8th   9th
       ●━━━○━━━○━━━○━━━○━━━○━━━○━━━○━━━○━━━○━━━○
          750米 630米 540米 460米 380米 300米 220米 150米 100米
               (a) TOD 固定投资成本 = 0.80$c_0$

      CBD    1st   2nd   3rd   4th   5th   6th   7th   8th
       ●━━━○━━━○━━━○━━━○━━━○━━━○━━━○━━━○━━━○
          700米 590米 500米 410米 330米 260米 190米 110米
               (b) TOD 固定投资成本 = $c_0$

      CBD    1st   2nd   3rd   4th   5th   6th   7th   8th
       ●━━━○━━━○━━━○━━━○━━━○━━━○━━━○━━━○━━━○
          660米 550米 460米 370米 300米 220米 150米 100米
               (c) TOD 固定投资成本 = 1.20$c_0$
```

图 6.7　私人投资机制下 TOD 投资成本对 TOD 解的影响（$c_0 = 160000$ 元/年）

铁车站的 TOD 投资重要性排名则从 CBD 到郊区依次递减，且 TOD 半径沿地铁线路递减，如图 6.7 所示。图 6.6 和图 6.7 还表明，随着 TOD 固定投资成本从 $0.8c_0$ 增加到 $1.2c_0$，公共投资机制下 TOD 社区的最佳数量从 6 个减少到 5 个，而私人投资机制下 TOD 社区的最佳数量则从 9 个减少到 8 个。因此，TOD 投资成本对不同机制下的 TOD 投资决策有显著影响。

表 6.5 进一步归纳了在公共和私人投资机制下，TOD 投资成本对城市系统性能的影响。从表 6.5 可知，对每个投资机制，TOD 固定投资成本从 $0.8c_0$ 增加到 $1.2c_0$，均会导致 TOD 社区总面积减少，从而 TOD 社区内的家庭数量、家庭效用、总乘客需求和社会福利减少。TOD 社区内的家庭数量减少，TOD 社区外的家庭数量增加，意味着地铁乘客需求减少，因而地铁列车车头时距增加，城市规模扩大。

表 6.5　TOD 投资成本对城市系统性能的影响（$c_0 = 160000$ 元/年）

投资机制	城市系统性能	TOD 固定投资成本 $0.8c_0$	c_0	$1.2c_0$
公共投资机制	TOD 社区数量/个	6	5	5
	TOD 社区总的服务范围/公里	2.14	1.66	1.42
	TOD 社区内的家庭数量/个	307760	277634	254139
	TOD 社区外的家庭数量/个	292240	322366	345861
	列车车头时距/分钟	2.37	2.50	2.61
	城市长度/公里	25.16	25.23	25.27
	家庭效用/（元/年）	103631	103328	103106
	总乘客需求/（$\times 10^6$ 人次/天）	0.38	0.36	0.34
	社会福利/亿元	637.3	636.8	636.4

续表

投资机制	城市系统性能	TOD 固定投资成本		
		$0.8c_0$	c_0	$1.2c_0$
私人投资机制	TOD 社区数量/个	9	8	8
	TOD 社区总的服务范围/公里	7.06	6.18	5.62
	TOD 社区内的家庭数量/个	463738	450282	439239
	TOD 社区外的家庭数量/个	136262	149718	160761
	列车车头时距/分钟	1.87	1.90	1.93
	城市长度/公里	24.82	24.86	24.88
	家庭效用/（元/年）	105251	105099	104982
	总乘客需求/（$\times 10^6$ 人次/天）	0.48	0.47	0.46
	社会福利/亿元	648.3	647.3	646.5

6.5.4 城市家庭数量对 TOD 设计方案的影响

图 6.8 和图 6.9 分别给出了公共和私人投资机制下不同城市家庭数量对应的最

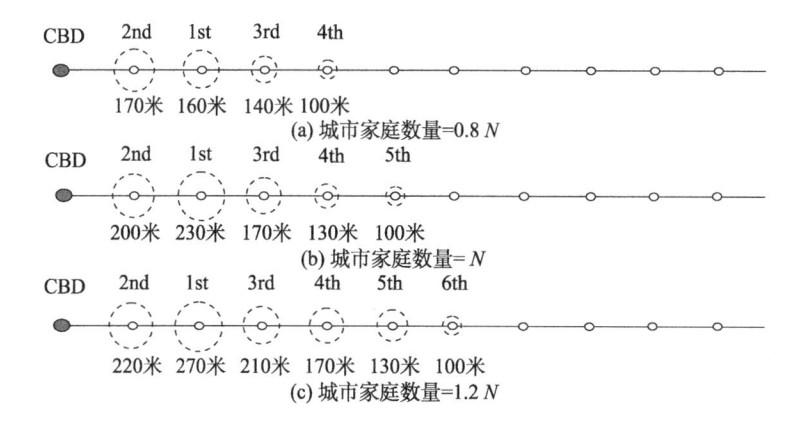

图 6.8 公共投资机制下城市家庭数量对 TOD 解的影响（$N = 600000$ 个）

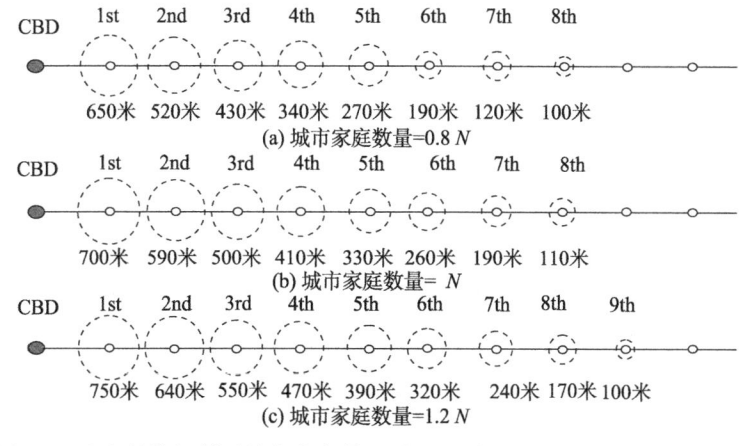

图 6.9 私人投资机制下城市家庭数量对 TOD 解的影响（$N = 600000$ 个）

优 TOD 设计方案。可以看出，城市家庭数量对 TOD 社区最佳数量和半径有显著影响。对每一种投资机制，随着家庭数量的增加，TOD 社区数量和半径均增加。私人投资机制下 TOD 的投资顺序依次从城市 CBD 向郊区延伸，但公共投资机制下并非如此，这是 CBD 可达性与 TOD 投资成本之间权衡的结果。

表 6.6 进一步归纳了公共和私人投资机制下，城市家庭数量对城市系统性能的影响。可以看到，对每一种投资机制，家庭数量的增加导致 TOD 社区总面积、TOD 内外家庭数量、城市长度、总乘客需求和社会福利增加，但家庭效用和列车车头时距减少。

表 6.6 城市家庭数量对城市系统性能的影响（$N = 600000$ 个）

投资机制	城市系统性能	家庭数量/个		
		$0.8N$	N	$1.2N$
公共投资机制	TOD 社区数量/个	4	5	6
	TOD 社区总的服务范围/公里	1.14	1.66	2.20
	TOD 社区内的家庭数量/个	184298	277634	373616
	TOD 社区外的家庭数量/个	295702	322366	346384
	列车车头时距/分钟	3.46	2.50	1.95
	城市长度/公里	25.08	25.23	25.35
	家庭效用/（元/年）	103747	103328	102922
	总乘客需求/（$\times 10^6$ 人次/天）	0.26	0.36	0.46
	社会福利/亿元	512.8	636.8	759.9
私人投资机制	TOD 社区数量/个	8	8	9
	TOD 社区总的服务范围/公里	5.24	6.18	7.26
	TOD 社区内的家庭数量/个	343995	450282	560580
	TOD 社区外的家庭数量/个	136005	149718	159420
	列车车头时距/分钟	2.45	1.90	1.55
	城市长度/公里	24.67	24.86	25.00
	家庭效用/（元/年）	105790	105099	104531
	总乘客需求/（$\times 10^6$ 人次/天）	0.37	0.47	0.58
	社会福利/亿元	520.6	647.3	773.2

图 6.10 表明在公共和私人投资机制下，TOD 投资回报随城市家庭数量的变化情况。TOD 投资回报是指最优 TOD 设计方案的社会福利与无 TOD 投资项目的社会福利之差。从图 6.10 可知，随着家庭数量从 5 万个增加到 45 万个，两种机制下的 TOD 投资回报都从负值增加到正值。在公共投资机制下，盈亏平衡点（投资

回报为零的点）为 33 万个（$N_{\text{PUB}}^* = 33$ 万个）；在私人投资机制下，盈亏平衡点为 7 万个（$N_{\text{PRI}}^* = 7$ 万个）。这意味着在公共投资机制下投资 TOD 项目的人口阈值要大于私人投资机制下的人口阈值。因此，公共投资机制可能导致 TOD 项目投资延迟。

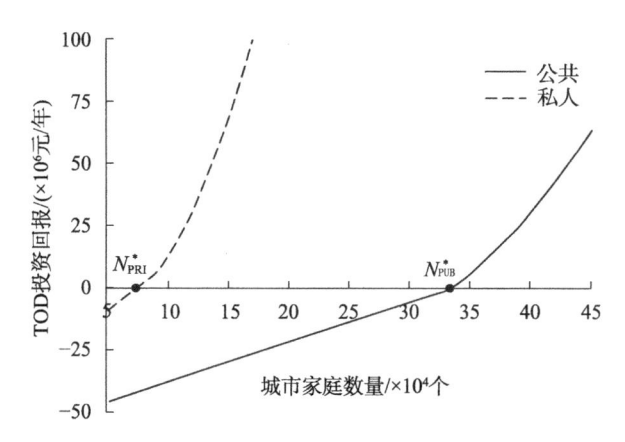

图 6.10 公共和私人投资机制下 TOD 投资回报随城市家庭数量的变化

6.6 本章小结

本章研究了地铁走廊 TOD 投资决策问题。TOD 社区作为一种公共设施，通常由政府规划设计，旨在最大限度地提高城市系统的社会福利。TOD 便利设施（如步行道、学校、医院、购物中心和体育设施）可由政府或房地产开发商投资建设，导致公共和私人两种投资机制。在分析城市系统均衡问题的基础上，提出了公共和私人投资机制下的 TOD 设计优化模型来确定 TOD 社区的最优位置、数量和半径，以及最优的列车车头时距。提出的模型明确考虑了 TOD 投资对城市空间结构的影响，包括对家庭居住地选择和住房市场的影响。设计了求解模型的启发式贪婪算法。

本章得到一些重要发现和新见解。①TOD 投资可通过改变家庭居住地选择和住房市场来有效地控制城市蔓延，从而使城市更加紧凑。同时，TOD 投资能增加地铁总乘客需求、家庭效用和社会福利。因此，TOD 投资可使家庭和社会均受益，实现双赢。②在城市系统社会福利方面，私人投资机制优于公共投资机制。因此，从社会福利最大化角度，政府应当将 TOD 项目的开发权授予房地产开发商。此外，与私人投资机制相比较，公共投资机制可能导致 TOD 项目投资延迟。③从 TOD 社区的数量和规模来看，TOD 投资成本和城市家庭数量对 TOD 投资决策产生显著影响。

参 考 文 献

Alonso W. 1964. Location and Land Use: Toward A General Theory of Land Rent[M]. Cambridge: Harvard University Press.

Anas A. 1982. Residential Location Markets and Urban Transportation: Economic Theory, Econometrics and Policy Analysis with Discrete Choice Models[M]. New York: Academic Press.

Anas A, Xu R. 1999. Congestion, land use, and job dispersion: A general equilibrium model[J]. Journal of Urban Economics, 45(3): 451-473.

Beckmann M J. 1969. On the distribution of urban rent and residential density[J]. Journal of Economic Theory, 1(1): 60-67.

Beckmann M J. 1974. Spatial equilibrium in the housing market[J]. Journal of Urban Economics, 1(1): 99-107.

Bernick M, Cervero R. 1997. The Transit Village in the 21st Century[M]. New York: McGraw-Hill Higher Education.

Calthorpe P. 1993. The Next American Metropolis: Ecology, Community, and the American Dream[M]. New York: Princeton Architectural Press.

Cervero R. 1994. Transit-based housing in California: Evidence on ridership impacts[J]. Transport Policy, 1(3): 174-183.

Cervero R. 2007. Transit-oriented development's ridership bonus: A product of self-selection and public policies[J]. Environment and Planning A, 39(9): 2068-2085.

Cervero R, Day J. 2008. Suburbanization and transit-oriented development in China[J]. Transport Policy, 15(5): 315-323.

Cervero R, Kockelman K. 1997. Travel demand and the 3Ds: Density, diversity, and design[J]. Transportation Research Part D, 2(3): 199-219.

Chang J S, Mackett R L. 2006. A bi-level model of the relationship between transport and residential location[J]. Transportation Research Part B: Methodological, 40(2): 123-146.

de Dios Ortuzar J, Willumsen L G. 2001. Modelling Transport[M]. 3rd ed. Chichester: John Wiley & Sons.

Dröes M I, Rietveld P. 2015. Rail-based public transport and urban spatial structure: The interplay between network design, congestion and urban form[J]. Transportation Research Part B: Methodological, 81: 421-439.

Duncan M. 2011. The impact of transit-oriented development on housing prices in San Diego, CA[J]. Urban Studies, 48(1): 101-127.

Eliasson J, Mattsson L G. 2000. A model for integrated analysis of household location and travel choices[J]. Transportation Research Part A: Policy and Practice, 34(5): 375-394.

Fujita M. 1989. Urban Economic Theory: Land Use and City Size[M]. Cambridge: Cambridge University Press.

Hess D B, Almeida T M. 2007. Impact of proximity to light rail rapid transit on station-area property values in Buffalo, New York[J]. Urban Studies, 44(5-6): 1041-1068.

Kay A I, Noland R B, DiPetrillo S. 2014. Residential property valuations near transit stations with transit-oriented development[J]. Journal of Transport Geography, 39: 131-140.

Kono T, Joshi K K, Kato T, et al. 2012. Optimal regulation on building size and city boundary: An effective second-best remedy for traffic congestion externality[J]. Regional Science and Urban Economics, 42(4): 619-630.

Kovacs K F, Larson D M. 2007. The influence of recreation and amenity benefits of open space on residential development patterns[J]. Land Economics, 83(4): 475-496.

Lam W H K, Morrall J. 1982. Bus passenger walking distances and waiting times: A summer-winter comparison[J]. Transportation Quarterly, 36: 407-421.

Lam W H K, Zhou J. 2000. Optimal fare structure for transit networks with elastic demand[J]. Transportation Research Record, 1733: 8-14.

Lee J, Choi K, Leem Y. 2015. Bicycle-based TOD as an alternative to overcome the criticisms of the conventional TOD[J]. International Journal of Sustainable Transportation, 10: 975-984.

Li Z C, Chen Y J, Wang Y D, et al. 2013. Optimal density of radial major roads in a two-dimensional monocentric city with endogenous residential distribution and housing prices[J]. Regional Science and Urban Economics, 43(6): 927-937.

Li Z C, Guo Q W. 2017. Optimal time for implementing cordon toll pricing scheme in a monocentric city[J]. Papers in Regional Science, 96: 163-190.

Li Z C, Guo Q W, Lam W H, et al. 2015. Transit technology investment and selection under urban population volatility: A real option perspective[J]. Transportation Research Part B: Methodological, 78: 318-340.

Li Z C, Lam W H K, Wong S C, et al. 2012a. Modeling the effects of integrated rail and property development on the design of rail line services in a linear monocentric city[J]. Transportation Research Part B: Methodological, 46(6): 710-728.

Li Z C, Lam W H K, Wong S C, et al. 2012b. Design of a rail transit line for profit maximization in a linear transportation corridor[J]. Transportation Research Part E: Logistics and Transportation Review, 48(1): 50-70.

Li Z C, Peng Y T. 2016. Modeling the effects of vehicle emission taxes on residential location choices of different-income households[J]. Transportation Research Part D, 48: 248-266.

Lin J J, Gau C C. 2006. A TOD planning model to review the regulation of allowable development densities around subway stations[J]. Land Use Policy, 23(3): 353-360.

Loo B P Y, Chen C, Chan E T. 2010. Rail-based transit-oriented development: Lessons from New York City and Hong Kong[J]. Landscape and Urban Planning, 97(3): 202-212.

Lund H. 2006. Reasons for living in a transit-oriented development, and associated transit use[J]. Journal of the American Planning Association, 72(3): 357-366.

Lund H M, Cervero R, Willson R. 2004. Travel characteristics of transit-oriented development in California[R]. Sacramento: California Department of Transportation.

Martínez F J, Henríquez R. 2007. A random bidding and supply land use equilibrium model[J]. Transportation Research Part B: Methodological, 41(6): 632-651.

Ma X, Lo H K. 2013. On joint railway and housing development strategy[J]. Transportation Research Part B: Methodological, 57: 451-467.

McDonald J F. 2009. Calibration of a monocentric city model with mixed land use and congestion[J]. Regional Science and Urban Economics, 39(1): 90-96.

Mills E S. 1972. Studies in the structure of the arban economy[J]. Baltimore: The Johns Hopkins Press.

Muth R F. 1969. Cities and Housing[M]. Chicago: University of Chicago Press.

Nelson D, Niles J S. 1999. Market dynamics and nonwork travel patterns: Obstacles to transit-oriented development?[J]. Transportation Research Record, 1669: 13-21.

Ng K F, Lo H K. 2015. Optimal housing supply in a bid-rent equilibrium framework[J]. Transportation Research Part B: Methodological, 74: 62-78.

O'Sullivan A. 2000. Urban Economics[M]. Boston: Irwin/McGraw-Hill Higher Education.

Papa E, Bertolini L. 2015. Accessibility and transit-oriented development in European metropolitan areas[J]. Journal of Transport Geography, 47: 70-83.

Quigley J M. 1984. The production of housing services and the derived demand for residential energy[J]. The RAND Journal of Economics, 15(4): 555-567.

Solow R M. 1972. Congestion, density and the use of land in transportation[J]. The Swedish Journal of Economics, 74(1): 161-173.

Solow R M. 1973. Congestion cost and the use of land for streets[J]. The Bell Journal of Economics and Management Science, 4(2): 602-618.

Song Y, Zenou Y. 2006. Property tax and urban sprawl: Theory and implications for US cities[J]. Journal of Urban Economics, 60(3): 519-534.

Sung H, Oh J T. 2011. Transit-oriented development in a high-density city: Identifying its association with transit ridership in Seoul, Korea[J]. Cities, 28(1): 70-82.

Vuchic V R. 1969. Rapid transit interstation spacings for maximum number of passengers[J]. Transportation Science, 3(3): 214-232.

Vuchic V R, Newell G F. 1968. Rapid transit interstation spacings for minimum travel time[J]. Transportation Science, 2(4): 303-339.

Wang D Z W, Lo H K. 2016. Financial sustainability of rail transit service: The effect of urban development pattern[J]. Transport Policy, 48: 23-33.

Wu J J. 2006. Environmental amenities, urban sprawl, and community characteristics[J]. Journal of Environmental Economics and Management, 52(2): 527-547.

Wu J J, Plantinga A J. 2003. The influence of public open space on urban spatial structure[J]. Journal of Environmental Economics and Management, 46(2): 288-309.

第7章　城市轨道交通环线投资决策模型

7.1 概　　述

为应对日益严峻的交通和环境问题，近年来，地方政府大力发展城市轨道交通投资项目。例如，截至2021年底，北京市开通轨道交通线路27条，总里程达783公里，其中地铁2号和10号线为环线，里程分别为23.1公里和57.1公里，轨道交通线网已形成环形放射状结构。2017年12月，成都市开通地铁7号线，是该市首条地铁环线，里程为38.61公里。

轨道交通环线的投资建设对提高城市交通网络的可达性有重要作用，从而减少现有设施的交通压力和环境污染，同时使周边土地增值。但环线建设需要巨大的投资成本。例如，北京地铁10号线每公里造价约5亿元。如果投资的环线数量过多或位置不合理，环线的通行能力得不到充分利用，则导致资源浪费。如果投资的环线数量过少，则满足不了日益增长的交通需求，对缓解城区的交通压力效果甚微。针对环线投资成本和收益的权衡，提出了一些有趣而重要的问题：一个城市应当建设多少条轨道交通环线最合理？环线应建在什么位置？环线投资建设如何影响城市居民居住地选择和城市房价？本章将回答这些问题。

D'Este（1987）研究了二维放射状城市中通勤者的出行路线选择问题。Wong（1994）进一步将D'Este提出的模型表示为数学规划问题。Li等（2013）研究了二维单中心放射状城市主干道密度优化问题。Li和Wang（2018）进一步研究了多方式二维单中心放射状城市系统均衡问题，并对拥挤收费和巴士服务进行设计。但这些研究考虑的是放射状城市结构，没有涉及环线投资优化问题。Saidi等（2016）研究了二维环形放射状城市的公交环线投资问题，假设城市边界是给定和固定的，人口均匀分布且城市完全对称，也没有考虑公交拥挤带来的负效及环线投资建设对城市居民重新分布和城市空间结构（住房市场）的影响。本章将放松这些假设，研究一般环形放射状城市中轨道交通环线位置、环线数量和轨道交通线路车辆发车频率联合优化问题，建立的模型可以内生城市居民分布和住房市场结构，也考虑轨道交通环线投资对城市居民重新分布和城市规模的影响。

7.2 基本假设

为建立模型，本章进行如下假设。

【假设 7.1】 假设城市系统是封闭单中心的，城市的人口规模给定，所有的工作机会集中在 CBD（Alonso，1964；Fujita，1989；Mills，1980；Kraus，2006）。假设现有的城市轨道交通网络呈放射状结构，政府需要对环线投资进行决策，所有的轨道交通环线是以 CBD 为中心的圆。假设城市所有土地由外居地主拥有，城市边界上的地价等于土地的机会成本（农业地租）。

【假设 7.2】 城市系统有四类参与者：政府、城市居民、房地产开发商和通勤者。他们有各自的决策变量和目标：政府优化城市轨道交通环线的位置和数量、轨道交通发车频率，以实现城市系统社会福利最大化。房地产开发商通过决策住房供应量来最大化自己的净利润。假定所有的房地产开发商通过柯布-道格拉斯函数来确定住房供应量（Beckmann，1974；Quigley，1984）。通勤者选择从居住地至 CBD（工作地）的最短路线出行。

【假设 7.3】 城市居民具有同质属性，即具有相同收入和效用函数。假定家庭的收入用于三方面：交通、住房和非住房商品消费。每个家庭在其收入约束下，通过选择居住地位置、住房面积和非住房商品消费量来最大化家庭的效用（Alonso，1964；Fujita，1989；Mills，1980；Kraus，2006）。

【假设 7.4】 工作是一种强制性活动，每个家庭的平均劳动力数量外生给定，可以通过人口调查数据得到，用 η 表示。假定每位通勤者每天在居住地与 CBD（工作地）之间往返一次。因此，每个家庭前往 CBD 的日均出行次数为 η。为叙述方便，不少相关研究假定每个家庭仅有一个劳动力（Anas and Xu，1999；Li et al.，2012a，2012b）。

【假设 7.5】 放射状主干线和环线构成城市轨道交通系统骨架，其通行能力大，承载大量的交通流量，具有拥挤效应。城市内部为稠密的辅路，其通行速度低，交通流量小，拥挤效应可以忽略。

7.3 环辐城市系统均衡

根据假设 7.2，城市系统中有四类参与者，即政府、居民、房地产开发商和通勤者。这些参与者有各自的决策变量和目标，这些决策不是独立的，而是相互影响的，共同构成相互作用、相互关联的均衡问题，包括通勤者路线选择均衡、家庭居住地选择均衡和住房市场供需均衡。

7.3.1 通勤者路线选择均衡

1. 出行成本

如图 7.1 所示,使用极坐标 (x,θ_i) 表示城市居民居住位置,其中,i 为第 i 条径向(或放射状)轨道交通主干线,x 为位置 (x,θ_i) 到 CBD 的距离,θ_i 为位置 (x,θ_i) 与主干线 i 之间的夹角。假设城市中已有 M_{RAD} 条主干线(不一定均匀分布),下标"RAD"表示放射状主干线(radial lines)。政府计划未来修建 M_{RIN} 条轨道交通环线,下标"RIN"表示环线(ring lines)。通勤者从居住地 (x,θ_i) 出发前往 CBD,有多条路线可供选择:先沿圆弧到达主干线,然后沿主干线到达 CBD;或者先到达紧邻的环线,然后沿着环线到达主干线,最后沿着主干线到达 CBD。对居住地 (x,θ_i) 的居民,有 6 条备选路线,见表 7.1。

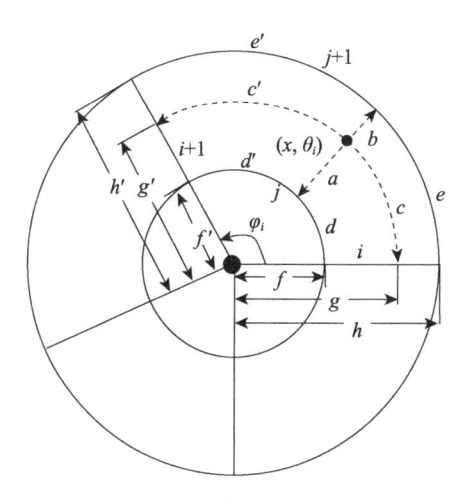

图 7.1 (x,θ_i) 处居民的路线选择

表 7.1 从居住地 (x,θ_i) 到达 CBD 的备选路线集

路线编号	路线构成	路线编号	路线构成
1	$a-d-f$	4	$a-d'-f'$
2	$b-e-h$	5	$b-e'-h'$
3	$c-g$	6	$c'-g'$

为定义备选路线的出行成本,我们先定义路段 a 至 f' 的出行成本。路段 a、b、c 和 c' 为辅路,根据假设 7.5,辅路不拥挤,采用的交通工具为自行车或步行等慢行方式。令 $C_a(x,\theta_i)$、$C_b(x,\theta_i)$、$C_c(x,\theta_i)$ 和 $C_{c'}(x,\varphi_i-\theta_i)$ 分别为 (x,θ_i) 处的通勤者在路段 a、b、c 和 c' 的出行成本,定义为

$$\begin{cases} C_a(x,\theta_i) = \alpha_1 \dfrac{x - R_j}{V_w} \\ C_b(x,\theta_i) = \alpha_1 \dfrac{R_{j+1} - x}{V_w} \\ C_c(x,\theta_i) = \alpha_1 \dfrac{x\theta_i}{V_w} \\ C_{c'}(x,\varphi_i - \theta_i) = \alpha_1 \dfrac{x(\varphi_i - \theta_i)}{V_w} \end{cases} \quad (7.1)$$

其中，R_j 为环线 j 的半径；V_w 为辅路旅行速度；α_1 为辅路旅行时间价值；φ_i 为主干道 i 与 $i+1$ 之间的夹角。

路段 d 为环线 j 上的路段，具有拥挤效应，即随着交通流量的增加，出行成本增加。令 $C_{d,j}(R_j,\theta_i)$ 为通勤者在路段 d 的出行成本，由车站等待时间、车内旅行时间和车内拥挤成本构成，表示为

$$C_{d,j}(R_j,\theta_i) = \alpha_2 \frac{\gamma}{f_{\text{RIN},j}} + \alpha_3 \frac{R_j \theta_i}{V_{\text{RIN},j}} + \alpha_4 H_{\text{RIN}}(R_j,\theta_i) \quad (7.2)$$

其中，$f_{\text{RIN},j}$ 为环线 j 的发车频率；$\gamma/f_{\text{RIN},j}$ 为平均车站等待时间；γ 为等待时间参数；$V_{\text{RIN},j}$ 为环线 j 的车辆运行速度；α_2 为等待时间价值；α_3 为车内旅行时间价值；$H_{\text{RIN}}(R_j,\theta_i)$ 为从位置 (R_j,θ_i) 沿环线 j 行驶距离 $R_j\theta_i$ 到达主干线 i 的车内拥挤成本；α_4 为车内拥挤价值。$H_{\text{RIN}}(R_j,\theta_i)$ 定义为

$$H_{\text{RIN}}(R_j,\theta_i) = \int_0^{\theta_i} h(Q(R_j,\theta_i)) t_{\text{RIN},j} R_j \mathrm{d}\theta \quad (7.3)$$

其中，$t_{\text{RIN},j}$ 为环线 j 上单位里程旅行时间；$Q(R_j,\theta_i)$ 为 (R_j,θ_i) 处的累计乘客数量；$h(Q(R_j,\theta_i))$ 为 (R_j,θ_i) 处地铁车内单位时间的拥挤成本，定义为

$$h(Q(R_j,\theta_i)) = \delta_1 \left(\frac{Q(R_j,\theta_i)}{f_{\text{RIN},j} C_v} \right)^{\delta_2} \quad (7.4)$$

其中，δ_1 和 δ_2 为常数；C_v 为轨道交通车辆的容量。

类似地，可以定义环线 $j+1$ 上路段 e 的出行成本 $C_{e,j+1}(R_{j+1},\theta_i)$，只要将 R_{j+1} 替代 $C_{d,j}(R_j,\theta_i)$ 中的 R_j 即可。此外，也可以定义环线 j 和 $j+1$ 上路段 d' 和 e' 的出行成本 $C_{d',j}(R_j,\varphi_i-\theta_i)$ 和 $C_{e',j+1}(R_{j+1},\varphi_i-\theta_i)$。只要将 $\varphi_i-\theta_i$ 替代 $C_{d,j}(R_j,\theta_i)$ 和 $C_{e,j+1}(R_{j+1},\theta_i)$ 中的 θ_i 即可。

路段 g 为主干线 i 上的路段,具有拥挤效应。令 $C_{g,i}(x)$ 为居住地 (x,θ_i) 的通勤者沿主干线 i 的路段 g 的出行成本。它由车站等待时间、车内旅行时间和车内拥挤成本构成,定义为

$$C_{g,i}(x) = \alpha_2 \frac{\gamma}{f_{\text{RAD},i}} + \alpha_3 \frac{x}{V_{\text{RAD},i}} + \alpha_4 H_{\text{RAD},i}(x) \tag{7.5}$$

其中,$f_{\text{RAD},i}$ 为主干线 i 的发车频率;$V_{\text{RAD},i}$ 为主干线 i 的车辆运行速度;$H_{\text{RAD},i}(x)$ 为主干线 i 上距离 CBD 为 x 的位置到达 CBD 所承受的车内拥挤成本,定义为

$$H_{\text{RAD},i}(x) = \int_0^x h(Q_i(w)) t_{\text{RAD},i} \mathrm{d}w \tag{7.6}$$

其中,$t_{\text{RAD},i}$ 为主干线 i 上单位里程旅行时间;$Q_i(x)$ 为主干线 i 上与 CBD 距离为 x 的位置的累计乘客数量;$h(Q_i(x))$ 为主干线 i 上 x 处地铁车内单位时间的拥挤成本,定义为

$$h(Q_i(x)) = \delta_1 \left(\frac{Q_i(x)}{f_{\text{RAD},i} C_v} \right)^{\delta_2} \tag{7.7}$$

类似地,可以定义主干线 i 上路段 f 和 h 的出行成本 $C_{f,i}(R_j)$ 和 $C_{h,i}(R_{j+1})$,以及主干线 $i+1$ 上路段 f'、g' 和 h' 的出行成本 $C_{f',i+1}(R_j)$、$C_{g',i+1}(x)$ 和 $C_{h',i+1}(R_{j+1})$。

基于上述路段出行成本的定义和表 7.1,备选路线 1~6 的出行成本定义如下:

$$\begin{cases} \psi_1(x,\theta_i) = C_a(x,\theta_i) + C_{d,j}(R_j,\theta_i) + C_{f,i}(R_j) + \hat{P} + \tau \\ \psi_2(x,\theta_i) = C_b(x,\theta_i) + C_e(R_{j+1},\theta_i) + C_{h,i}(R_{j+1}) + \hat{P} + \tau \\ \psi_3(x,\theta_i) = C_c(x,\theta_i) + C_{g,i}(x) + \tau \\ \psi_4(x,\varphi_i-\theta_i) = C_a(x,\varphi_i-\theta_i) + C_{d',j}(R_j,\varphi_i-\theta_i) + C_{f',i+1}(R_j) + \hat{P} + \tau \\ \psi_5(x,\varphi_i-\theta_i) = C_b(x,\varphi_i-\theta_i) + C_{e'}(R_{j+1},\varphi_i-\theta_i) + C_{h',i+1}(R_{j+1}) + \hat{P} + \tau \\ \psi_6(x,\varphi_i-\theta_i) = C_{c'}(x,\varphi_i-\theta_i) + C_{g',i+1}(x) + \tau \end{cases} \tag{7.8}$$

其中,τ 为乘坐轨道交通支付的票价;$\hat{P}$ 为换乘惩罚成本。

为方便叙述,定义相邻的主干线 i 和 $i+1$ 及相邻的环线 j 和 $j+1$ 围成的区域为 ij。表 7.2 给出了出行成本关于 θ_i 和位置 x 的比较静态分析。它表明:在区域 ij 内,一方面,随着与第 i 条主干道夹角 θ_i 的增大,路线 1、路线 2、路线 3 的出行成本呈现增加的趋势,路线 4、路线 5、路线 6 则相反;另一方面,随着与 CBD 的距离 x 的增加,路线 1、路线 3、路线 4、路线 6 的出行成本增加,路线 2、路线 5 的出行成本下降。

表 7.2 出行成本的比较静态分析

路线	关于 θ_i 的导数	关于 x 的导数
1	$\dfrac{\partial \psi_1(x,\theta_i)}{\partial \theta_i}=\alpha_3\dfrac{R_j}{V_{\text{RIN},j}}+\delta_1\left(\dfrac{Q(R_j,\theta_i)}{f_{\text{RIN},j}C_v}\right)^{\delta_2}>0$	$\dfrac{\partial \psi_1(x,\theta_i)}{\partial x}=\alpha_1\dfrac{1}{V_w}>0$
2	$\dfrac{\partial \psi_2(x,\theta_i)}{\partial \theta_i}=\alpha_3\dfrac{R_{j+1}}{V_{\text{RIN},j+1}}+\delta_1\left(\dfrac{Q(R_{j+1},\theta_i)}{f_{\text{RIN},j+1}C_v}\right)^{\delta_2}>0$	$\dfrac{\partial \psi_2(x,\theta_i)}{\partial x}=-\alpha_1\dfrac{1}{V_w}<0$
3	$\dfrac{\partial \psi_3(x,\theta_i)}{\partial \theta_i}=\alpha_1\dfrac{x}{V_w}>0$	$\dfrac{\partial \psi_3(x,\theta_i)}{\partial x}=\alpha_1\dfrac{\theta_i}{V_w}+\delta_1\left(\dfrac{Q_i(x)}{f_{\text{RAD},i}C_v}\right)^{\delta_2}>0$
4	$\dfrac{\partial \psi_4(x,\varphi_i-\theta_i)}{\partial \theta_i}=-\left(\alpha_3\dfrac{R_j}{V_{\text{RIN},j}}+\delta_1\left(\dfrac{Q(R_j,\theta_i)}{f_{\text{RIN},j}C_v}\right)^{\delta_2}\right)<0$	$\dfrac{\partial \psi_4(x,\varphi_i-\theta_i)}{\partial x}=\alpha_1\dfrac{1}{V_w}>0$
5	$\dfrac{\partial \psi_5(x,\varphi_i-\theta_i)}{\partial \theta_i}=-\left(\alpha_3\dfrac{R_{j+1}}{V_{\text{RIN},j+1}}+\delta_1\left(\dfrac{Q(R_{j+1},\theta_i)}{f_{\text{RIN},j+1}C_v}\right)^{\delta_2}\right)<0$	$\dfrac{\partial \psi_5(x,\varphi_i-\theta_i)}{\partial x}=-\alpha_1\dfrac{1}{V_w}<0$
6	$\dfrac{\partial \psi_6(x,\varphi_i-\theta_i)}{\partial \theta_i}=-\alpha_1\dfrac{x}{V_w}<0$	$\dfrac{\partial \psi_6(x,\varphi_i-\theta_i)}{\partial x}=\alpha_1\dfrac{\varphi_i-\theta_i}{V_w}+\delta_1\left(\dfrac{Q_{i+1}(x)}{f_{\text{RAD},j+1}C_v}\right)^{\delta_2}>0$

2. 出行路线覆盖区域

假定所有通勤者选择出行成本最小的路线出行。令 $\psi_{\min}(x,\theta_i)$ 表示从位置 (x,θ_i) 到 CBD 的最小出行成本，即

$$\psi_{\min}(x,\theta_i)=\min\{\psi_l(x,\theta_i), l=1,2,3,4,5,6\} \quad (7.9)$$

相邻的主干线 i 和 $i+1$ 及相邻的环线 j 和 $j+1$ 围成的区域定义为 ij。该区域主干线和环线中的任意两条线路竞争交通需求，结果在任意两条线路间存在一条分界线（或称为市场区域边界线）将这两条线路间的区域分成两个子区域，如图 7.2 所示。具体来说，主干线 i 与环线 j 之间的竞争导致建立分界线 $B_{ij}^{(4)}$，该分界线把区域 ij 的出行需求分为使用主干线 i 出行和使用环线 j 出行。主干线 i 与环线 $j+1$ 之间的竞争导致建立分界线 $B_{ij}^{(5)}$，该分界线把区域 ij 的出行需求分为使用主干线 i 出行和使用环线 $j+1$ 出行。类似地，$B_{ij}^{(7)}$ 和 $B_{ij}^{(8)}$ 分别为主干线 $i+1$ 与环线 j 之间的分界线和主干线 $i+1$ 与环线 $j+1$ 之间的分界线。主干线 i 与 $i+1$ 之间竞争导致的分界线为 $B_{ij}^{(1)}$ 和 $B_{ij}^{(2)}$。对于非对称城市，$B_{ij}^{(1)}$ 和 $B_{ij}^{(2)}$ 可能不在一条线上。环线 j 与 $j+1$ 之间的竞争导致的分界线包括三部分，表示为 $B_{ij}^{(3)}$、$B_{ij}^{(6)}$、$B_{ij}^{(9)}$（或 $B_{ij}^{(9')}$）。因此，区域 ij 被这 9 条分界线划分为 6 个子区域 I_{ij}、II_{ij}、III_{ij}、IV_{ij}、V_{ij} 和 VI_{ij}，如图 7.2（a）和图 7.2（b）所示。

第 7 章 城市轨道交通环线投资决策模型

(a) 包含分界线 $B_{ij}^{(9)}$

(b) 包含分界线 $B_{ij}^{(9')}$

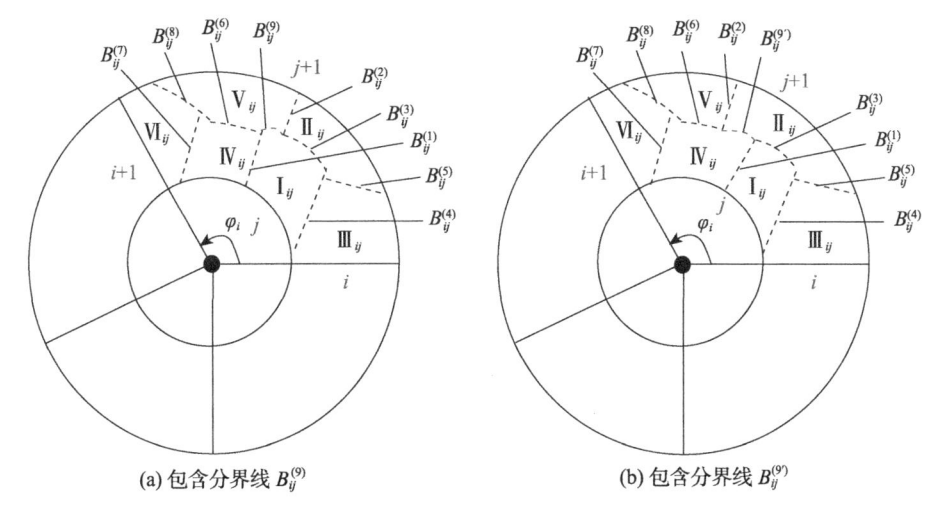

图 7.2 路线选择均衡与区域划分

在均衡状态，对任意一条分界线上的任意一点，沿竞争路线到达 CBD 的出行成本相等。表 7.3 归纳了所有分界线满足的均衡条件。图 7.2（a）和图 7.2（b）的区别是图 7.2（a）包含分界线 $B_{ij}^{(9)}$，而图 7.2（b）包含分界线 $B_{ij}^{(9')}$，这是由模型考虑主干道交通拥堵效应及城市不对称所造成的。在完全对称条件下，分界线 $B_{ij}^{(1)}$ 和 $B_{ij}^{(2)}$ 将会在一条直线上，穿过城市的半径，此时分界线 $B_{ij}^{(9)}$ 和 $B_{ij}^{(9')}$ 将退化为一个点。

表 7.3 路线选择均衡条件

分界线	竞争路线	均衡条件
$B_{ij}^{(1)}$	路线 1 与 4	$\psi_1(x,\theta_i) = \psi_4(x,\varphi_i-\theta_i),\ (x,\theta_i) \in B_{ij}^{(1)}$
$B_{ij}^{(2)}$	路线 2 与 5	$\psi_2(x,\theta_i) = \psi_5(x,\varphi_i-\theta_i),\ (x,\theta_i) \in B_{ij}^{(2)}$
$B_{ij}^{(3)}$	路线 1 与 2	$\psi_1(x,\theta_i) = \psi_2(x,\theta_i),\ (x,\theta_i) \in B_{ij}^{(3)}$
$B_{ij}^{(4)}$	路线 1 与 3	$\psi_1(x,\theta_i) = \psi_3(x,\theta_i),\ (x,\theta_i) \in B_{ij}^{(4)}$
$B_{ij}^{(5)}$	路线 2 与 3	$\psi_2(x,\theta_i) = \psi_3(x,\theta_i),\ (x,\theta_i) \in B_{ij}^{(5)}$
$B_{ij}^{(6)}$	路线 4 与 5	$\psi_4(x,\varphi_i-\theta_i) = \psi_5(x,\varphi_i-\theta_i),\ (x,\theta_i) \in B_{ij}^{(6)}$
$B_{ij}^{(7)}$	路线 4 与 6	$\psi_4(x,\varphi_i-\theta_i) = \psi_6(x,\varphi_i-\theta_i),\ (x,\theta_i) \in B_{ij}^{(7)}$
$B_{ij}^{(8)}$	路线 5 与 6	$\psi_5(x,\varphi_i-\theta_i) = \psi_6(x,\varphi_i-\theta_i),\ (x,\theta_i) \in B_{ij}^{(8)}$
$B_{ij}^{(9)}$	路线 1 与 5	$\psi_1(x,\theta_i) = \psi_5(x,\varphi_i-\theta_i),\ (x,\theta_i) \in B_{ij}^{(9)}$
$B_{ij}^{(9')}$	路线 2 与 4	$\psi_2(x,\theta_i) = \psi_4(x,\varphi_i-\theta_i),\ (x,\theta_i) \in B_{ij}^{(9')}$

3. 主干线和环线上任意位置的交通需求

定义 $q_0(x,\theta_i)$ 为 (x,θ_i) 处的小时潜在交通需求，η 为每个家庭前往 CBD 的日均

出行次数，ξ 为高峰小时系数，即高峰小时的车流量占全天车流量的比例。$q_0(x,\theta_i)$ 可以表示为

$$q_0(x,\theta_i) = \xi\eta n(x,\theta_i) = \lambda n(x,\theta_i) \qquad (7.10)$$

其中，$\lambda = \xi\eta$ 为每个家庭在高峰小时平均出行次数；$n(x,\theta_i)$ 为 (x,θ_i) 处的家庭居住密度，即单位面积的家庭数量。

实际中，轨道交通需求依赖轨道交通服务水平。为此，引入负指数弹性需求函数：

$$q(x,\theta_i) = q_0(x,\theta_i)\exp(-\omega\psi_{\min}(x,\theta_i)) \qquad (7.11)$$

其中，$q(x,\theta_i)$ 为实际交通需求；ω 为需求对轨道交通出行成本的敏感性参数。

下面定义环线上的交通需求。令 $Q(R_j,\theta_i)$ 表示环线 j 上与主干线 i 夹角为 θ_i 的位置 (R_j,θ_i) 的交通需求。由图 7.1 可知，(R_j,θ_i) 可能落在 d 上，也可能落在 d' 上。若落在 d 上，由图 7.2 可知，(R_j,θ_i) 处的交通需求等于区域 ij 中的 I_{ij} 和区域 $i(j-1)$ 中的 $\mathrm{II}_{i(j-1)}$ 与 $\theta \geqslant \theta_i$ 共同构成区域上的累计交通需求；若落在 d' 上，(R_j,θ_i) 处的交通需求等于区域 ij 中的 IV_{ij} 和区域 $i(j-1)$ 中的 $\mathrm{V}_{i(j-1)}$ 与 $\theta \leqslant \theta_i$ 共同构成区域上的累计交通需求。因此，$Q(R_j,\theta_i)$ 可表示为

$$Q(R_j,\theta_i) = \begin{cases} \iint\limits_{s=\{\mathrm{I}_{ij}\cup\mathrm{II}_{i(j-1)}\}\cap\theta\geqslant\theta_i} q(x,\theta)\mathrm{d}s, & \theta_i \leqslant \hat{\theta}_i \\ \iint\limits_{s=\{\mathrm{IV}_{ij}\cup\mathrm{V}_{i(j-1)}\}\cap\theta\leqslant\theta_i} q(x,\theta)\mathrm{d}s, & \theta_i > \hat{\theta}_i \end{cases} \qquad (7.12)$$

其中，$\hat{\theta}_i$ 为方程 $\psi_1(R_j,\hat{\theta}_i) = \psi_4(R_j,\varphi_i - \hat{\theta}_i)$ 的解，表示环线 j 与分界线 $B_{ij}^{(1)}$（路线 1 与 4 的分界线）的交点与主干线 i 之间的夹角。

类似地，可以定义主干线上任意一点的交通需求。令 $Q_i(\hat{x})$ 为主干线 i 上与 CBD 距离为 $\hat{x}$ 的位置的交通需求。设 $\hat{x}$ 位于环线 j 与 $j+1$ 之间，那么 $Q_i(\hat{x})$ 由以下两部分构成：①所有与主干线 i 毗邻的区域Ⅲ、区域Ⅵ与 $x > \hat{x}$ 共同围成区域的累计交通需求；②满足 $x > \hat{x}$ 的所有环线经主干线 i 到达 CBD 的交通需求。因此，$Q_i(\hat{x})$ 可表示为

$$Q_i(\hat{x}) = \iint\limits_{s=\{\cup_{j=0}^{M_{\mathrm{RIN}}}(\mathrm{III}_{ij}\cup\mathrm{VI}_{(i-1)j})\}\cap x>\hat{x}} q(x,\theta)\mathrm{d}s + \sum_{k=j}^{M_{\mathrm{RIN}}}(Q(R_k,\varphi_{i-1})+Q(R_k,0)), R_j < \hat{x} \leqslant R_{j+1} \qquad (7.13)$$

其中，$j=0$ 为 CBD。$Q(R_j,\varphi_{i-1})$ 为相邻区域 $\mathrm{IV}_{(i-1)j}$ 和 $\mathrm{V}_{(i-1)(j-1)}$ 通过环线 j 经由主干线 i 到达 CBD 的累计交通需求；$Q(R_j,0)$ 为相邻区域 I_{ij} 和 $\mathrm{II}_{i(j-1)}$ 通过环线 j 经由主干线 i 到达 CBD 的累计交通需求。$Q(R_j,\varphi_{i-1})$ 和 $Q(R_j,0)$ 可分别通过令式（7.12）

中的 $\theta_i = \varphi_{i-1}$ 和 $\theta_i = 0$ 计算得到。

7.3.2 住房市场均衡

1. 家庭居住地选择行为

假定家庭的效用函数为拟线性函数（Kono et al., 2012；Peng et al., 2017），即

$$U(x,\theta_i) = z(x,\theta_i) + \alpha \log g(x,\theta_i), \alpha > 0 \quad (7.14)$$

其中，$U(x,\theta_i)$ 为 (x,θ_i) 处的家庭的效用函数；$z(x,\theta_i)$ 为 (x,θ_i) 处的家庭的非住房商品消费，其价格标准化为 1；$g(x,\theta_i)$ 为 (x,θ_i) 处的家庭的住房消费。

由假设 7.3，每个家庭在其收入预算约束下，通过选择居住地位置、住房面积和非住房商品消费来最大化家庭的效用。家庭效用最大化问题可表示为

$$\max_{z,g} \quad U(x,\theta_i) = z(x,\theta_i) + \alpha \log g(x,\theta_i) \quad (7.15)$$

$$\text{s.t.} \quad z(x,\theta_i) + p(x,\theta_i)g(x,\theta_i) = Y - E(x,\theta_i) \quad (7.16)$$

其中，$p(x,\theta_i)$ 为 (x,θ_i) 处的房价；Y 为家庭年均收入；$E(x,\theta_i)$ 为 (x,θ_i) 处的家庭年均出行成本，表示为

$$E(x,\theta_i) = 2\rho \psi_{\min}(x,\theta_i) \quad (7.17)$$

其中，系数"2"表示每天在 (x,θ_i) 与 CBD 之间的往返出行；ρ 为家庭到达 CBD 的年均出行次数。

在均衡态，城市所有家庭的效用相等。令 u 表示均衡态效用，我们有

$$u = z(x,\theta_i) + \alpha \log g(x,\theta_i) = Y - E(x,\theta_i) - \alpha + \alpha \log g(x,\theta_i) \quad (7.18)$$

由一阶最优性条件，可以将 $g(\cdot)$ 和 $p(\cdot)$ 表示为效用 u 的函数

$$g(x,\theta_i,u) = \exp\left(\frac{1}{\alpha}(u - Y + E(x,\theta_i) + \alpha)\right) \quad (7.19)$$

$$p(x,\theta_i,u) = \alpha \exp\left(-\frac{1}{\alpha}(u - Y + E(x,\theta_i) + \alpha)\right) \quad (7.20)$$

式（7.19）和式（7.20）表明房价随着出行成本增加而降低，住房面积随着出行成本增加而增加。

2. 房地产开发商的住房生产行为

由假设 7.2，房地产开发商通过决策住房供给（或投资强度）来最大化自己的净利润。假定房地产开发商的住房生产服从柯布-道格拉斯函数，表示为

$$h(S(x,\theta_i)) = \mu \cdot S(x,\theta_i)^b, 0 < b < 1 \quad (7.21)$$

其中，$h(S(x,\theta_i))$ 为 (x,θ_i) 处单位土地面积的住房供应量；$S(x,\theta_i)$ 为 (x,θ_i) 处的资金投资强度；μ 和 b 为正的参数。

房地产开发商的净利润等于总的住房销售收入减去获得土地的资金成本和住房建设资金的机会成本。房地产开发商的净利润最大化问题可表示为

$$\max_{S} \Lambda(x,\theta_i) = p(x,\theta_i)h(S(x,\theta_i)) - (r(x,\theta_i) + kS(x,\theta_i)) \tag{7.22}$$

其中，$\Lambda(x,\theta_i)$ 为 (x,θ_i) 处房地产开发商通过土地开发获得的净利润；$r(x,\theta_i)$ 为 (x,θ_i) 处的地价；k 为资金利息率。

由一阶最优性条件，得到投资强度 S 也是效用 u 的函数，即

$$S(x,\theta_i,u) = \left[\alpha\mu bk^{-1}\exp\left(-\frac{1}{\alpha}(u-Y+E(x,\theta_i)+\alpha)\right)\right]^{1/(1-b)} \tag{7.23}$$

假定房地产市场是完全竞争市场，那么均衡状态下所有房地产开发商的净利润为零，即 $\Lambda(x,\theta_i)=0$。因此，可以得到

$$\begin{aligned} r(x,\theta_i) &= \mu p(x,\theta_i)(S(x,\theta_i))^b - kS(x,\theta_i) \\ &= k\left(\frac{1}{b}-1\right)\left(\alpha\mu bk^{-1}\exp\left(-\frac{1}{\alpha}(u-Y+E(x,\theta_i)+\alpha)\right)\right)^{1/(1-b)} \end{aligned} \tag{7.24}$$

式（7.24）表明，随着出行成本或资金利息率上升，投资强度和地价均下降，反之亦然。

3. 住房市场供需均衡

住房市场供需均衡意味着城市每个位置的住房需求等于该处住房供给，表示为

$$h(S(x,\theta_i,u)) = n(x,\theta_i)g(x,\theta_i,u) \tag{7.25}$$

其中，$n(x,\theta_i)$ 为 (x,θ_i) 处的家庭居住密度，可表示为

$$n(x,\theta_i) = \frac{h(S(x,\theta_i,u))}{g(x,\theta_i,u)} = \left(\mu(\alpha bk^{-1})^b\exp\left(-\frac{1}{\alpha}(u-Y+E(x,\theta_i)+\alpha)\right)\right)^{1/(1-b)} \tag{7.26}$$

一方面，由假设 7.1，本章考虑的城市是一个封闭系统，意味着所有的居民在城市内部，即

$$\sum_{i=1}^{M_{\text{RAD}}}\int_0^{\varphi_i}\int_0^{\bar{x}_i(\theta)} n(x)x\mathrm{d}x\mathrm{d}\theta = N \tag{7.27}$$

其中，$\bar{x}_i(\theta)$ 为与主干线 i 夹角为 θ 的径向城市边界长度；N 为城市家庭数量。

另一方面，由假设 7.1，在城市的边界 $(\bar{x}_i(\theta),\theta)$ 上，地价等于农业地租 R_A，即

$$r(\bar{x}_i(\theta),\theta,u) = R_A \tag{7.28}$$

利用式（7.24），式（7.28）可以重写为

$$k\left(\frac{1}{b}-1\right)\left(\alpha\mu bk^{-1}\exp\left(-\frac{1}{\alpha}(u-Y+E(\bar{x}_i(\theta),\theta)+\alpha)\right)\right)^{\frac{1}{1-b}} = R_A \tag{7.29}$$

方程（7.27）和方程（7.29）含有的未知量包括效用 u 和城市边界 $\bar{x}_i(\theta)$，通过求解这个方程组，可以得到这两个量。

该方程组求解过程如下：①给定家庭居住密度 $n(x,\theta_i)$，根据通勤者路线选择均衡可以确定环线和主干线上任意一点的累计流量 $Q(R_j,\theta_i)$ 和 $Q_i(x)$，根据式（7.1）~式（7.9），得到 $\psi_{\min}(x,\theta_i)$，并确定对应的路线选择。②在住房市场均衡中，给定出行成本 $\psi_{\min}(x,\theta_i)$，可以逐步确定 $n(x,\theta_i)$、$p(x,\theta_i)$、$g(x,\theta_i)$、$S(x,\theta_i)$、$r(x,\theta_i)$ 及效用 u 和城市边界 $\bar{x}_i(\theta)$。迭代过程可描述为

$$n^{(0)} \to \psi^{(0)} \to n^{(1)} \to \psi^{(1)} \to \cdots \to (n^*,\psi^*) \tag{7.30}$$

其中，$\psi = \{\psi_{\min}(x,\theta_i)\}$ 和 $n = \{n(x,\theta_i)\}$ 为均衡时的出行成本和家庭居住密度向量。

7.4 环线投资社会福利最大化模型及福利分析

政府通过对城市轨道交通环线数量和环线位置及车辆发车频率进行决策，来最大化整个城市系统的社会福利。社会福利是城市系统中所有参与者净收益的和，包括全部家庭的效用，土地拥有者从房地产开发商手中获得的净地价总额，轨道交通票价总收入，减去环线投资总成本和轨道交通系统的运营成本。社会福利最大化问题可表示为

$$\max_{M_{\text{RIN}},f_{\text{RAD},i},f_{\text{RIN},j}} \text{SW} = uN + \sum_{i=1}^{M_{\text{RAD}}}\int_0^{\varphi_i}\int_0^{\bar{x}_i(\theta)}(r(x,\theta)-R_A)x\mathrm{d}\theta\mathrm{d}x$$
$$+\frac{2\rho}{\eta}\tau\sum_{i=1}^{M_{\text{RAD}}}\frac{Q_i(0)}{\xi}-\frac{1}{y}\sum_{j=1}^{M_{\text{RIN}}}\Phi_j-\left(\sum_{i=1}^{M_{\text{RAD}}}\Theta_i+\sum_{j=1}^{M_{\text{RIN}}}\Theta_j\right) \tag{7.31}$$

其中，$2\rho/\eta$ 为通勤者从 (x,θ_i) 到 CBD 的年均往返次数；$Q_i(0)$ 为经由主干线 i 到达 CBD 的小时总流量；$Q_i(0)/\xi$ 为经由主干线 i 到达 CBD 的日均总流量；y 为轨道交通环线的使用年限。Φ_j 为第 j 条环线的建设成本，定义为

$$\Phi_j = \gamma_1 + \gamma_2(2\pi R_j) \tag{7.32}$$

其中，γ_1 和 γ_2 分别为环线建设成本的固定和可变成本参数。

Θ_i 为轨道交通主干线 i 的运营成本，Θ_j 为轨道交通环线 j 的运营成本，分别

定义为

$$\Theta_i = \zeta_1 + 2\zeta_2 \frac{L_i}{V_{\text{RAD}}} f_{\text{RAD},i} \tag{7.33}$$

$$\Theta_j = \zeta_1 + 2\zeta_2 \frac{2\pi R_j}{V_{\text{RIN}}} f_{\text{RIN},j} \tag{7.34}$$

其中，L_i 为主干线 i 的长度；ζ_1 和 ζ_2 分别为运营成本的固定和可变成本参数。

模型（7.31）为一个混合整数规划问题，决策变量包括轨道交通环线数量、环线半径（或位置）、轨道交通发车频率。由于目标函数是多维度、高度非线性的，通常很难得到全局最优解。本章采用 Hooke-Jeeves 方法来求解，它不需要目标函数的梯度信息，求解的基本思想是依次执行探测性搜索和模式搜索。理论表明 Hooke-Jeeves 方法可以收敛于模型的最优解（Bazaraa et al.，2006）。

为评价投资环线前后城市系统的性能，定义如下指标。

城市总的面积 city area $= \sum_{i=1}^{M_{\text{RAD}}} \int_0^{\varphi_i} \int_0^{\bar{x}_i(\theta)} x \mathrm{d}x \mathrm{d}\theta$

平均家庭居住密度 $= N / \text{city area}$

平均家庭住房面积 $= \left. \sum_{i=1}^{M_{\text{RAD}}} \int_0^{\varphi_i} \int_0^{\bar{x}_i(\theta)} g(x,\theta) n(x,\theta) x \mathrm{d}x \mathrm{d}\theta \right/ N$

平均房价 $= \left. \sum_{i=1}^{M_{\text{RAD}}} \int_0^{\varphi_i} \int_0^{\bar{x}_i(\theta)} p(x,\theta) x \mathrm{d}x \mathrm{d}\theta \right/ \text{city area}$

平均地价 $= \left. \sum_{i=1}^{M_{\text{RAD}}} \int_0^{\varphi_i} \int_0^{\bar{x}_i(\theta)} r(x,\theta) x \mathrm{d}x \mathrm{d}\theta \right/ \text{city area}$

平均投资强度 $= \left. \sum_{i=1}^{M_{\text{RAD}}} \int_0^{\varphi_i} \int_0^{\bar{x}_i(\theta)} S(x,\theta) x \mathrm{d}x \mathrm{d}\theta \right/ \text{city area}$

7.5 模型应用

如图 7.3 所示，考虑一个 4 条主干线的城市，主干线长度 L_i 分别为 19.3 公里、22.5 公里、20.4 公里、21.3 公里。4 条主干线之间的夹角分别为 120°、80°、70°、90°，将城市划分成 4 个扇形，显然，该城市具有非对称结构。为简化问题，假设网络中所有的主干线、环线分别具有相同的运行速度和车辆容量。模型参数值见表 7.4。

第 7 章 城市轨道交通环线投资决策模型

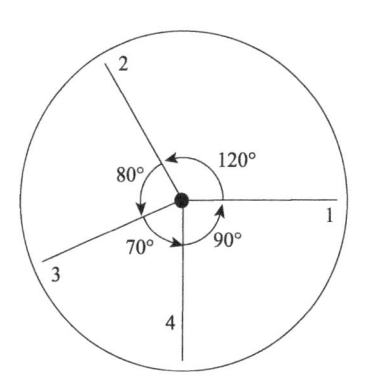

图 7.3 无环放射状城市结构

表 7.4 算例输入参数

符号	定义	基准值
V_w	辅路旅行速度/（公里/小时）	5.4
$V_{\text{RAD},i}$, $V_{\text{RIN},j}$	主干线 i、环线 j 车辆运行速度/（公里/小时）	30 和 45
$t_{\text{RAD},i}$, $t_{\text{RIN},j}$	主干线 i、环线 j 单位里程旅行时间/（小时/公里）	1/30 和 1/45
γ	等待时间参数	0.5
α_1	辅路旅行时间价值/（元/小时）	20
α_2	等待时间价值/（元/小时）	30
α_3	车内旅行时间价值/（元/小时）	40
α_4	车内拥挤价值	40
δ_1, δ_2	车内拥挤成本参数	0.02 和 2.0
C_v	轨道交通车辆容量/（人/辆）	1200
τ	轨道交通票价/元	3
$\hat{P}$	地铁换乘的惩罚成本/元	10
ξ	高峰小时系数	0.1
η	家庭往返 CBD 的日均出行次数	1.0
ω	需求对轨道交通出行成本的敏感性参数	0.003
Y	家庭年均收入/元	100000
α	家庭效用函数中的参数	20000
ρ	家庭往返 CBD 的年均出行次数	365
b, μ	住房生产函数中的参数	0.7 和 2×10^{-2}
k	资金利息率	5%
R_A	城市边界的农业地租/（元/公里^2）	300000
N	城市的家庭数量/个	5000000
ζ_1, ζ_2	轨道交通运营的固定成本参数/（元/年）、可变成本参数/[元/(辆·年)]	1.3×10^7 和 2.5×10^7
γ_1, γ_2	环线建设的固定成本参数/元、可变成本参数/（元/公里）	1.8×10^7 和 7×10^8
y	轨道交通环线生命周期/年	120

图 7.4 给出了投资的轨道交通环线数量对社会福利的影响。它表明随着环线数量增加，社会福利首先增加，然后下降，当环线数量为 2 条时，社会福利达到最大，为 6775.8 亿元。因此，该城市投资的轨道交通环线最佳数量为 2 条。表 7.5 给出了没有环线和具有 2 条环线的城市的最优解。它表明环线 1 和 2 的最佳位置与 CBD 的距离分别为 9.3 公里和 14.3 公里。

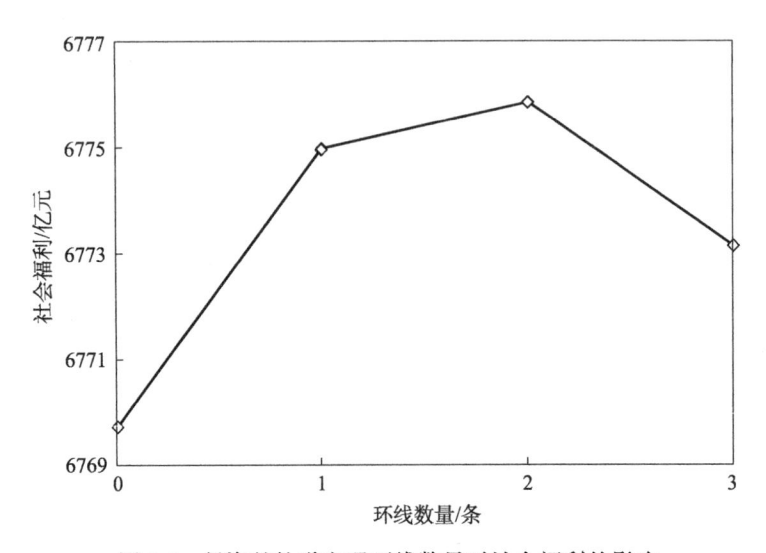

图 7.4 投资的轨道交通环线数量对社会福利的影响

表 7.5 无环线和 2 条环线下最优解的比较

模型解	无环线				2 条环线					
主干线	1	2	3	4	1	2	3	4	环线 1	环线 2
发车频率/(辆/小时)	54.0	52.6	50.9	48.9	47.5	49.4	47.4	52.2	7.7	7.1
位置/公里									9.3	14.3

图 7.5 给出了投资环线前和投资 2 条环线后通勤者的路线选择分布，图中区域 S_1 表示直接到达 CBD；区域 S_2 表示先沿圆弧到达主干线，然后沿主干线到达 CBD；区域 S_3 和 S_4 分别表示先到达环线 1 和环线 2，然后通过环线到达主干线再到达 CBD。比较图 7.5（a）和图 7.5（b）可以发现，投资环线前，通勤者只有 2 种途径达到 CBD，居民集中分布在主干线两侧。投资环线后，通勤者到达 CBD 的途径多样化，居民分布分散化，城市面积扩大。

图 7.6（a）～图 7.6（d）和图 7.6（e）～图 7.6（h）分别表示投资环线前后家庭居住密度、房价、家庭住房面积及投资强度的分布。图 7.6（a）～图 7.6（d）表明，投资环线前，家庭居住密度、房价和投资强度从 CBD 往城市外围依次单调下降，家庭住房面积依次单调上升。但投资环线后，这种单调性被打破［图 7.6（e）～

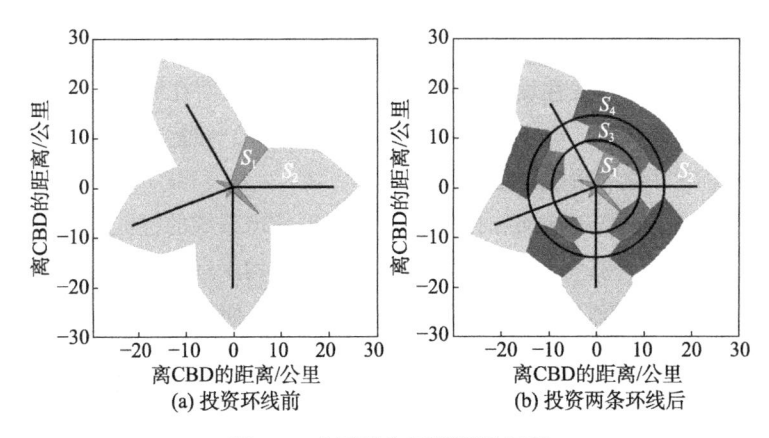

第 7 章　城市轨道交通环线投资决策模型　　145

图 7.5　主干线和环线覆盖区域

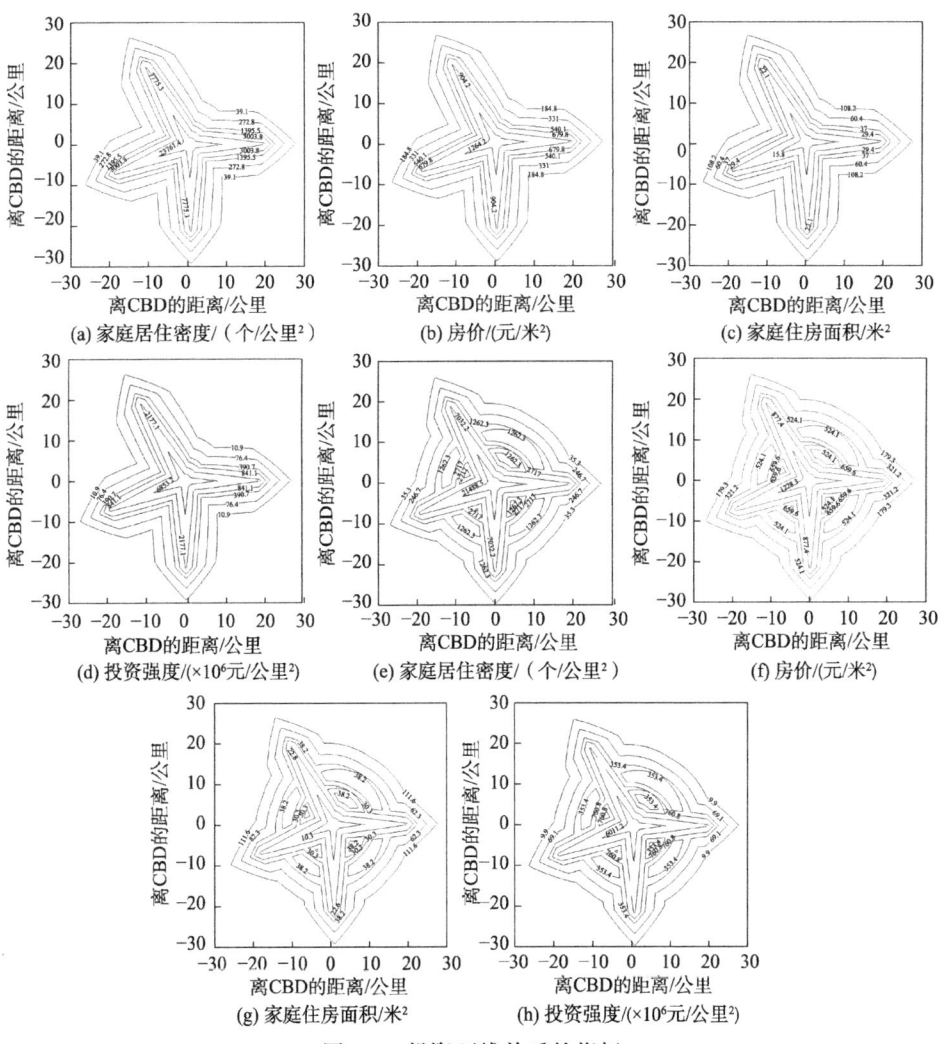

图 7.6　投资环线前后的指标

图 7.6（h）], 家庭居住密度、房价和投资强度从 CBD 往城市外围先下降, 在接近环线时上升, 在远离环线往城市外围时又开始下降, 从而在环线处形成"山峰"; 家庭住房面积正好相反, 先上升, 在接近环线时下降, 在远离环线往城市外围时又上升, 从而在环线处形成"山谷"。

表 7.6 比较了投资环线前和投资 2 条环线后城市系统的性能。可以看出: 投资建设 2 条环线后, 整个城市的面积扩张, 城市平均家庭居住密度下降, 平均住房面积增加, 平均房价下跌, 平均地价随之下降, 从而房地产开发商的平均投资强度也下降。城市家庭效用和总的社会福利增加。因此, 环线投资建设将使得城市居民和整个城市系统均受益。

表 7.6 无环线和 2 条环线下城市系统性能的比较

城市系统性能	无环线	2 条环线
城市面积/公里^2	1298	1529
平均家庭居住密度/(个/公里^2)	3852	3269
平均住房面积/米^2	22.08	23.54
平均房价/(元/米^2)	571	559
平均地价/(×10^7元/公里^2)	2.31	1.96
平均投资强度/(×10^9元/公里^2)	1.08	0.92
家庭效用/万元	12.8970	12.9449
社会福利/×10^{11}元	6.7697	6.7758

实际中, 由于地质条件的不同, 不同城市轨道交通线路的造价 γ_2 存在较大差异, 这对环线的投资建设可能带来影响。图 7.7 表明了轨道交通线路造价对最佳环线数量的影响。它表明: 当造价为 5 亿元/公里时, 最佳的环线数量为 3 条; 当

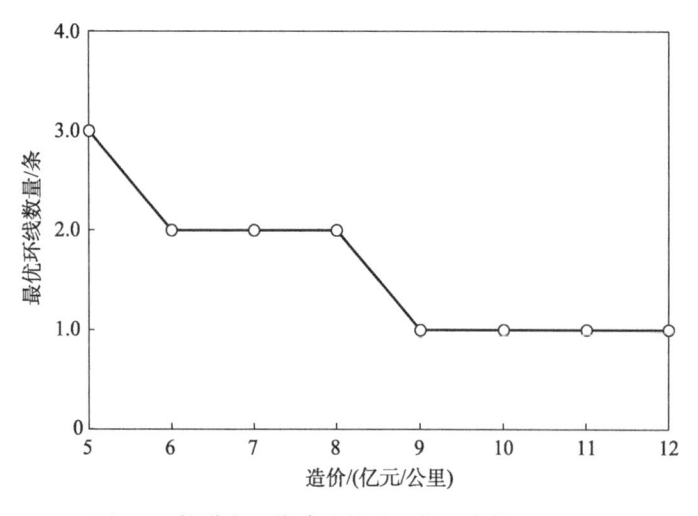

图 7.7 轨道交通线路造价对最优环线数量的影响

造价为6亿~8亿元/公里时,最佳的环线数量为2条;当造价在9亿元/公里以上,最佳的环线数量是1条。因此,在规划轨道交通环线投资时,要因地制宜,充分考虑区域的实际情况,制定适合地方经济可持续发展的轨道交通投资决策方案。

7.6 本章小结

本章研究了城市轨道交通环线投资决策问题,包括优化环线位置、环线数量和发车频率等。在分析城市系统中政府、城市居民、房地产开发商和通勤者相互关系的基础上,建立了城市系统均衡模型,包括通勤者路线选择均衡、家庭居住地选择均衡、住房市场供需均衡。然后,建立了城市轨道交通环线投资决策模型,使得城市系统的社会福利最大。模型可以内生家庭居住密度、房价、家庭住房面积、地价、投资强度等。研究结果表明环线投资后整个城市面积扩大,家庭居住密度、房价和投资强度在环线处出现"山峰",而家庭住房面积在环线处出现"山谷"。这在一定程度上解释了实际中地铁环线附近住房市场的变化规律。就城市平均性能而言,平均家庭居住密度、平均房价、平均地价和平均投资强度下降,但平均家庭住房面积增加。总体来说,环线投资建设使得城市居民和整个城市系统均受益。

本章研究主要针对单中心城市结构和轨道交通方式,在进一步研究中,可将其拓展到多中心城市结构和多种竞争的交通方式,包括私家车和公交车。提出的模型是确定性、静态模型,适用于中长期城市规划和投资评价。实际中,存在各种随机不确定性因素,而且城市人口规模在动态发生变化,因此,进一步研究将考虑动态、不确定性因素的影响。此外,本章假定城市居民是同质的,也没有考虑企业选址行为和就业岗位等,未来研究将进一步考虑城市居民的异质性及企业选址和就业岗位布局等问题。

参 考 文 献

Alonso W. 1964. Location and Land Use: Toward A General Theory of Land Rent[M]. Cambridge: Harvard University Press.

Anas A, Xu R. 1999. Congestion, land use, and job dispersion: A general equilibrium model[J]. Journal of Urban Economics, 45(3): 451-473.

Bazaraa M S, Sherali H D, Shetty C M. 2006. Nonlinear Programming: Theory and Algorithms[M]. Hoboken: John Wiley & Sons.

Beckmann M J. 1974. Spatial equilibrium in the housing market[J]. Journal of Urban Economics, 1(1): 99-107.

D'Este G. 1987. Trip assignment to radial major roads[J]. Transportation Research Part B: Methodological, 21(6): 433-442.

Fujita M. 1989. Urban Economic Theory: Land Use and City Size[M]. Cambridge: Cambridge University Press.

Kono T, Joshi K K, Kato T, et al. 2012. Optimal regulation on building size and city boundary: An effective second-best remedy for traffic congestion externality[J]. Regional Science and Urban Economics, 42(4): 619-630.

Kraus M. 2006. Monocentric cities[M]//Arnott R J, McMillan D P. A Companion to Urban Economics. Oxford: Blackwell Publishing: 96-108.

Li Z C, Chen Y J, Wang Y D, et al. 2013. Optimal density of radial major roads in a two-dimensional monocentric city with endogenous residential distribution and housing prices[J]. Regional Science and Urban Economics, 43(6): 927-937.

Li Z C, Lam W H K, Wong S C. 2012a. Modeling intermodal equilibrium for bimodal transportation system design problems in a linear monocentric city[J]. Transportation Research Part B: Methodological, 46(1): 30-49.

Li Z C, Lam W H K, Wong S C, et al. 2012b. Modeling the effects of integrated rail and property development on the design of rail line services in a linear monocentric city[J]. Transportation Research Part B: Methodological, 46(6): 710-728.

Li Z C, Wang Y D. 2018. Analysis of multimodal urban system equilibrium for cordon toll pricing and bus service design[J]. Transportation Research Part B: Methodological, 111(2): 1-52.

Mills E S. 1980. Urban Economics[M]. Glenview: Scott, Foresman.

Peng Y T, Li Z C, Choi K. 2017. Transit-oriented development in an urban rail transportation corridor[J]. Transportation Research Part B: Methodological, 103: 269-290.

Quigley J M. 1984. The production of housing services and the derived demand for residential energy[J]. The RAND Journal of Economics, 15(4): 555-567.

Saidi S, Wirasinghe S C, Kattan L. 2016. Long-term planning for ring-radial urban rail transit networks[J]. Transportation Research Part B: Methodological, 86: 128-146.

Wong S C. 1994. An alternative formulation of D'Este's trip assignment model[J]. Transportation Research Part B: Methodological, 28(3): 187-196.

第 8 章 城市人口规模不确定情况下 R+P 项目 BOT 合同设计

8.1 概　　述

近年来，我国城市轨道交通建设取得快速发展，但轨道交通项目投资成本高，给政府带来了沉重的财政负担。为缓解财政赤字、拓宽轨道交通建设资金来源，政府鼓励私人投资者通过特许经营方式（如 BOT）参与轨道交通项目投资。BOT 是指政府部门赋予私人投资者一定期限的项目特许经营权，许可其进行交通基础设施投资、建设和经营等，向社会提供公共服务。在特许期内，私人投资者运营、维护该交通设施，并向用户收取使用费以获得合理的投资回报。政府对这一基础设施有监督权、调控权，特许期届满后，私人投资者将该设施无偿或有偿移交给政府部门。作为一种重要的交通基础设施融资方式，BOT 被广泛采用。

例如，深圳地铁 4 号线二期工程采用 BOT 模式，全长约 16 公里。根据 BOT 合同，香港地铁公司与深圳市人民政府进行谈判，以确定地铁线路参数（地铁线路长度、车站数量及位置）和特许期。合同签订后，香港地铁公司负责设计、建设、运营该地铁线路，直至 30 年（2011～2040 年）的特许期满后，该线路将无偿移交给深圳市人民政府。

交通基础设施 BOT 项目的可行性取决于其收益，而收益在很大程度上依赖城市人口规模和乘客需求。未来城市人口规模通常随机波动，存在不确定性。根据波动强度，人口规模波动可以分为周期性波动和非周期性随机跳跃，前者一般由常发性事件导致，如由城市化和高速铁路网络发展导致的人口迁移；后者由非常发性或突发事件导致，如每年我国春节期间的人口流动（被称为世界上规模最大的短期人口迁移）。2017 年春节期间，我国流动人口规模接近 30 亿人次。另一个例子是近期的欧洲移民危机，为躲避内战，来自中东和北非的难民向欧盟国家进行大规模迁移。2016 年，难民人数达到 120 万人次。因此，有必要在轨道交通 BOT 投资决策模型中考虑城市人口规模在时间维度上随机波动的影响（包括周期性波动和非周期性随机跳跃）。

此外，为吸引私人投资者投资地铁，R+P 模式已在香港地铁系统成功实施

(Tang et al., 2004; Cervero and Murakami, 2009; Li et al., 2012), 并逐步在我国其他城市进行试验推广, 如深圳地铁 4 号线二期工程。在 R+P 模式下, 深圳市人民政府将地铁站上盖物业的开发权授予香港地铁公司, 香港地铁公司利用上盖物业开发收入来补贴轨道交通投资项目。通过 R+P 模式, 香港地铁系统和深圳地铁 4 号线二期工程实现营利, 政府的财政压力得以缓解。深圳试点项目的成功对我国其他城市采用 R+P 模式具有重要的参考价值。

本章研究城市人口规模不确定情况下 R+P 项目 BOT 合同设计问题。私人投资者与政府通过谈判确定 BOT 合同变量, 包括特许期、地铁线路长度及车站数量和位置(或车站间距)。私人投资者的目标是最大化特许期内的自身利润, 政府的目标是最大化项目生命周期的社会福利(Shen et al., 2002; Niu and Zhang, 2013)。私人投资者确定 BOT 项目特许期内的车头时距和票价, 政府确定 BOT 项目移交后的车头时距和票价。本章还探究 R+P 模式、城市人口规模不确定性及地铁沿线车站布局(均匀和非均匀车站间距)对 BOT 合同设计的影响。提出的建模方法为设计地铁投资"双赢"BOT 合同和评估 BOT 型 R+P 项目效益提供有力工具。

文献中有不少关于交通基础设施 BOT 合同设计问题的研究(Meng and Lu, 2017)。表 8.1 归纳了交通领域 BOT 合同设计问题的相关研究, 包括交通基础设施类型、决策变量、目标函数、考虑项目投资对房价的影响、建模方法、时间维度(静态或动态)、是否将房地产开发作为 BOT 项目的补贴及不确定性来源。

表 8.1　交通运输领域 BOT 合同设计相关研究

文献	交通基础设施类型	决策变量	目标函数	考虑项目投资对房价的影响	建模方法	时间维度	房地产开发作为补贴(R+P)	不确定性来源
Yang 和 Meng (2000)	公路网	收费费率和高速公路通行能力	最大化社会福利或者私人利润	否	NPV 方法	静态	否	确定性模型
Shen 等 (2002)	高速公路走廊	特许期	最大化期望利润	否	NPV 方法	静态	否	确定性模型
Chen 和 Subprasom (2007)	高速公路走廊	收费费率	最大化期望社会福利或者私人利润	否	NPV 方法	静态	否	需求不确定
Guo 和 Yang (2009)	公路走廊	特许期、公路通行能力和收费费率	最大化社会福利	否	NPV 方法	静态	否	确定性模型
Tan 等 (2010)	公路走廊	特许期、公路通行能力和收费费率	最大化社会福利和私人利润	否	NPV 方法	静态	否	确定性模型

续表

文献	交通基础设施类型	决策变量	目标函数	考虑项目投资对房价的影响	建模方法	时间维度	房地产开发作为补贴（R+P）	不确定性来源
Tan 和 Yang（2012）	公路走廊	特许期、公路通行能力和收费费率	最大化社会福利和私人利润	否	NPV方法	静态	否	需求不确定
Niu 和 Zhang（2013）	公路走廊	特许期、公路通行能力和收费费率	最大化社会福利和私人利润	否	NPV方法	静态	否	需求不确定
Lu 和 Meng（2017）	公路走廊	公路通行能力和收费费率	最大化社会福利和私人利润	否	NPV方法	静态	否	需求不确定
本章	轨道交通走廊	投资时机、特许期、轨道交通线路长度、车站数量和位置、车头时距和票价	最大化期望社会福利和期望私人利润	是	实物期权方法	动态	是	城市人口规模不确定

从表中可以看出，以往研究主要关注公路或高速公路投资的 BOT 合同设计，较少涉及轨道交通投资建设问题。对此类问题，不仅需要确定轨道交通项目特许期，还需确定线路长度、车站间距、车头时距和票价（Vuchic and Newell，1968；Vuchic，1969；Wirasinghe and Seneviratne，1986；Wirasinghe et al., 2002；Li et al., 2012）。投资时机是另一个需要确定的重要决策变量，过早投资可能会因过低的出行需求（或人口规模）而导致低的轨道交通运营收入和运营效率；过晚投资可能会因居民出行需求长期未得到满足而产生巨大的社会成本，如严重的交通拥堵问题（Li et al., 2015）。另外，近来的研究也提出了投资时机选择的偏差问题（Eliasson and Fosgerau，2013；Xu et al., 2015）。由于地铁项目的投资时机与城市人口规模及居民出行需求密切相关，城市人口规模和居民出行需求影响项目投资利润和社会福利，进而影响投资者与政府双方谈判所确定的特许期。

表 8.1 也表明以往研究主要关注静态、确定性问题。但城市未来的人口规模由于各种事件而呈现出很强的随机性，如城镇化进程的推进、重大节假日（春节）等。因此，未来城市居民出行需求也随时间动态随机波动，这将导致轨道交通投资项目收益随时间动态随机变化。因此，非常有必要在轨道交通 BOT 模型中考虑人口规模的随机动态变化（包括周期性波动、非周期性随机跳跃）。

以往相关研究也通常忽略交通基础设施投资对城市空间形态的影响。但一些研究表明，新建轨道交通线路将改善出行便利性，从而导致家庭居住地选择、房地产市场等发生变化（Bowes and Ihlanfeldt，2001；Li et al., 2012, 2015；Peng et al., 2017；Li and Wang，2018）。因此，在 BOT 合同设计中，应当考虑轨道交通线路投资对家庭居住地选择和住房市场的外部性影响。

　　R+P 模式在香港地铁系统的成功应用引起了社会各界的广泛关注。近来，北京和深圳也相继引入了 R+P 模式。Li 等（2012）研究表明，与传统的轨道交通投资模式（政府建造和拥有轨道交通项目，但委托代理公司来提供运营服务）相比，R+P 模式下的轨道交通参数设计存在显著差异。对于利益导向的私人投资者而言，R+P 模式比传统的轨道交通投资模式更有利可图。换言之，R+P 模式对私人投资者更有激励作用，是轨道交通项目融资的重要方式。因此，比较 R+P 模式与传统的轨道交通投资模式对 BOT 合同设计的影响具有重要意义。

　　此外，现有的关于 BOT 合同设计的研究通常采用传统的 NPV 方法，因而忽视了项目投资决策柔性的价值。实物期权方法可以克服 NPV 方法的这一缺陷。例如，Galera 和 Soliño（2010）、Lv 等（2014）采用实物期权方法研究了需求不确定条件下公路 BOT 合同的特许期优化问题。Saphores 和 Boarnet（2006）使用实物期权方法研究了线性单中心城市中人口规模不确定性对交通项目投资时机的影响。Gao 和 Driouchi（2013）将人口规模、社会规划者的态度视为风险和不确定性源，构建了轨道交通投资决策实物期权模型。Li 等（2015）使用实物期权方法研究了城市人口规模波动下公交技术选择和投资时机问题。然而，上述研究并未涉及 R+P 模式下的 BOT 合同设计问题，特别是当人口规模出现随机跳跃时。

　　本章结构如下：8.2 节将介绍模型的基本组成部分，包括基本假设、城市系统均衡、乘客出行成本、乘客车站选择行为、家庭居住地选择行为、房地产开发商住房生产行为和房地产市场供需均衡；8.3 节采用讨价还价博弈方法构建基于 R+P 模式的 BOT 合同设计模型；8.4 节提出求解模型的算法；8.5 节将模型拓展到考虑城市人口规模非周期性随机跳跃情形；8.6 节通过数值算例验证所提出模型的应用和性质；8.7 节为本章小结。

8.2　模型的基本组成部分

　　将轨道交通投资项目的整个生命周期分为四个阶段（图 8.1）：项目投标及可行性分析期、项目建造期、特许期内私人投资者运营期，以及特许期结束后（项目移交后）政府运营期。为叙述方便，四个阶段分别用"0"、"1"、"2"和"3"

项目投标及可行性分析期（阶段0）	项目建造期（阶段1）	私人投资者运营期（阶段2）	政府运营期（阶段3）

投资时间 ── 项目特许期 ── 移交时间

图 8.1　典型 BOT 项目的生命周期

表示。阶段 0 和 1 中，通勤者使用的公共交通方式是常规/普通公交（如常规巴士或小巴士），阶段 2 和 3 中，通勤者使用的公共交通方式是大容量公共交通（如地铁）。本节首先描述该模型的基本假设，然后阐述特定阶段下的城市系统均衡问题。

8.2.1 模型假设

【假设 8.1】假设城市是线性的、封闭的、单中心城市（Alonso，1964；Mills，1972；Pines and Sadka，1986；Fujita，1989；O'Sullivan，2000；Kraus，2006；Li et al.，2012，2013）。所有工作机会集中在 CBD，城市边界及之外的地价等于农业地租或其机会成本。假定未来城市人口规模随时间随机波动并服从几何布朗运动（Saphores and Boarnet，2006；Gao and Driouchi，2013；Li et al.，2015）。

【假设 8.2】城市系统有五类利益相关者（或局中人）：政府、私人投资者、房地产开发商、家庭和通勤者，图 8.2 描述了他们之间的关系。我们采用两阶段建模方法来确定 BOT 合同的决策变量，包括特许期（投资时机、特许期限）、地铁设计参数、地铁车头时距和票价等。具体而言，第一阶段，政府与私人投资者通过谈判来确定特许期、地铁线路长度及车站数量和位置。第二阶段，私人投资者确定特许期内的车头时距和票价，以最大化自身的期望净利润；政府确定 BOT 项目转让后的车头时距和票价，以实现整个生命周期内系统期望社会福利最大化。

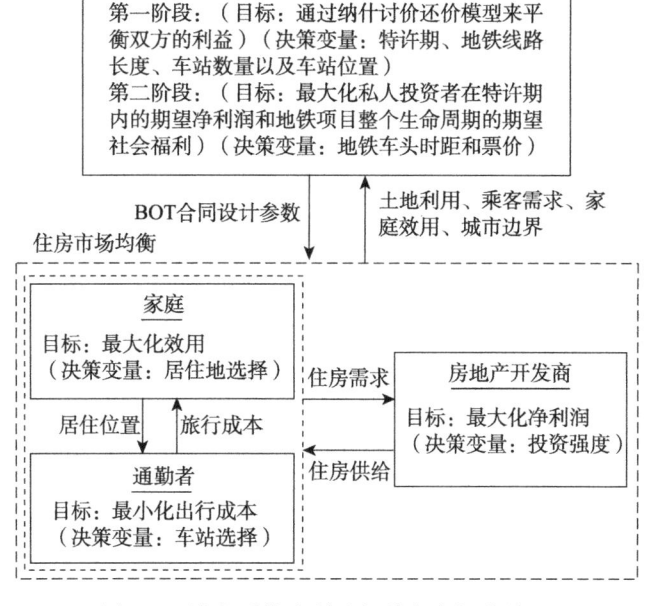

图 8.2 城市系统中利益相关者之间的关系

【假设 8.3】假定所有的房地产开发商通过柯布-道格拉斯生产函数来确定住房

供应量（Beckmann，1974；Quigley，1984；Li et al.，2013，2015；Li and Peng，2016；Peng et al.，2017）。城市所有居民都是同质的，即具有相同的收入和效用函数。家庭收入用于三个方面：交通、住房和非住房商品消费。在收入预算约束下，家庭通过选择居住地位置、住房面积和非住房商品消费来最大化家庭效用（Beckmann，1969，1974；Solow，1972，1973；Fujita，1989）。

【假设 8.4】假设每位通勤者每天在居住地和工作地（CBD）之间往返出行一次。因此，每个家庭前往 CBD 的日均出行次数等于其劳动力数量。假设每个家庭平均通勤者人数为 1 人（Anas and Xu，1999；Song and Zenou，2006；Li et al.，2012，2013，2015），地铁通勤者通过选择地铁上游或下游车站来最小化出行成本。

【假设 8.5】地铁服务质量由广义乘客出行成本来衡量，该出行成本定义为步行到车站的时间成本、车站等待时间成本、车内旅行时间成本和乘车票价的加权组合。乘客对地铁服务水平的响应使用一个负指数弹性需求函数来模拟（de Dios Ortuzar and Willumsen，2011），该响应包括改用其他交通工具（如私家车或巴士）和放弃出行（Lam and Zhou，2000；Li et al.，2012，2015）。

8.2.2 城市系统均衡

根据假设 8.2，城市系统中有五类利益相关者，包括政府、私人投资者、房地产开发商、家庭和通勤者。BOT 合同设计采用两阶段模型，第一阶段政府和私人投资者进行谈判来确定特许期、地铁线路长度、车站数量和车站间距。第二阶段确定私人投资者运营期内和政府运营期内的列车车头时距和票价。政府的目标是最大化项目整个生命周期的期望社会福利，而私人投资者的目标是最大化特许期内自身的期望净利润。

8.2.3 乘客出行成本

考虑一条连接城市 CBD 和城市边界的线性交通走廊，如图 8.3 所示。在该线性走廊修建一条新的地铁线路，假设地铁线路上有 $M+1$ 个车站，编号分别为 $1,2,\cdots,M+1$。D_1 表示地铁线路的长度，D_s 表示车站 s 到 CBD 的距离。下面，我们定义从走廊任意位置 x 到 CBD 的乘客出行成本。

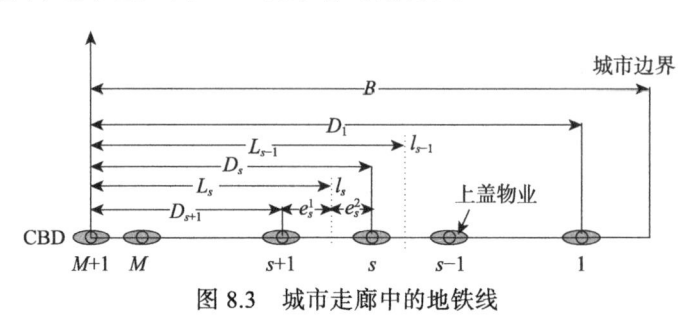

图 8.3 城市走廊中的地铁线

轨道交通的投资建设提高了公共交通服务质量，导致乘客出行成本在轨道交通投资项目的不同阶段发生变化。令 x 为地铁走廊沿线某一位置到 CBD 的距离，$C_{s,i}(x)$ 表示阶段 i 在车站 s 上车的乘客到 CBD 的（单程）出行成本。出行成本由步行到车站的时间成本、车站等待时间成本、车内旅行时间成本和乘车票价组成，表示为

$$C_{s,i}(x) = \tau_a \frac{|D_s - x|}{\bar{V}} + \tau_w(\gamma H_i) + \tau_t \left(\frac{D_s}{V_i} + t_0(M+1-s) \right) + f_{s,i}, \forall s, i \quad (8.1)$$

其中，τ_a、τ_w 和 τ_t 分别为步行到车站的时间的价值、车站等待时间的价值和车内旅行时间的价值；$|D_s - x|$ 为位置 x 与车站 s 的距离；$\bar{V}$ 为乘客平均步行速度，假定 $\bar{V}$ 是常数；$|D_s - x|/\bar{V}$ 为从位置 x 到车站 s 所需的平均时间；H_i 为阶段 i 列车车头时距；γH_i 为阶段 i 乘客平均车站等待时间，γ 依赖列车车头时距和乘客随机到达分布，在常数车头时距和均匀乘客到达分布的假设下，γ 为 0.5；$D_s/V_i + t_0(M+1-s)$ 为阶段 i 从车站 s 到 CBD 的车内旅行时间，由运行时间 D_s/V_i 和沿途车站总停留时间 $t_0(M+1-s)$ 两部分组成；阶段 i 列车运行时间 D_s/V_i 等于该阶段车辆行驶距离除以列车平均运行速度 V_i；t_0 为列车在车站平均停留时间，可通过调研数据校正（Wirasinghe and Szplett, 1984; Lam et al., 1998）；$f_{s,i}$ 为阶段 i 从车站 s 到 CBD 的票价。

假设票价 $f_{s,i}$ 为从车站 s 到 CBD 的距离的线性函数（Li et al., 2012），则 $f_{s,i}$ 可表示为

$$f_{s,i} = f_f + f_{v,i} D_s, \forall s, i \quad (8.2)$$

其中，f_f 为地铁票价的固定部分；$f_{v,i}$ 为阶段 i 地铁票价的可变部分。

8.2.4 乘客车站选择行为

任意两个相邻车站竞争车站间的乘客，因此，相邻车站之间存在一条分界线将车站间的地铁线段划分为两个子段（Vuchic and Newell, 1968; Vuchic, 1969; Li et al., 2012, 2013），子段中的乘客分别使用上游车站和下游车站上车。显然，分界线位置和子段的长度随着公交服务的改善发生变化。令 $l_{s,i}$ 表示阶段 i 车站 s 和 $s+1$ 之间的乘客分界线，$e^1_{s,i}$ 和 $e^2_{s,i}$ 分别表示阶段 i 两对应的子段。显然，$e^1_{s,i} + e^2_{s,i} = D_s - D_{s+1}$。乘客分界线 $l_{s,i}$ 的位置满足：从分界线 $l_{s,i}$ 到下游车站 $s+1$ 的步行时间等于从分界线 $l_{s,i}$ 到上游车站 s 的步行时间加上从车站 s 到车站 $s+1$ 的乘车时间，即

$$\frac{e_{s,i}^1}{\overline{V}} = \frac{e_{s,i}^2}{\overline{V}} + \frac{D_s - D_{s+1}}{V_i}, \forall s, i \quad (8.3)$$

由式（8.3）和 $e_{s,i}^1 + e_{s,i}^2 = D_s - D_{s+1}$，可得

$$\begin{cases} e_{s,i}^1 = \dfrac{V_i + \overline{V}}{2V_i}(D_s - D_{s+1}) \\ e_{s,i}^2 = \dfrac{V_i - \overline{V}}{2V_i}(D_s - D_{s+1}) \end{cases} \quad (8.4)$$

设 $L_{s,i}$ 为分界线 $l_{s,i}$ 到 CBD 的距离。根据图 8.3，可得

$$L_{s,i} = \frac{V_i + \overline{V}}{2V_i} D_s + \frac{V_i - \overline{V}}{2V_i} D_{s+1}, \forall s, i \quad (8.5)$$

其中，$D_{M+1} = 0$。根据乘客分界线的定义，车站 s 的覆盖范围为 $[L_{s,i}, L_{s-1,i}]$，$s = 1, 2, \cdots, M+1$。

为定义每个地铁车站的乘客需求，令 η 为每个家庭日均出行次数，$n_i(x)$ 为阶段 i 位置 x 处的家庭居住密度，因此，$\eta n_i(x)$ 表示阶段 i 位置 x 处单位距离的日均乘客需求。实际中，轨道交通乘客需求取决于轨道交通服务水平和票价，具有弹性，本章使用负指数弹性需求密度函数来描述地铁乘客的弹性需求。令 $q_{s,i}(x)$ 表示阶段 i 位置 x 处选择使用车站 s 上车的实际日均乘客需求密度，可表示为

$$q_{s,i}(x) = \eta n_i(x) \exp(-\pi C_{s,i}(x)) \quad (8.6)$$

其中，π 为需求对出行成本的敏感性参数。

在阶段 i，车站 s 的日均客流量 $Q_{s,i}$ 可表示为

$$Q_{s,i} = \int_{L_s}^{L_{s-1}} q_{s,i}(x) dx = \int_{L_s}^{L_{s-1}} \eta n_i(x) \exp(-\pi C_{s,i}(x)) dx \quad (8.7)$$

8.2.5 家庭居住地选择行为

由假设 8.3，在收入预算约束下，家庭通过选择居住地位置来最大化其效用，家庭效用可定义为住房和非住房商品消费的拟线性函数：

$$\max_{z_i, g_i} U_i(x) = z_i(x) + \alpha \log g_i(x) \quad (8.8)$$

$$\text{s.t. } z_i(x) + p_i(x) g_i(x) = Y_i - \varphi_i(x), \forall x \in [0, B_i] \quad (8.9)$$

其中，$U_i(x)$ 为阶段 i 位置 x 处的家庭效用函数；$z_i(x)$ 为阶段 i 位置 x 处的家庭非住房商品消费，其价格标准化为 1；α 为正的参数；$p_i(x)$ 为阶段 i 位置 x 处的房

价；$g_i(x)$ 为阶段 i 位置 x 处的住房消费；Y_i 为阶段 i 的家庭年均收入；$\varphi_i(x)$ 为阶段 i 从位置 x 到 CBD 的年均出行成本；B_i 为阶段 i 城市边界与 CBD 间的距离（城市大小）。式（8.9）为阶段 i 家庭的收入预算约束，表示家庭收入用于交通、住房和非住房商品的消费。

$\varphi_i(x)$ 为阶段 i 从位置 x 到 CBD 的年均出行成本，表示为

$$\varphi_i(x) = 2\rho C_{s,i}(x), \forall x \in [L_{s,i}, L_{s-1,i}], s = 1, 2, \cdots, M+1 \tag{8.10}$$

其中，系数 "2" 表示每天在位置 x 与 CBD 之间的一次往返出行；$C_{s,i}(x)$ 由式（8.1）给出；ρ 为家庭到 CBD 的年均出行次数。

由最大化问题 [式（8.8）和式（8.9）] 的一阶最优性条件，可得

$$p_i(x) = p_i(0) \exp\left(-\frac{\varphi_i(x)}{\alpha}\right) \tag{8.11}$$

$$g_i(x) = \frac{\alpha}{p_i(0)} \exp\left(\frac{\varphi_i(x)}{\alpha}\right) \tag{8.12}$$

$$z_i(x) = Y_i - \varphi_i(x) - \alpha \tag{8.13}$$

$$U_i = Y_i - \alpha + \alpha \log\left(\frac{\alpha}{p_i(0)}\right) \tag{8.14}$$

其中，$p_i(0)$ 为阶段 i CBD 处的房价。$p_i(0)$ 一旦确定，则可由式（8.11）~式（8.13）确定均衡时任意阶段任意位置的房价、家庭居住面积及家庭非住房商品消费。式（8.14）表示均衡时的家庭效用。

8.2.6 房地产开发商住房生产行为

令 $S_i(x)$ 为阶段 i 位置 x 处的投资强度。由假设 8.3，房地产开发商的住房生产服从柯布-道格拉斯函数，可表示为

$$h(S_i(x)) = a(S_i(x))^\theta, \quad 0 < \theta < 1 \tag{8.15}$$

其中，$h(S_i(x))$ 为阶段 i 位置 x 处单位土地面积的住房供应量；a 和 θ 均为正的参数。

对任一给定的阶段，房地产开发商通过决策投资强度来最大化自己的净利润，房地产开发商的净利润最大化问题可表示为

$$\max_{S_i(x)} \mathrm{NP}_i(x) = p_i(x) h(S_i(x)) - (r_i(x) + kS_i(x)) \tag{8.16}$$

其中，k 为资金利息率；$r_i(x)$ 为阶段 i 位置 x 处的地价。式（8.16）等号右边表示房价总收入减去总成本（地价成本与资金成本之和）。

由最大化问题 [式（8.16）] 的一阶最优性条件，可得

$$S_i(x) = (p_i(x)a\theta k^{-1})^{\frac{1}{1-\theta}} = \left(a\theta k^{-1} p_i(0)\exp\left(-\frac{\varphi_i(x)}{\alpha}\right)\right)^{\frac{1}{1-\theta}} \quad (8.17)$$

假定房地产市场为完全竞争市场，则均衡状态下所有房地产开发商的净利润为零，即 $\mathrm{NP}_i(x)=0$。由式（8.11）和式（8.17），以及 $\mathrm{NP}_i(x)=0$，可知阶段 i 位置 x 处的均衡地价为

$$r_i(x) = (1-\theta)\left(a\theta^{\theta} k^{-\theta} p_i(0)\exp\left(-\frac{\varphi_i(x)}{\alpha}\right)\right)^{\frac{1}{1-\theta}} \quad (8.18)$$

8.2.7 房地产市场供需均衡

在住房市场供需均衡状态下，对于给定的阶段 i，任何位置的住房总供应等于住房总需求，意味着 $h(S_i(x)) = g_i(x)n_i(x)$，因此，阶段 i 位置 x 处的家庭居住密度可表示为

$$n_i(x) = \frac{h(S_i(x))}{g_i(x)} = \alpha^{-1}(\theta k^{-1})^{\frac{\theta}{1-\theta}}\left(ap_i(0)\exp\left(-\frac{\varphi_i(x)}{\alpha}\right)\right)^{\frac{1}{1-\theta}} \quad (8.19)$$

住房市场供需到达均衡状态需要满足以下两个条件。首先，所有家庭都居住在城市内部，即

$$\int_0^{B_i} n_i(x)\mathrm{d}x = N \quad (8.20)$$

其中，N 为城市家庭数量。

其次，由假设 8.1，在城市边界，地价等于农业地租或土地机会成本，即

$$r_i(B_i) = r_A \quad (8.21)$$

其中，r_A 为农业地租，假设为常数。

式（8.20）和式（8.21）包含两个未知参数：阶段 i CBD 的房价 $p_i(0)$ 和阶段 i 的城市边界 B_i。通过求解方程（8.20）和方程（8.21）可得到

$$p_i(0) = a^{-1}(k\theta^{-1})^{\theta}\left(\frac{r_A}{1-\theta}\right)^{1-\theta}\left(\frac{1}{\Omega_i}\left(\frac{2\rho\tau_a N}{r_A \overline{V}}+1\right)\right)^{1-\theta} \quad (8.22)$$

$$B_i = \frac{\overline{V}}{\tau_a}\left(\frac{\alpha}{2\rho}\log\left(\frac{1}{\Omega_i}\left(\frac{2\rho\tau_a N}{r_A \overline{V}}+1\right)\right) - C_{1,i}(D_1) + D_1\right) \quad (8.23)$$

其中，

$$\Omega_i = 1 - \exp\left(-\frac{2\rho\tau_a L_{M,i}}{\alpha(1-\theta)\overline{V}}\right)$$
$$+ \sum_{s=1}^{M}\left(2\exp\left(-\frac{2\rho}{\alpha(1-\theta)}C_{s,i}(D_s)\right) - \exp\left(-\frac{2\rho}{\alpha(1-\theta)}\left(\frac{\tau_a}{\overline{V}}(D_s - L_{s,i}) + C_{s,i}(D_s)\right)\right)\right)$$
$$- \sum_{s=2}^{M}\exp\left(-\frac{2\rho}{\alpha(1-\theta)}\left(\frac{\tau_a}{\overline{V}}(L_{s-1,i} - D_s) + C_{s,i}(D_s)\right)\right) \quad (8.24)$$

$$C_{s,i}(D_s) = \tau_w\gamma H_i + \tau_t\left(\frac{D_s}{V_i} + t_0(M+1-s)\right) + f_f + f_{v,i}D_s \quad (8.25)$$

由式（8.6）、式（8.7）、式（8.19）和式（8.22），可推导出车站 s 的日均乘客需求 $Q_{s,i}$ 为

$$Q_{s,i} = \frac{\eta(1-\theta)\overline{V}(a\theta^\theta k^{-\theta}p_i(0))^{\frac{1}{1-\theta}}\Phi_{s,i}}{2\rho\tau_a + \alpha\pi(1-\theta)\tau_a} \quad (8.26)$$

其中，

$$\Phi_{s,i} = 2\exp\left(-\left(\frac{2\rho}{\alpha(1-\theta)} + \pi\right)C_{s,i}(D_s)\right)$$
$$- \exp\left(-\left(\frac{2\rho}{\alpha(1-\theta)} + \pi\right)\left(\frac{\tau_a}{\overline{V}}(D_s - L_{s,i}) + C_{s,i}(D_s)\right)\right)$$
$$- \exp\left(-\left(\frac{2\rho}{\alpha(1-\theta)} + \pi\right)\left(\frac{\tau_a}{\overline{V}}(L_{s-1,i} - D_s) + C_{s,i}(D_s)\right)\right) \quad (8.27)$$

式（8.22）、式（8.23）和式（8.26）的详细推导过程见附录 E.1。命题 8.1 给出了 $p_i(0)$、B_i 和 $Q_{s,i}$ 的比较静态分析结果，证明也见附录 E.1。

【命题 8.1】 CBD 的房价 $p_i(0)$ 随城市人口规模 N 和农业地租 r_A 的增加而上涨；城市边界 B_i 随城市人口规模 N 的增加而扩大，随农业地租 r_A 的增加而缩小；日均乘客需求 $Q_{s,i}$ 随城市人口规模 N 和农业地租 r_A 的增加而增加。

8.3 基于谈判博弈的 BOT 合同设计两阶段模型

8.3.1 地铁项目投资成本

地铁项目的投资成本包括地铁车辆运营成本、地铁线路成本和车站成本（Li et

al., 2012, 2015）。令 C_i^O 为阶段 i 地铁车辆运营成本，包括固定运营成本和可变运营成本，表示为

$$C_i^O = C_f^O + C_v^O \frac{\Theta_i}{H_i} \qquad (8.28)$$

其中，C_f^O 为固定运营成本；C_v^O 为每年每辆车的边际运营成本；Θ_i 为车辆往返行程时间；$\frac{\Theta_i}{H_i}$ 为地铁线路上的车辆数量（车队规模）。车辆往返行程时间 Θ_i 包括终点站总停留时间、运行时间和沿途车站总停留时间，表示为

$$\Theta_i = \zeta t_c + 2(t_{t,i} + t_d) \qquad (8.29)$$

其中，t_c 为循环线上的终点站停留时间；ζ 为循环线上的终点站数量；$t_{t,i}$ 为从第 1 站到 CBD 的运行时间，即 $t_{t,i} = \frac{D_1}{V_i}$；$t_d$ 为地铁线路沿途车站的总停留时间，即 $t_d = t_0 M$。

地铁线路成本 C^L 包括固定成本 C_f^L（如线路管理费）和可变成本 $C_v^L D_1$（如线路建设、维护和劳动力成本），其中，可变成本与地铁线路长度 D_1 成正比，即

$$C^L = C_f^L + C_v^L D_1 \qquad (8.30)$$

其中，C_v^L 为地铁线路每年每公里的边际运营成本。

地铁车站成本 C^S 由固定成本（如车站管理费）和可变成本（如车站建设、运营和维护成本）构成，表示为

$$C^S = C_f^S + C_v^S (M+1) \qquad (8.31)$$

其中，C_f^S 为车站的固定运营成本；C_v^S 为每年每个车站的边际运营成本。

8.3.2 地铁项目投资收益

在 R+P 模式中，地铁运营商的收入来源于两个方面：票价收入和地铁上盖物业的收入（Li et al., 2012）。地铁运营商的票价收入等于每个车站上车的乘客数量乘以对应的票价之和，地铁上盖物业的收入等于所有车站地产开发的面积乘以单位面积的租金之和。

令 FR_i 为阶段 i 地铁运营商年均票价收入，可由式（8.32）计算：

$$FR_i = 2\rho \sum_{s=1}^{M} (f_f + f_{v,i} D_s) Q_{s,i} \qquad (8.32)$$

其中，$Q_{s,i}$ 为阶段 i 车站 s 的日均乘客需求，可由式（8.26）确定。

令 PR_i 为阶段 i 地铁运营商每年地铁上盖物业的净利润，表示为

$$\mathrm{PR}_i = \sum_{s=1}^{M+1} \int_{D_s - \Delta_s^0}^{D_s + \Delta_s^0} (p_i(x) h(S_i(x)) - r_i(x)) \mathrm{d}x \qquad (8.33)$$

其中，式（8.33）等号右边的积分项为每年地铁上盖物业的净利润，等于上盖物业的总收入减去上盖物业的开发成本；Δ_s^0 为车站 s 上盖物业开发半径，假设为常数；$[D_s - \Delta_s^0, D_s + \Delta_s^0]$ 为车站 s 上盖物业开发的范围。

8.3.3 政府和私人投资者的项目价值

下面定义在城市人口规模不确定情况下，私人投资者和政府关于 R+P 模式 BOT 项目的价值。令 N_t 为时刻 t 的城市人口规模，假定 N_t 随时间随机连续波动（无跳跃波动），且服从几何布朗运动，因此，N_t 满足：

$$\mathrm{d}N_t = \mu N_t \mathrm{d}t + \sigma N_t \mathrm{d}w_t \qquad (8.34)$$

其中，μ 和 σ 分别为城市人口规模的增长率和漂移率；$\mathrm{d}t$ 和 $\mathrm{d}w_t$ 分别为无穷小的时间增量和标准维纳过程增量。对任意给定的时间 t，$\mathrm{d}w_t$ 满足 $\mathrm{d}w_t = w_t \sqrt{t}$，其中，随机变量 w_t 服从均值为 0、标准差为 1 的正态分布。

私人投资者关心地铁投资项目的净利润。在特许期内，私人投资者的净利润等于总收入减去总投资成本。令 $\Lambda_p(N)$ 为私人投资者在特许期内（阶段 2）地铁投资项目的期望净利润，可表示为

$$\Lambda_p(N) = E_N \left[\int_\Delta^T \mathrm{FR}_2 \mathrm{e}^{-kt} \mathrm{d}t + \int_\Delta^T \mathrm{PR}_2 \mathrm{e}^{-kt} \mathrm{d}t - \int_\Delta^T C_2^O \mathrm{e}^{-kt} \mathrm{d}t - \int_0^\Delta (C^L + C^S) \mathrm{e}^{-kt} \mathrm{d}t \right] \qquad (8.35)$$

其中，下标"p"表示私人投资者；FR_2 和 PR_2 分别为阶段 2 私人投资者年均票价收入和地铁上盖物业净利润，分别由式（8.32）和式（8.33）确定；E_N 为关于人口规模 N 的期望算子；k 为无风险利息率；T 为特许期；Δ 为地铁项目建设工期，假定为常数。式（8.35）等号右边方括号内第一项表示总票价收入，第二项表示车站上盖物业总的净利润，最后两项表示地铁项目的总投资成本。在传统的地铁投资模式中，私人投资者的收入来源仅为票价收入，不包括上盖物业收入。后面将比较 R+P 模式与传统的地铁投资模式的差别。

政府关心地铁投资项目整个生命周期的总社会福利，包括项目建设期、私人投资者运营期和政府运营期产生的社会福利。总社会福利等于整个生命周期内消费者剩余与生产者剩余之和。令 $W_{g,1}(N)$、$W_{g,2}(N)$ 和 $W_{g,3}(N)$ 分别表示项目建设

期（阶段 1）、私人投资者运营期（阶段 2）和政府运营期（阶段 3）的期望社会福利，下标 "g" 表示政府。$W_{g,1}(N)$、$W_{g,2}(N)$ 和 $W_{g,3}(N)$ 可表示为

$$W_{g,1}(N) = E_N \left[\int_0^\Delta N_t U_1(N_t) e^{-kt} dt \right] \tag{8.36}$$

$$W_{g,2}(N) = E_N \left[\int_\Delta^T N_t U_2(N_t) e^{-kt} dt \right] + \Lambda_p(N) \tag{8.37}$$

$$W_{g,3}(N) = E_N \left[\int_T^{+\infty} N_t U_3(N_t) e^{-kt} dt + \int_T^{+\infty} \mathrm{FR}_3 e^{-kt} dt + \int_T^{+\infty} \mathrm{PR}_3 e^{-kt} dt - \int_T^{+\infty} C_3^O e^{-kt} dt \right] \tag{8.38}$$

其中，FR_3 和 PR_3 分别为阶段 3 政府年均票价收入和地铁上盖物业净利润，分别由式（8.32）和式（8.33）确定；C_3^O 为阶段 3 地铁运营成本，由式（8.28）确定；阶段 i 家庭效用 $U_i(\cdot)$ 由式（8.14）确定。

8.3.4 政府和私人投资者的投资时机

地铁投资时机问题实际上是一个最优停时问题。私人投资者和政府将基于投资机会价值的期望现值（投资期权价值）来做出投资决策。分别用 N_p^* 和 N_g^* 表示私人投资者和政府的最优投资人口阈值。当 $N \geqslant N_p^*$（$N \geqslant N_g^*$）时，对私人投资者（对政府）而言，应该立即投资，否则，继续等待是最好的策略。

在最优投资人口阈值 N_p^* 和 N_g^* 处，私人投资者和政府对继续等待或立即投资均无偏好。具体来说，对私人投资者，在 N_p^* 处，继续等待的价值等于立即投资的价值。继续等待的价值等于等待投资地铁项目的期权价值，立即投资的价值等于特许期内地铁投资项目的期望净利润，即 $\Lambda_p(N)$。令 $F_p(N)$ 表示在人口规模 N 处，私人投资者投资地铁项目的期权价值。在人口阈值 N_p^* 处，满足

$$F_p(N_p^*) = \Lambda_p(N_p^*) \tag{8.39}$$

对于政府，在 N_g^* 处，继续等待的价值（或期望社会福利）等于立即投资的价值（或期望社会福利）。继续等待的价值等于不投资地铁项目的期望社会福利与等待投资地铁项目的期权价值之和。立即投资的价值是投资地铁项目的总的期望社会福利，等于项目建设期、私人投资者运营期和政府运营期的期望社会福利之和。令 $F_g(N)$ 为政府投资地铁项目的期权价值，$W_{g,0}(N)$ 为不投资地铁项目的期望社会福利。在人口阈值 N_g^* 处，满足

$$F_g(N_g^*) + W_{g,0}(N_g^*) = W_{g,1}(N_g^*) + W_{g,2}(N_g^*) + W_{g,3}(N_g^*) \tag{8.40}$$

其中，$W_{g,1}(N)$、$W_{g,2}(N)$ 和 $W_{g,3}(N)$ 分别由式（8.36）~式（8.38）给出。$W_{g,0}(N)$ 定义为

$$W_{g,0}(N) = E_N\left[\int_0^{+\infty} N_t U_0(N_t) e^{-kt} dt\right] \tag{8.41}$$

其中，不投资地铁项目（阶段 0）时的家庭效用 $U_0(\cdot)$ 由式（8.14）确定。

由式（8.36）~式（8.38）、式（8.40）和式（8.41），可得

$$F_g(N_g^*) = W_g(N_g^*) \tag{8.42}$$

其中，$W_g(N)$ 表示为

$$W_g(N) = E_N\Big[\int_0^{+\infty} N_t(U_1(N_t) - U_0(N_t))e^{-kt}dt + \int_\Delta^T N_t(U_2(N_t) - U_1(N_t))e^{-kt}dt + \Lambda_p(N)$$

$$+ \int_T^{+\infty} N_t(U_3(N_t) - U_1(N_t))e^{-kt}dt + \int_T^{+\infty} FR_3 e^{-kt}dt + \int_T^{+\infty} PR_3 e^{-kt}dt - \int_T^{+\infty} C_3^O e^{-kt}dt\Big] \tag{8.43}$$

$W_g(N)$ 定义了引入地铁项目引起的期望社会福利的变化（或称为期望社会福利收益）。

根据实物期权理论，为保证人口阈值 N_p^* 和 N_g^* 存在，期望净利润和期望社会福利收益关于人口规模 N 应当是单调的（Dixit and Pindyck，1994）。为保证 $\Lambda_p(N)$ 和 $W_g(N)$ 的单调性，我们假设 $(1+kdt)^{-1}\int \Lambda_p(N+dN)d\Pi_p(N+dN) - \Lambda_p(N)$ 和 $(1+kdt)^{-1}\int W_g(N+dN)d\Pi_g(N+dN) - W_g(N)$ 是人口规模 N 的单调递减函数，以便分离继续等待区域和立即投资区域，其中 $\Pi_p(N)$ 和 $\Pi_g(N)$ 分别为 Λ_p 和 W_g 的累计概率分布函数（Dixit and Pindyck，1994）。

下面推导式（8.39）和式（8.42）中的 $F_j(N_t), j=p,g$。根据动态规划理论，如果时间发生微小变化 dt，那么状态变量 N_t 将变为 $N_t + dN_t$，投资期权价值 $F_j(N_t)$ 将变为 $F_j(N_t + dN_t)$。为了统一表示为时刻 t 的当量值，$F_j(N_t + dN_t)$ 需要乘以折现因子 e^{-kdt}。此外，dN_t 为随机增量，因此需要取期望值，得到

$$F_j(N) = e^{-kdt} E_t[F_j(N_t + dN_t)] \tag{8.44}$$

根据伊藤引理（Dixit and Pindyck，1994），将式（8.44）等号右边泰勒展开并略去当 $dt \to 0$ 时比 dt 更快趋于零的项，可得

$$e^{-kdt} E_t[F_j(N_t + dN_t)]$$

$$= (1-kdt)E_t\left(F_j(N_t) + \frac{\partial F_j(N_t)}{\partial t}dt + \mu N\frac{\partial F_j(N_t)}{\partial N}dt + \frac{1}{2}\sigma^2 N^2\frac{\partial^2 F_j(N_t)}{\partial N^2}dt\right)$$

$$= E_t \left(F_j(N_t) + \frac{1}{2}\sigma^2 N^2 \frac{\partial^2 F_j(N_t)}{\partial N^2} \mathrm{d}t + \mu N \frac{\partial F_j(N_t)}{\partial N} \mathrm{d}t + \frac{\partial F_j(N_t)}{\partial t} \mathrm{d}t - kF_j(N_t)\mathrm{d}t \right) \quad (8.45)$$

由式（8.44）和式（8.45），可得偏微分方程：

$$\frac{1}{2}\sigma^2 N^2 \frac{\partial^2 F_j(N_t)}{\partial N^2} + \mu N \frac{\partial F_j(N_t)}{\partial N} - kF_j(N_t) = 0, j = p, g \quad (8.46)$$

这是动态规划方程，满足边界条件：

$$F_j(0) = 0, j = p, g \quad (8.47)$$

$$F_p(N_p^*) = \Lambda_p(N_p^*) \text{ 和 } F_g(N_g^*) = W_g(N_g^*) \quad (8.48)$$

$$\left.\frac{\mathrm{d}F_p(N^*)}{\mathrm{d}N^*}\right|_{N^*=N_p^*} = \left.\frac{\mathrm{d}\Lambda_p(N^*)}{\mathrm{d}N^*}\right|_{N^*=N_p^*}, \quad \left.\frac{\mathrm{d}F_g(N^*)}{\mathrm{d}N^*}\right|_{N^*=N_g^*} = \left.\frac{\mathrm{d}W_g(N^*)}{\mathrm{d}N^*}\right|_{N^*=N_g^*} \quad (8.49)$$

式（8.47）意味着当人口规模 N 趋于零时，投资期权价值 $F_j(N)$ 也趋于零。式（8.48）为价值匹配条件，表明一旦投资地铁项目，私人投资者（或政府）获得净收益 $\Lambda_p(N_p^*)$ [或 $W_g(N_g^*)$]，即在人口阈值处两个函数值相等。式（8.49）为平滑粘贴条件，表明两个函数的导数或斜率在人口阈值处相等。

求解边界条件 [式（8.47）~式（8.49）] 下的微分方程（8.46），可得

$$F_j(N_t) = A_j(N_t)^\beta, j = p, g \quad (8.50)$$

其中，β 和 A_j 由式（8.51）确定：

$$\begin{cases} \beta = \frac{1}{2} - \frac{\mu}{\sigma^2} + \sqrt{\left(\frac{\mu}{\sigma^2} - \frac{1}{2}\right)^2 + \frac{2k}{\sigma^2}} \\ A_p = \left(\frac{\mathrm{e}^{-(k-\mu)\Delta} - \mathrm{e}^{-(k-\mu)T}}{\beta(k-\mu)} \left(\xi_2 - \alpha(1-\theta)\log\left(\frac{\Omega_2}{\Omega_1}\right) \right) \right)^\beta \\ \qquad \times \left(\frac{k(\beta-1)}{C_2^O(\mathrm{e}^{-k\Delta} - \mathrm{e}^{-kT}) + (C^L + C^S)(1-\mathrm{e}^{-k\Delta})} \right)^{\beta-1} \\ A_g = \left(\frac{\xi_1 + (\mathrm{e}^{-(k-\mu)\Delta} - \mathrm{e}^{-(k-\mu)T})\xi_2 + \mathrm{e}^{-(k-\mu)T}\xi_3}{\beta(k-\mu)} \right)^\beta \\ \qquad \times \left(\frac{k(\beta-1)}{C_2^O(\mathrm{e}^{-k\Delta} - \mathrm{e}^{-kT}) + C_3^O\mathrm{e}^{-kT} + (C^L + C^S)(1-\mathrm{e}^{-k\Delta})} \right)^{\beta-1} \end{cases} \quad (8.51)$$

以下命题给出了特许期内私人投资者期望净利润 $\Lambda_p(N)$ 和项目生命周期内政府期望社会福利收益 $W_g(N)$ 的解析表达式，证明见附录 E.2。

【命题 8.2】（1）在假设 $r_A \overline{V} \ll 2\rho\tau_a N$ 下，期望净利润 $\Lambda_p(N)$ 和期望社会福利收益 $W_g(N)$ 分别为

$$\Lambda_p(N) = \frac{e^{-(k-\mu)\Delta} - e^{-(k-\mu)T}}{k-\mu}\left(\frac{4\rho^2\eta\sum_{s=1}^{M}(f_f + f_{v,2}D_s)\Phi_{s,2}}{(2\rho+(1-\theta)\alpha\pi)\Omega_2} + \frac{\alpha\theta\Psi_2}{\Omega_2}\right)N \quad (8.52)$$

$$-\frac{1}{k}(C_2^O(e^{-k\Delta} - e^{-kT}) + (C^L + C^S)(1-e^{-k\Delta}))$$

$$W_g(N) = \frac{\alpha(1-\theta)\log\left(\frac{\Omega_1}{\Omega_0}\right)N}{k-\mu}$$

$$+ \frac{e^{-(k-\mu)\Delta} - e^{-(k-\mu)T}}{k-\mu}\left(\alpha(1-\theta)\log\left(\frac{\Omega_2}{\Omega_1}\right) + \frac{4\rho^2\eta\sum_{s=1}^{M}(f_f + f_{v,2}D_s)\Phi_{s,2}}{(2\rho+(1-\theta)\alpha\pi)\Omega_2} + \frac{\alpha\theta\Psi_2}{\Omega_2}\right)N$$

$$+ \frac{e^{-(k-\mu)T}}{k-\mu}\left(\alpha(1-\theta)\log\left(\frac{\Omega_3}{\Omega_1}\right) + \frac{4\rho^2\eta\sum_{s=1}^{M}(f_f + f_{v,3}D_s)\Phi_{s,3}}{(2\rho+(1-\theta)\alpha\pi)\Omega_3} + \frac{\alpha\theta\Psi_3}{\Omega_3}\right)N \quad (8.53)$$

$$-\frac{1}{k}(C_2^O(e^{-k\Delta} - e^{-kT}) + C_3^O e^{-kT} + (C^L + C^S)(1-e^{-k\Delta}))$$

（2）给定特许期 T，私人投资者和政府的投资人口阈值 N_p^* 和 N_g^* 分别为

$$N_p^* = \frac{\beta(k-\mu)}{k(\beta-1)}\frac{C_2^O(e^{-k\Delta} - e^{-kT}) + (C^L + C^S)(1-e^{-k\Delta})}{(e^{-(k-\mu)\Delta} - e^{-(k-\mu)T})(\xi_2 - \alpha(1-\theta)\log(\Omega_2/\Omega_1))} \quad (8.54)$$

$$N_g^* = \frac{\beta(k-\mu)}{k(\beta-1)}\frac{C_2^O(e^{-k\Delta} - e^{-kT}) + C_3^O e^{-kT} + (C^L + C^S)(1-e^{-k\Delta})}{\xi_1 + (e^{-(k-\mu)\Delta} - e^{-(k-\mu)T})\xi_2 + e^{-(k-\mu)T}\xi_3} \quad (8.55)$$

其中，$\xi_1 = \alpha(1-\theta)\log\left(\frac{\Omega_1}{\Omega_0}\right)$，$\xi_2 = \alpha(1-\theta)\log\left(\frac{\Omega_2}{\Omega_1}\right) + \frac{4\rho^2\eta\sum_{s=1}^{M}(f_f + f_{v,2}D_s)\Phi_{s,2}}{(2\rho+(1-\theta)\alpha\pi)\Omega_2} + \frac{\alpha\theta\Psi_2}{\Omega_2}$ 和

$\xi_3 = \alpha(1-\theta)\log\left(\frac{\Omega_3}{\Omega_1}\right) + \frac{4\rho^2\eta\sum_{s=1}^{M}(f_f + f_{v,3}D_s)\Phi_{s,3}}{(2\rho+(1-\theta)\alpha\pi)\Omega_3} + \frac{\alpha\theta\Psi_3}{\Omega_3}$。$\Omega_1$、$\Omega_2$ 和 Ω_3 由式（8.24）

给出。

（3）在实物期权方法和 NPV 方法下，私人投资者和政府的投资人口阈值分别满足：

$$N_p^* = \frac{\beta}{\beta-1} N_{p(\text{NPV})}^* \text{ 和 } N_g^* = \frac{\beta}{\beta-1} N_{g(\text{NPV})}^* \qquad (8.56)$$

其中，下标"NPV"表示对应于 NPV 的解。

式（8.56）意味着无论私人投资者还是政府，通过实物期权方法得到的人口阈值总是大于通过 NPV 方法得到的人口阈值。这是因为实物期权方法可以考虑等待或推迟投资等柔性策略的价值。

8.3.5 特许期的可行区间

当人口规模 $N < \min(N_p^*, N_g^*)$ 时，私人投资者和政府都没有动机投资地铁项目；当 $N_g^* \leq N < N_p^*$ 时，政府愿意投资地铁项目，而私人投资者不愿意投资地铁项目；当 $N \geq \max(N_p^*, N_g^*)$ 时，私人投资者和政府都愿意投资地铁项目。根据式（8.54）和式（8.55），可以很容易地确定私人投资者和政府可接受的（或可行的）特许期区间。具体来说，对任意给定的人口规模 N，当 N 大于等于 N_p^*（$N \geq N_p^*$）时，对私人投资者，存在一个可接受的最小特许期（记为 T_{MIN}），即 $T_{\text{MIN}} = \{T \mid \Lambda_p(N(T)) = F_p(N(T)), N \geq N_p^*\}$。类似地，对任意给定的人口规模 N，当 N 大于等于 N_g^*（$N \geq N_g^*$）时，对政府，存在一个可接受的最大特许期（记为 T_{MAX}），即 $T_{\text{MAX}} = \{T \mid W_g(N(T)) = F_g(N(T)), N \geq N_g^*\}$。由上述条件，可推导出 T_{MIN} 和 T_{MAX} 分别满足：

$$\frac{\beta(k-\mu)}{k(\beta-1)} \frac{C_2^O(e^{-k\Delta}-e^{-kT_{\text{MIN}}}) + (C^L+C^S)(1-e^{-k\Delta})}{(e^{-(k-\mu)\Delta}-e^{-(k-\mu)T_{\text{MIN}}})(\xi_2 - \alpha(1-\theta)\log(\Omega_2/\Omega_1))} - N = 0 \quad (8.57)$$

$$\frac{\beta(k-\mu)}{k(\beta-1)} \frac{C_2^O(e^{-k\Delta}-e^{-kT_{\text{MAX}}}) + C_3^O e^{-kT_{\text{MAX}}} + (C^L+C^S)(1-e^{-k\Delta})}{\xi_1 + (e^{-(k-\mu)\Delta}-e^{-(k-\mu)T_{\text{MAX}}})\xi_2 + e^{-(k-\mu)T_{\text{MAX}}}\xi_3} - N = 0 \quad (8.58)$$

8.3.6 BOT 合同设计

BOT 合同设计需要平衡政府和私人投资者双方的利益。在合同设计中，政府旨在实现整个项目生命周期社会福利最大化，而私人投资者旨在实现特许期内自身期望净利润最大化。因此，在设计地铁 BOT 合同参数（包括特许期和地铁基本参数，如地铁线路长度、车站数量和位置、车头时距和票价等）时，协调私人投资者和政府的需求至关重要。为此，本章采用两阶段方法，在第一阶段，政府和私人投资者通过谈判来确定特许期、地铁线路长度、车站数量和车站间距，在第二阶段，分别确定私人投资者运营期间和政府运营期间的车头时距和票价。

在第一阶段，给定车头时距和票价，私人投资者和政府通过双边讨价还价博弈确定特许期 T、地铁线路长度 D_1、车站数量 M 和车站位置 $D_s(s=2,\cdots,M)$。在双边达成一致的过程中，私人投资者和政府的谈判能力可能不平衡，这种不平衡效应可通过纳什讨价还价（或谈判）模型来刻画。纳什讨价还价模型由 Nash(1951) 提出，已被广泛应用和拓展（Harsanyi and Selten, 1972; Chen and Woolley, 2001; Hu et al., 2013; Lv et al., 2014; Yao et al., 2017）。

1. 第一阶段模型

给定城市人口规模 N，可通过纳什讨价还价模型来确定特许期、地铁线路长度、车站数量和位置。对应的模型如下：

$$\max_{T,M,\boldsymbol{D}} W(T,M,\boldsymbol{D}) = (W_g(T,M,\boldsymbol{D}) - W_g(T_{N_g^*}, M_{N_g^*}, \boldsymbol{D}_{N_g^*}))^\omega (\Lambda_p(T,M,\boldsymbol{D}) \\ - \Lambda_p(T_{N_p^*}, M_{N_p^*}, \boldsymbol{D}_{N_p^*}))^{1-\omega} \quad (8.59)$$

$$\text{s.t.} \quad T_{\text{MIN}} \leqslant T \leqslant T_{\text{MAX}} \quad (8.60)$$

$$\delta_{\text{MIN}} \leqslant D_s - D_{s+1} \leqslant \delta_{\text{MAX}}, s = 1, 2, \cdots, M \quad (8.61)$$

其中，目标函数 $W(T,M,\boldsymbol{D})$ 称为谈判价值。粗体符号 "$\boldsymbol{D}$" 为地铁车站的位置向量，即 $\boldsymbol{D} = (D_s, s=1,2,\cdots,M)$。$W_g(T,M,\boldsymbol{D}) - W_g(T_{N_g^*}, M_{N_g^*}, \boldsymbol{D}_{N_g^*})$ 和 $\Lambda_p(T,M,\boldsymbol{D}) - \Lambda_p(T_{N_p^*}, M_{N_p^*}, \boldsymbol{D}_{N_p^*})$ 分别为政府的相对期望社会福利和私人投资者的相对期望净利润。$W_g(T_{N_g^*}, M_{N_g^*}, \boldsymbol{D}_{N_g^*})$ 为人口阈值 N_g^* 处政府谈判破裂点的期望社会福利；$\Lambda_p(T_{N_p^*}, M_{N_p^*}, \boldsymbol{D}_{N_p^*})$ 为人口阈值 N_p^* 处私人投资者谈判破裂点的期望净利润。

式（8.59）中，ω 反映了政府与私人投资者的相对谈判能力，$0 \leqslant \omega \leqslant 1$。如果 $\omega = 0.5$，则双方具有相同的谈判能力，否则，双方谈判能力不平衡。如果 $\omega = 0$ 或 $\omega = 1$，则决策由单方做出。式（8.60）表示特许期的谈判空间或边界约束，T_{MIN} 和 T_{MAX} 分别由式（8.57）和式（8.58）给出。式（8.61）表示车站间距约束，δ_{MIN} 和 δ_{MAX} 分别为最小和最大车站间距（车站间距的下界和上界）。

由式（8.52）~式（8.55），可得

$$W_g(T,M,\boldsymbol{D}) - W_g(T_{N_g^*}, M_{N_g^*}, \boldsymbol{D}_{N_g^*}) = \frac{(\xi_1 + (e^{-(k-\mu)\Delta} - e^{-(k-\mu)T})\xi_2 + e^{-(k-\mu)T}\xi_3)N}{k-\mu} \\ - \frac{\beta}{\beta-1} \frac{C_2^O(e^{-k\Delta} - e^{-kT}) + C_3^O e^{-kT} + (C^L + C^S)(1 - e^{-k\Delta})}{k} \quad (8.62)$$

$$\Lambda_p(T,M,\boldsymbol{D}) - \Lambda_p(T_{N_p^*}, M_{N_p^*}, \boldsymbol{D}_{N_p^*}) = \frac{\mathrm{e}^{-(k-\mu)\Delta} - \mathrm{e}^{-(k-\mu)T}}{k-\mu}\left(\xi_2 - \alpha(1-\theta)\log\left(\frac{\Omega_2}{\Omega_1}\right)\right)N$$
$$-\frac{\beta}{\beta-1}\frac{C_2^O(\mathrm{e}^{-k\Delta} - \mathrm{e}^{-kT}) + (C^L + C^S)(1-\mathrm{e}^{-k\Delta})}{k} \quad (8.63)$$

最大化问题[式(8.59)~式(8.61)]是带约束的混合整数规划问题，很难找到全局最优解。实际中一条地铁线路上的车站数量通常是有限的，因此可以通过枚举法来确定车站数量的最优解。给定车站数量 M，可以确定最优特许期和最优车站位置(包括最优地铁线路长度)。为此，可以先求解无边界约束的松弛问题，然后将违背边界约束的解设置为对应的边界值。由松弛问题的一阶最优性条件 $\partial W(T)/\partial T = 0$，可推导出特许期最优解的表达式。车站位置的最优解可通过启发式算法(如坐标轮换法)来确定(Bazaraa et al.，2006)，该算法一次确定一个车站的位置，同时保持其他车站的位置固定。

2. 第二阶段模型

私人投资者运营期间，私人投资者通过优化车头时距和票价来最大化特许期内的期望净利润。私人投资者的期望利润最大化问题表示为

$$\max \ \Lambda_p(H_2, f_{v,2}) \quad (8.64)$$

$$\text{s.t.} \ \sum_{s=1}^{M} R_{\mathrm{ph}} Q_{s,2} \leqslant \frac{K_{\mathrm{cap}}}{H_2} \quad (8.65)$$

$$f_{v,2} \leqslant f_{\mathrm{MAX}} \quad (8.66)$$

其中，R_{ph} 为高峰小时系数，即高峰小时乘客量与全天乘客量之比，通过 R_{ph} 可将每日乘客量转换为每小时乘客量；$R_{\mathrm{ph}} Q_{s,2}$ 为私人投资者运营期(阶段 2)车站 s 在高峰小时的乘客需求；K_{cap} 为车辆容量；式(8.65)表示车辆能力约束；f_{MAX} 为票价上界；式(8.66)表示票价上界约束。

特许期结束后，私人投资者将地铁移交给政府(阶段 3)。政府通过优化列车车头时距和票价来最大化整个生命周期的期望社会福利。政府期望社会福利最大化问题可表示为

$$\max \ W_g(H_3, f_{v,3}) \quad (8.67)$$

$$\text{s.t.} \ \sum_{s=1}^{M} R_{\mathrm{ph}} Q_{s,3} \leqslant \frac{K_{\mathrm{cap}}}{H_3} \quad (8.68)$$

$$f_{v,3} \leqslant f_{\mathrm{MAX}} \quad (8.69)$$

由期望利润最大化问题[式(8.64)]和期望社会福利最大化问题[式(8.67)]的一阶最优性条件,可推导出私人投资者运营期间和政府运营期间的列车车头时距和票价的最优解。为节省篇幅,此处不再赘述,可参见第3章的3.3节。

8.4 启发式求解算法

R+P 模式 BOT 合同设计问题考虑了 R+P 地铁项目投资与居民居住地选择之间的互馈效应。该问题是非线性、非凸的,因此很难找到全局最优解。下面提出一种启发式算法来求解该问题。如前所述,地铁线路上的车站数量可通过枚举法来确定,给定车站数量 M,可通过迭代法来求解两阶段模型:在第一阶段求解特许期和车站位置,在第二阶段求解列车车头时距和票价。启发式算法的求解步骤如下。

(1)外循环迭代。确定最优的车站数量,设置外循环迭代计数器 $M=1$。

(2)内循环迭代。根据两阶段模型,确定特许期、车站位置(包括地铁线路长度)、车头时距和票价。

①决策变量初始化。初始化特许期 $T^{(0)}$、车站位置 $D^{(0)}$、车头时距 $H_2^{(0)}$ 和 $H_3^{(0)}$,以及票价 $f_{v,2}^{(0)}$ 和 $f_{v,3}^{(0)}$。设置内循环迭代计数器 $\kappa=1$。

②确定投资人口阈值。由式(8.22)、式(8.23)、式(8.12)、式(8.17)~式(8.19),计算 $p(0)^{(\kappa)}$、$B^{(\kappa)}$、$g^{(\kappa)}$、$S^{(\kappa)}$、$r^{(\kappa)}$ 和 $n^{(\kappa)}$;然后计算票价收入、房地产收入,以及 U_1-U_0、U_2-U_1 和 U_3-U_1(附录 E.2);由式(8.28)~式(8.31)计算地铁项目的投资成本(地铁运营成本、地铁线路成本和车站成本);由式(8.26)计算每个车站的乘客需求 $Q_s^{(\kappa)}$;由式(8.54)和式(8.55)计算私人投资者和政府的投资人口阈值 N_p^* 和 N_g^*。

③求解给定人口规模 N[满足 $N \geqslant \max(N_p^*, N_g^*)$]下的两阶段模型。

a. 求解第一阶段问题。给定 $H_2^{(\kappa-1)}$、$H_3^{(\kappa-1)}$、$f_{v,2}^{(\kappa-1)}$ 和 $f_{v,3}^{(\kappa-1)}$,根据式(8.59)关于特许期 T 的一阶最优性条件 $\partial W(T)/\partial T=0$,更新特许期 $T^{(\kappa)}$;通过式(8.57)和式(8.58)分别计算 $T_{\text{MIN}}^{(\kappa)}$ 和 $T_{\text{MAX}}^{(\kappa)}$;检查得到的特许期是否满足边界约束[式(8.60)],如果特许期超出区间 $[T_{\text{MIN}}^{(\kappa)}, T_{\text{MAX}}^{(\kappa)}]$,则将其设置为对应的边界值;使用坐标轮换法依次更新车站位置 $D^{(\kappa)}$,即一次更新一个车站的位置,同时保持其他车站位置固定,直到谈判价值函数[式(8.59)]不能增大。如果得到的车站位置超出区间 $[\delta_{\text{MIN}}^{(\kappa)}, \delta_{\text{MAX}}^{(\kappa)}]$,则将其设置为对应的边界值。

b. 求解第二阶段问题。给定特许期 $T^{(\kappa)}$ 和车站位置 $\boldsymbol{D}^{(\kappa)}$，使用高斯-赛德尔迭代法求解车头时距 $H_2^{(\kappa)}$ 和 $H_3^{(\kappa)}$ 及票价 $f_{v,2}^{(\kappa)}$ 和 $f_{v,3}^{(\kappa)}$；检查得到的车头时距是否满足约束［式（8.65）和式（8.68）］，如果不满足，则令 $H_2^{(\kappa)}$ 和 $H_3^{(\kappa)}$ 为对应的边界值；检查票价 $f_{v,2}^{(\kappa)}$ 和 $f_{v,3}^{(\kappa)}$ 是否满足票价约束［式（8.66）和式（8.69）］，如果 $f_{v,2}^{(\kappa)}$ 或 $f_{v,3}^{(\kappa)}$ 超出最大边界，则令 $f_{v,2}^{(\kappa)}$ 或 $f_{v,3}^{(\kappa)}$ 为对应的边界值。

c. 内循环迭代的收敛性检查。基于更新后的变量值，根据式（8.59）计算 $W^{(\kappa)}$、式（8.64）计算 $\Lambda_p^{(\kappa)}$ 和式（8.67）计算 $W_g^{(\kappa)}$。如果它们足够接近，则停止迭代并输出 $W^{(M)}$、$\Lambda_p^{(M)}$ 和 $W_g^{(M)}$ 及对应的变量 $\{T^{(M)}, \boldsymbol{D}^{(M)}, H_2^{(M)}, H_3^{(M)}, f_{v,2}^{(M)}, f_{v,3}^{(M)}\}$。否则，令 $\kappa = \kappa+1$，转步骤②。

（3）外循环迭代的收敛性检查。根据式（8.59）检查 $W^{(M)}$ 和 $W^{(M+1)}$，如果它们足够接近，则停止迭代并输出最优车站数量 M^*、目标值（W^*、Λ_p^* 和 W_g^*）和对应的变量 $\{T^*, \boldsymbol{D}^*, H_2^*, H_3^*, f_{v,2}^*, f_{v,3}^*\}$。否则，令 $M = M+1$，转步骤（2）。

在步骤②中，在确定私人投资者和政府的投资人口阈值 N_p^* 和 N_g^* 之后，应检查城市的人口规模 N 是否已达到人口阈值 $\max(N_p^*, N_g^*)$。如果满足 $N \geqslant \max(N_p^*, N_g^*)$，则对于政府和私人投资者来说，地铁投资项目是可行的。否则，应该继续等待，直到城市人口规模 N 增长到人口阈值 $\max(N_p^*, N_g^*)$ 后再投资。步骤 b 中的高斯-赛德尔迭代法可参见第 3 章的 3.4 节。

8.5　人口规模随机跳跃下的 BOT 合同设计模型

8.3 节假设城市人口规模由于常发性随机事件而发生连续扰动。但在现实中，人口规模可能受重大突发事件（如我国春节、近期中东和北非战争引发的欧洲移民危机等）的影响而在某些时间节点发生突变（跳跃上升或下降）。本节对 8.3 节的模型进行扩展，考虑人口规模随机跳跃对 BOT 合同设计的影响。

假设城市人口规模 $N_{t(J)}$ 服从混合几何布朗运动，且具有向上的泊松跳跃，表示为

$$\mathrm{d}N_{t(J)} = \mu N_{t(J)}\mathrm{d}t + \sigma N_{t(J)}\mathrm{d}w_t + N_{t(J)}\mathrm{d}J_t \qquad (8.70)$$

其中，下标"J"表示人口跳跃。$\mathrm{d}J_t$ 为泊松过程增量，假定 $\mathrm{d}J_t$ 的平均到达率为 λ；$\mathrm{d}J_t$ 和 $\mathrm{d}w_t$ 相互独立，因此 $E(\mathrm{d}w_t\mathrm{d}J_t) = 0$。假定如果某事件发生，$J_t$ 将以概率 1 按固定的百分比 ϕ 增加（$0 \leqslant \phi \leqslant 1$）。换言之，$N_{t(J)}$ 以几何布朗运动波动，但在每

一时间隔 dt 内，将以小概率 λdt 增加到其初始值的 $1+\phi$ 倍，然后继续波动直至另一事件发生。$N_{t(J)}$ 的期望百分比为 $E(dN_{t(J)})/N_{t(J)} = (\mu + \lambda\phi)dt$。

与 8.3.4 节类似，使用动态规划方法求解带人口规模随机跳跃的 BOT 问题。定义 $F_j(N_{t(J)})$ 为跳跃过程的投资机会价值，满足：

$$F_j(N_{t(J)}) = e^{-kdt} E_t[F_j(N_{t(J)} + dN_{t(J)})] \tag{8.71}$$

根据伊藤引理，将式（8.71）等号右边泰勒展开（Dixit and Pindyck, 1994），并略去当 $dt \to 0$ 时比 dt 更快趋于零的项，可得

$$\begin{aligned}
&e^{-kdt} E_t[F_j(N_{t(J)} + dN_{t(J)})] \\
&= (1-kdt)E_t\left(F_j(N_{t(J)}) + \frac{\partial F_j(N_{t(J)})}{\partial t}dt + \mu N_J \frac{\partial F_j(N_{t(J)})}{\partial N_J}dt \right. \\
&\left. \quad + \frac{1}{2}\sigma^2 N_J^2 \frac{\partial^2 F_j(N_{t(J)})}{\partial N_J^2}dt + \lambda(F_j((1+\phi)N_{t(J)}) - F_j(N_{t(J)}))dt\right) \\
&= E_t\left(F_j(N_{t(J)}) + \frac{1}{2}\sigma^2 N^2 \frac{\partial^2 F_j(N_{t(J)})}{\partial N_J^2}dt + \mu N_J \frac{\partial F_j(N_{t(J)})}{\partial N_J}dt \right. \\
&\left. \quad + \frac{\partial F_j(N_{t(J)})}{\partial t}dt - kF_j(N_{t(J)})dt + \lambda(F_j((1+\phi)N_{t(J)}) - F_j(N_{t(J)}))dt\right)
\end{aligned} \tag{8.72}$$

由式（8.71）和式（8.72），可得偏微分方程：

$$\begin{aligned}
&\frac{1}{2}\sigma^2 N_J^2 \frac{\partial^2 F_j(N_{t(J)})}{\partial N_J^2} + \mu N_J \frac{\partial F_j(N_{t(J)})}{\partial N_J} + \frac{\partial F_j(N_{t(J)})}{\partial t} \\
&-(k+\lambda)F_j(N_{t(J)}) + \lambda F_j((1+\phi)N_{t(J)}) = 0
\end{aligned} \tag{8.73}$$

根据边界条件[式（8.47）～式（8.49）]，方程（8.73）的解满足：

$$F_j(N_{t(J)}) = A_{j(J)}(N_{t(J)})^{\beta_J} \tag{8.74}$$

其中，β_J 是方程（8.75）的一个正根：

$$\frac{1}{2}\sigma^2 \beta_J(\beta_J - 1) + \mu\beta_J - (k+\lambda) + \lambda(1+\phi)^{\beta_J} = 0 \tag{8.75}$$

$A_{j(J)}$ 类似式（8.51）中的 A_j，可通过将式（8.51）中的 μ 和 β 分别用 $\mu + \lambda\phi$ 和 β_J 来替换得到。

类似地，将 $\mu + \lambda\phi$ 和 β_J 分别替换 8.3.4 节的 μ 和 β，可得城市人口规模随机跳跃时的项目价值（期望净利润 $\Lambda_{p(J)}(N_J)$、期望社会福利收益 $W_{g(J)}(N_J)$）、投资

时机（私人投资者的投资人口阈值 $N_{p(J)}^*$ 和政府的投资人口阈值 $N_{g(J)}^*$）和可行特许期（私人投资者可接受的最小特许期 $T_{\text{MIN}(J)}$ 和政府可接受的最大特许期 $T_{\text{MAX}(J)}$），对应的结果见附录 E.3。

8.6 模型应用

本节使用数值算例来验证模型的应用，探究 R+P 模式、人口漂移率、人口跳跃和谈判能力对地铁 BOT 合同设计的影响，以及 R+P 项目投资对城市空间结构的影响；比较分析不同车站布局方案（均匀和非均匀车站间距）下的最优 BOT 合同方案。表 8.2 定义了模型参数及其基准值。

表 8.2 模型参数值

符号	定义	基准值
f_f	地铁票价的固定部分/元	3
f_{MAX}	可变地铁票价的上界/（元/公里）	1.0
$f_{v,0}, f_{v,1}$	地铁项目建设前和建设期间的可变票价/（元/公里）	0, 0
K_{cap}	列车容量/（人/辆）	1500
$\bar{V}$	乘客平均步行速度/（公里/小时）	3.0
V_0, V_1	地铁建设前和建设期间的平均车辆运行速度/（公里/小时）	20, 18
H_0, H_1	地铁建设前和建设期间的平均车头时距/（小时/辆）	0.3, 0.3
V_2, V_3	私人投资者和政府运营期间的平均车辆运行速度/（公里/小时）	60, 55
Y	家庭年均收入/元	200000
ρ	家庭前往 CBD 的年均出行次数	365
τ_a	步行到车站的时间的价值/（元/小时）	80
τ_w	车站等待时间的价值/（元/小时）	80
τ_t	车内旅行时间的价值/（元/小时）	30
α	家庭效用函数参数	40000
γ	乘客等待时间函数参数	0.5
a, θ	住房生产函数参数	0.05, 0.7
π	弹性需求函数灵敏度参数	0.003
t_0	列车在车站平均停留时间/小时	0.01
ζ	地铁线上列车终点站数量/个	2.0
t_c	循环线上终点站停留时间/小时	0.1
Δ_s^0	车站上盖物业开发半径/公里	0.1
η	家庭前往 CBD 的日均出行次数	1.0
R_{ph}	高峰小时系数	0.1
δ_{MIN}	车站间距的最小值/公里	0.8

续表

符号	定义	基准值
δ_{MAX}	车站间距的最大值/公里	3.0
μ	人口年增长率/%	1.1
σ	人口漂移率	0.1
ω	谈判能力	0.5
λ	平均到达率	0.1
ϕ	带泊松跳跃的几何布朗运动参数	0.1
k	资金利息率/%	6
C_f^O, C_v^O	列车运营的固定成本/（×10⁶元/年）、可变成本/[×10⁶元/（辆·年）]	15, 30
C_f^L, C_v^L	列车线路的固定成本/（×10⁶元/年）、可变成本/[×10⁶元/（公里·年）]	33, 46
C_f^S, C_v^S	列车车站的固定成本/（×10⁶元/年）、可变成本/[×10⁶元/（个·年）]	38, 57
$\varDelta$	地铁项目的建设工期/年	5

资料来源：参见Li等（2012，2015）和Peng等（2017）

8.6.1 人口规模有无跳跃下的R+P和传统地铁投资模式投资时机的比较

图8.4展示了在有无人口规模跳跃的情况下，R+P和传统地铁投资模式的期权价值曲线和NPV曲线。为叙述方便，采用下标"J"表示人口规模有跳跃的结果[图8.4（c）和图8.4（d）]。图8.4（a）显示了在R+P模式下人口规模无跳跃的期权价值曲线和NPV曲线，这些曲线的值可通过式（8.50）、式（8.52）和式（8.53）计算。图8.4（a）中，期权价值曲线与NPV曲线之间的交点D_1、E_1和D_2、E_2分别表示实物期权方法下政府和私人投资者的人口阈值N_g^*和N_p^*，由式（8.42）和式（8.39）确定。NPV曲线与水平线（x轴）之间的交点G_1和G_2分别表示NPV方法下政府和私人投资者的人口阈值$N_{g(NPV)}^*$和$N_{p(NPV)}^*$。图8.4（b）中，交点D_1'、E_1'、D_2'、E_2'和G_1'、G_2'分别表示传统地铁投资模式下实物期权方法和NPV方法对应的人口阈值。图8.4（c）和图8.4（d）分别表示人口规模跳跃下R+P和传统地铁投资模式所对应的结果。

根据图8.4，可得到以下结论。

（1）无论采用R+P模式还是传统的地铁投资模式，以及人口规模是否发生跳跃，与实物期权方法相比，NPV方法总是低估轨道交通项目的投资价值，从而导致过早投资，造成项目价值损失。例如，图8.4（a）中，考虑人口漂移率$\sigma = 0.1$下的R+P模式，对政府而言，NPV方法导致的项目价值损失等于从G_1（政府的NPV解）到D_1（政府的实物期权解）的累计期权价值与累计NPV之差，即区域$D_1G_1F_1$

的面积；对私人投资者而言，NPV 方法导致的项目价值损失等于从 G_2（私人投资者的 NPV 解）到 D_2（私人投资者的实物期权解）的累计期权价值与累计 NPV 之差，即区域 $D_2G_2F_2$ 的面积。图 8.4（b）、图 8.4（c）和图 8.4（d）也有类似的结论。

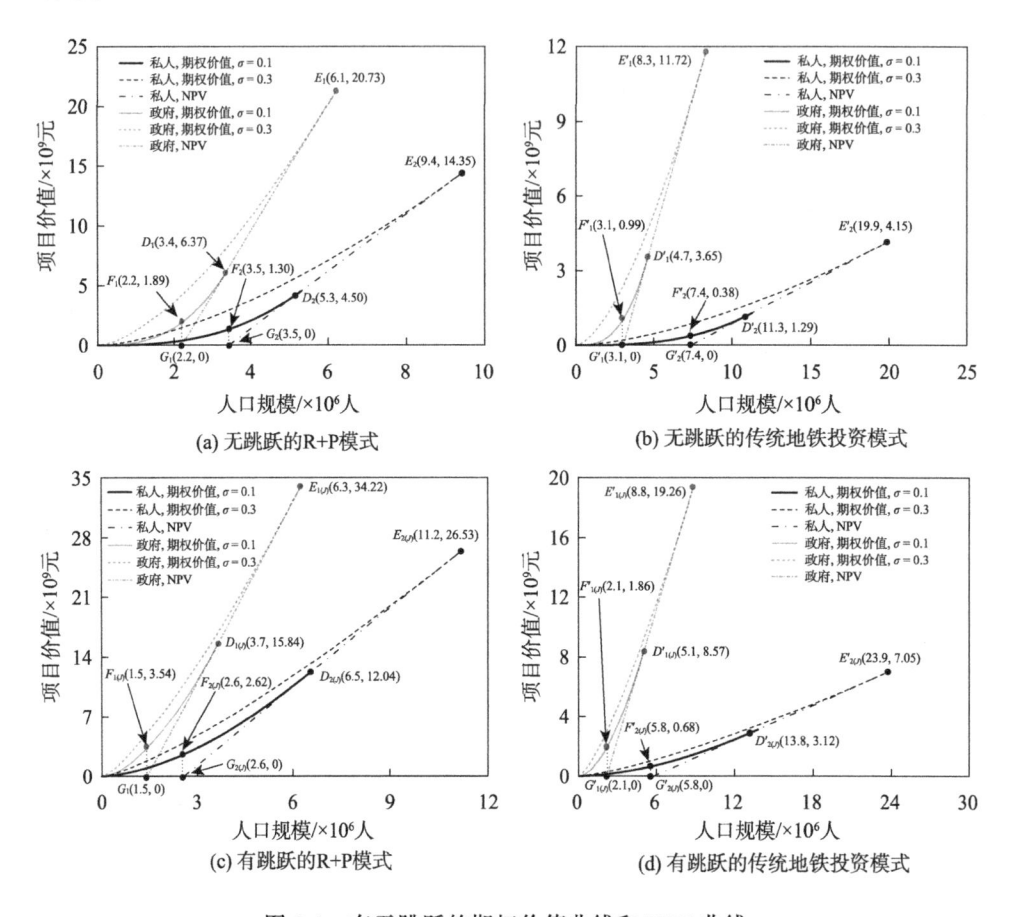

图 8.4 有无跳跃的期权价值曲线和 NPV 曲线

（2）无论是采用 R+P 模式还是传统的地铁投资模式，以及人口规模是否发生跳跃，政府比私人投资者更早投资地铁项目；不管人口规模是否出现跳跃，政府和私人投资者在 R+P 模式下比在传统地铁投资模式下更早投资地铁项目。例如，当人口漂移率 $\sigma = 0.1$ 和无人口规模跳跃时，对 R+P 模式，政府和私人投资者的人口阈值 N_g^* 和 N_p^* 分别为 340 万人和 530 万人，对应图 8.4（a）中的点 D_1 和 D_2；传统地铁投资模式对应的人口阈值 $N_g'^*$ 和 $N_p'^*$ 分别为 470 万人和 1130 万人，如图 8.4（b）中的点 D_1' 和 D_2' 所示。当人口漂移率 $\sigma = 0.1$ 和出现人口规模跳跃时，对

R+P 模式，政府和私人投资者的人口阈值 $N_{g(J)}^*$ 和 $N_{p(J)}^*$ 分别为 370 万人和 650 万人，如图 8.4(c)中的点 $D_{1(J)}$ 和 $D_{2(J)}$ 所示；传统地铁投资模式对应的人口阈值 $N_{g(J)}'^*$ 和 $N_{p(J)}'^*$ 分别为 510 万人和 1380 万人，如图 8.4(d)中的点 $D_{1(J)}'$ 和 $D_{2(J)}'$ 所示。人口漂移率 $\sigma = 0.3$ 的结果与这些结果相一致。

（3）不管人口规模是否发生跳跃，无论是对政府还是对私人投资者来说，人口漂移率 σ 大的期权价值曲线 $F(N)$ 总是位于人口漂移率 σ 小的期权价值曲线之上，这表明人口漂移率 σ 越大，投资就越晚。因此，当人口规模不确定性较大时，投资者必须等待更长时间才投资，以确保城市人口规模达到触发投资的人口阈值。例如，在没有跳跃发生的 R+P 模式下[图 8.4（a）]，随着人口漂移率 σ 从 0.1 增加到 0.3，政府的人口阈值 N_g^* 从 340 万人（D_1）增加到 610 万人（E_1），私人投资者的人口阈值 N_p^* 从 530 万人（D_2）增加到 940 万人（E_2）。政府的期权价值从 63.7 亿元（D_1）增加到 207.3 亿元（E_1），私人投资者的期权价值从 45.0 亿元（D_2）增加到 143.5 亿元（E_2）。对传统的地铁投资模式和对人口规模出现跳跃的情形，结果类似，见图 8.4（b）、图 8.4（c）和图 8.4（d）。

（4）与无人口规模跳跃相比较，人口规模向上的泊松跳跃导致政府或私人投资者延迟投资。例如，比较图 8.4（a）和图 8.4（c）可以看出，当人口漂移率 $\sigma = 0.1$ 和出现人口规模跳跃时，在 R+P 模式下，政府和私人投资者的人口阈值 $N_{g(J)}^*$ 和 $N_{p(J)}^*$ 分别为 370 万人和 650 万人，对应图 8.4（c）中的点 $D_{1(J)}$ 和 $D_{2(J)}$。但对无跳跃情形，政府和私人投资者的人口阈值 N_g^* 和 N_p^* 分别为 340 万人和 530 万人，如图 8.4（a）所示。

8.6.2 人口规模有无跳跃下的 R+P 和传统地铁投资模式 BOT 合同的比较

表 8.3 列出了人口规模有无跳跃时，在 R+P 和传统地铁投资模式下，特许期、地铁线路长度、车站数量、列车车头时距和票价的最优解。首先，讨论人口规模不出现跳跃时引入 R+P 模式的影响。由表 8.3 第 2 列和第 4 列可以看出，R+P 模式下的车站数量（21 个）远大于传统地铁投资模式下的车站数量（13 个）。基于最优的车站数量，R+P 模式下的最优地铁线路长度为 41.5 公里，传统地铁投资模式下的最优地铁线路长度为 24.7 公里。R+P 和传统地铁投资模式下的最优特许期分别为 30.39 年和 37.28 年。这些结果表明，与传统地铁投资模式相比，R+P 模式下的地铁线路更长，车站数量更多，特许期更短。此外，R+P 模式导致私人投资者运营期间和政府运营期间的列车车头时距分别增加 0.04 小时和 0.02 小时，但票价分别降低 0.26 元和 0.22 元。

表 8.3 R+P 和传统地铁投资模式下的最优解

模型解	R+P 模式 无跳跃	R+P 模式 有跳跃	传统地铁投资模式 无跳跃	传统地铁投资模式 有跳跃
最优的特许期/年	30.39	32.96	37.28	38.84
最优的车站数量/个	21	25	13	17
最优的地铁线路长度/公里	41.5	49.7	24.7	31.7
私人投资者运营期最优车头时距/小时	0.23	0.16	0.19	0.15
私人投资者运营期最优票价/元	0.34	0.25	0.60	0.49
政府运营期最优车头时距/小时	0.10	0.09	0.08	0.05
政府运营期最优票价/元	0.20	0.13	0.42	0.24
私人投资者可接受的最小特许期/年	22.82	24.52	26.95	27.51
政府可接受的最大特许期/年	61.21	65.76	71.96	72.48
项目投资前的城市边界/公里	53.35	61.27	37.16	43.86
项目建设中的城市边界/公里	52.74	60.37	36.89	43.25
私人投资者运营期的城市边界/公里	54.18	62.29	38.83	44.56
政府运营期的城市边界/公里	55.16	63.25	39.78	45.82
私人投资者的期望净利润/$\times 10^9$元	78.46	96.54	38.43	47.32
系统的期望社会福利/$\times 10^9$元	146.37	220.56	68.31	108.53

表 8.3 第 2 列和第 4 列也表明，与无跳跃的传统地铁投资模式相比，无跳跃的 R+P 模式下的城市边界更长。具体来说，在 R+P 模式下，项目投资前、项目建设中、私人投资者运营期间和政府运营期间的城市边界分别为 53.35 公里、52.74 公里、54.18 公里和 55.16 公里，传统地铁投资模式下的相应值分别为 37.16 公里、36.89 公里、38.83 公里和 39.78 公里，小于 R+P 模式下的对应值。这意味着 R+P 模式通过将房地产开发延伸到郊区而导致城市蔓延。此外，表 8.3 还表明，R+P 模式下私人投资者的期望净利润为 784.6 亿元，是传统地铁投资模式下私人投资者的期望净利润（384.3 亿元）的两倍多。从政府的角度来看，R+P 模式比传统地铁投资模式带来更多的期望社会福利，分别为 1463.7 亿元和 683.1 亿元。因此，R+P 模式可以显著提高私人投资者的期望净利润和系统的期望社会福利，对私人投资者和政府来说，是一种双赢模式。对人口规模出现跳跃的情形，结果类似，见表 8.3 第 3 列和第 5 列。

现在讨论人口规模跳跃对模型解的影响。对比表 8.3 第 2 列和第 3 列（或第 4 列和第 5 列）可以看出，无论是 R+P 模式还是传统地铁投资模式，人口规模跳跃将导致私人投资者运营期和政府运营期列车车头时距和地铁票价减少，但特许期、车站数量和地铁线路长度增加。例如，在 R+P 模式下（表 8.3 第 2 列和第 3 列），在考虑人口规模跳跃影响之后，私人投资者运营期的车头时距和地铁票价分别减少 0.07 小时和 0.09 元、政府运营期的车头时距和地铁票价分别减少 0.01 小时和

0.07 元,而特许期、车站数量和地铁线路长度分别增加 2.57 年、4 个和 8.2 公里。对 R+P 和传统地铁投资模式,私人投资者的期望净利润和系统的期望社会福利均增加。再次以 R+P 模式为例,表 8.3 第 2 列和第 3 列表明,私人投资者的期望净利润和系统的期望社会福利分别增加 180.8 亿元和 741.9 亿元,意味着在 BOT 合同设计中忽略人口规模跳跃的影响会低估私人投资者的期望净利润和系统的期望社会福利。

8.6.3 人口规模不确定性对 BOT 项目特许期的影响

图 8.5（a）和图 8.5（b）描述了在 R+P 和传统地铁投资模式下,人口规模有无跳跃时私人投资者可接受的最小特许期曲线、政府可接受的最大特许期曲线及最优的特许期曲线,这些曲线分别通过式(8.57)、式(8.58)、式(E.3.1)、式(E.3.7)~式（E.3.9）确定。图 8.5（a）和图 8.5（b）表明,随着人口漂移率的增加,私人投资者可接受的最小特许期一直增加,而政府可接受的最大特许期一直减少。曲线相交于一点（H、H'、H_J 或 H'_J）,该点对应允许的最大城市人口漂移率 σ_{max}。在 σ_{max} 左侧,可接受的最小特许期曲线始终位于可接受的最大特许期曲线下方。私人投资者与政府谈判产生的最优特许期曲线介于两者之间。在 σ_{max} 右侧,可接受的最小特许期超过可接受的最大特许期,意味着私人投资者和政府之间不存在均能接受的解,即谈判失败。

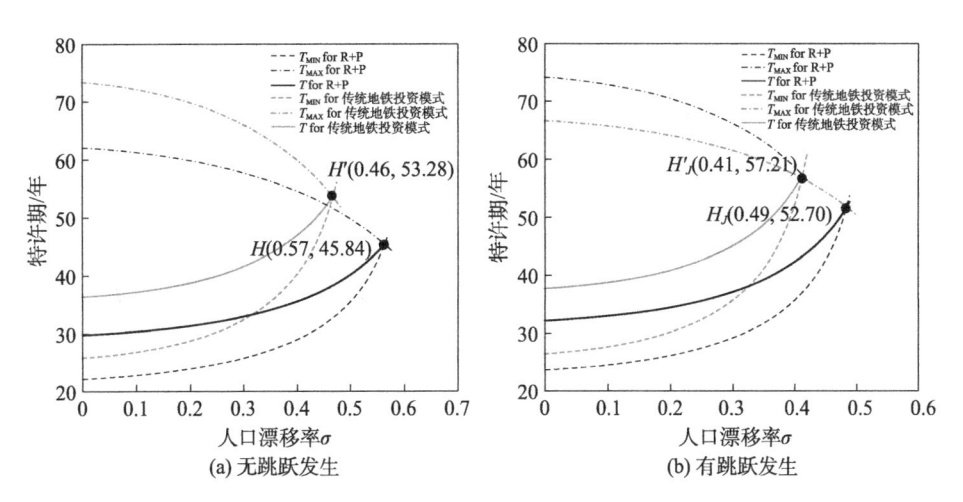

(a) 无跳跃发生 (b) 有跳跃发生

图 8.5 在 R+P 和传统地铁投资模式下人口漂移率和人口规模跳跃对特许期的影响

当人口规模不出现跳跃时,R+P 模式的 σ_{max} 为 0.57（点 H）,传统地铁投资模式的 σ_{max} 为 0.46（点 H'）。当人口规模出现跳跃时,R+P 模式的 σ_{max} 为 0.49（点 H_J）,传统地铁投资模式的 σ_{max} 为 0.41（点 H'_J）。这些结果表明,给定人口漂移

率 σ，无论人口规模是否出现跳跃，传统地铁投资模式都会高估最优特许期解。跳跃现象的出现缩短了私人投资者与政府谈判的可行域，具体来说，在 R+P 模式下 σ_{max} 减少 0.08，在传统地铁投资模式下 σ_{max} 减少 0.05。

8.6.4 谈判能力和人口跳跃对特许期的影响

图 8.6 给出了在 R+P 和传统地铁投资模式下，最优特许期随谈判能力的变化曲线。结果表明，随着政府谈判能力 ω 增强，无论采用哪种投资模式或人口跳跃现象是否出现，最优特许期总是减小。对有无人口跳跃情形，分别存在一个无差异谈判能力 ω^* 使得 R+P 和传统地铁投资模式的特许期相等。但与 R+P 模式相比，当 $\omega \leqslant \omega^*$ 时，传统地铁投资模式将低估最优特许期；当 $\omega > \omega^*$ 时，传统地铁投资模式将高估最优特许期。具体来说，不发生人口跳跃时，无差异谈判能力 ω^* 为 0.11（点 I）；出现人口跳跃时，无差异谈判能力 ω^* 为 0.17（点 I_J）。因此，人口跳跃的出现增大了无差异谈判能力 ω^*，意味着低估最优特许期的 ω 的范围扩大、高估最优特许期的 ω 的范围减小。

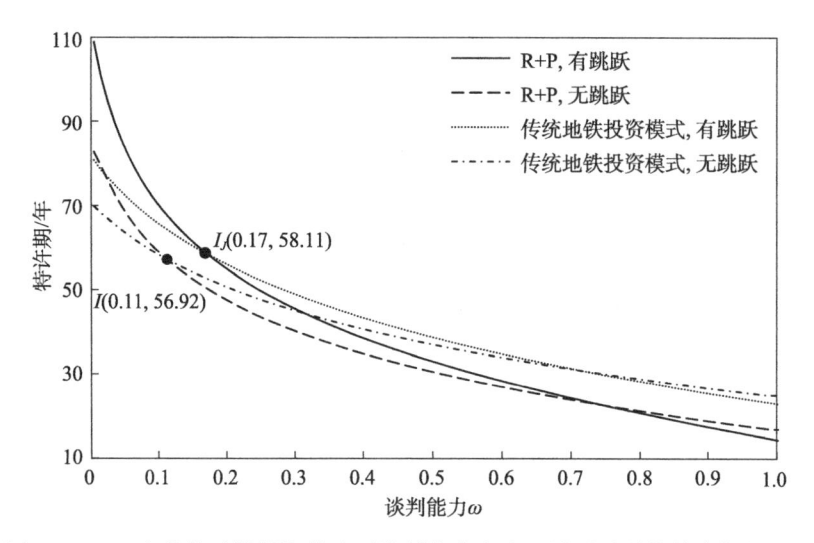

图 8.6 R+P 和传统地铁投资模式下谈判能力和人口跳跃对最优特许期的影响

8.6.5 R+P 模式对城市空间结构的影响

本节探讨地铁投资对城市空间结构的影响。我们发现在有无人口跳跃出现时，地铁投资对城市空间结构的影响是类似的。为节省篇幅，下面以无人口跳跃出现的情形为例。图 8.7（a）～图 8.7（d）描述了当城市人口规模为 1380 万人 [发生人口跳跃时传统地铁投资模式下私人投资者的投资人口阈值，见图 8.4（d）] 时，在无人口跳跃的 R+P 和传统地铁投资模式下，私人投资者运营期间和政府运营期间的均衡家庭居住密度、均衡房价、均衡家庭住房面积及均衡投资强度的分布图。

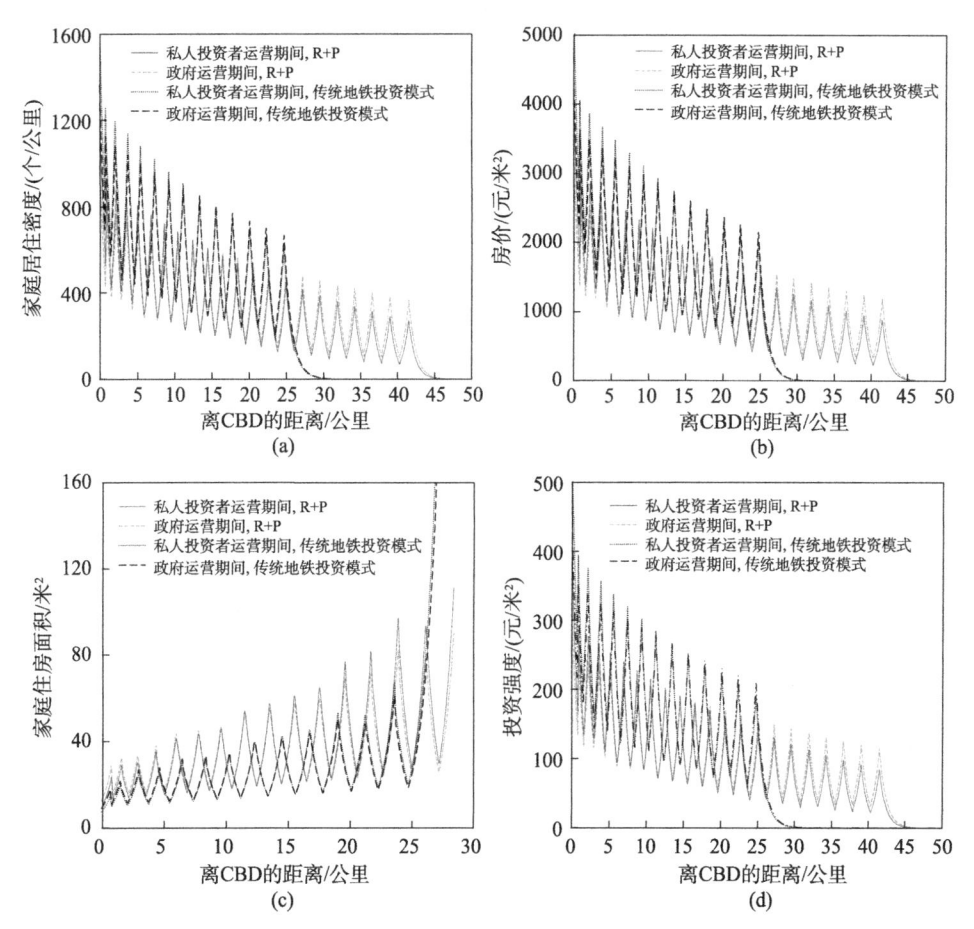

图 8.7　R+P 和传统地铁投资模式下的均衡家庭居住密度、均衡房价、
均衡家庭住房面积和均衡投资强度

图 8.7（a）显示了在 R+P 和传统地铁投资模式下，沿线性走廊的家庭居住密度分布。可以看到，所有的家庭居住密度曲线随与 CBD 的距离呈锯齿状变化。由于车站可达性和便利性最高，车站附近的家庭居住密度达到局部最大值。在车站两侧，家庭居住密度随着与车站的距离的增加而下降，反之亦然。实施 R+P 模式降低城市 CBD 的家庭居住密度、增加城市郊区的家庭居住密度，因此，城市变得更加发散，特别是在政府接管 BOT 项目之后。

图 8.7（b）表明在 R+P 和传统地铁投资模式下，房价曲线随与 CBD 的距离呈锯齿状变化。由于车站可达性和便利性最高，车站处的房价达到局部最大值。在车站两侧，随着与车站距离的增加，车站可达性降低，房价下降，反之亦然。

与家庭居住密度类似，与传统地铁投资模式相比，R+P 模式降低了城市 CBD 的房价、提高了郊区的房价。这意味着 R+P 模式有助于促进城市 CBD 和郊区房地产市场的健康发展。

图 8.7（c）描述了在 R+P 和传统地铁投资模式下家庭住房面积的变化。结果表明，两种模式下的家庭住房面积曲线均随与 CBD 的距离呈锯齿状变化，且车站附近的家庭住房面积小于远离该车站的家庭住房面积，这是由车站附近的家庭居住密度高所致。

图 8.7（d）给出了在 R+P 和传统地铁投资模式下投资强度的变化。正如期望的那样，投资强度的变化趋势与家庭居住密度的变化趋势一致。与传统地铁投资模式相比，在 R+P 模式下，房地产开发商将会减少城市 CBD 的住房供应、提高郊区的住房供应。当政府接管 BOT 项目之后，会在郊区建设更多的住房。这是因为公共交通服务的改善使得更多的居民愿意住在郊区。

8.6.6 非均匀与均匀车站布局解的比较

为研究地铁沿线车站布局对 BOT 合同设计的影响，考虑两种车站布局方案，即均匀和非均匀车站间距。均匀车站间距意味着 $D_s - D_{s+1}$ 对任意的 $s=1,2,\cdots,M$ 是常数。均匀车站间距可以为地铁运营商提供地铁线路规划设计的有用信息，特别是在早期阶段，常用于 BOT 合同设计中车站间距的估计或近似。我们再次以人口规模无跳跃的情形为例（有跳跃和无跳跃的结论类似）。图 8.8 显示了在均匀和非均匀车站间距分布下，当人口规模不发生跳跃时，谈判价值［式（8.59）］随车站数量的变化。可以看到，无论是 R+P 模式还是传统地铁投资模式，随着地铁走廊车站数量的增加，谈判价值先增加后减少。给定投资模式（R+P 或传统地铁投资模式），非均匀车站间距下的谈判价值曲线总是高于均匀车站间距下的谈判价值曲线，表明给定车站数量，均匀车站布局的谈判价值比非均匀车站布局的谈判价值

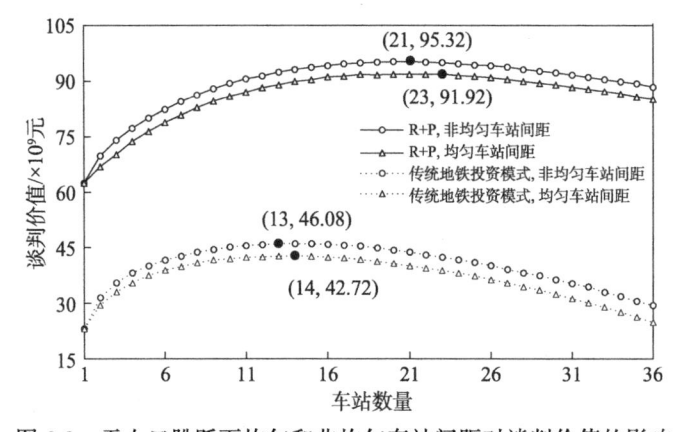

图 8.8 无人口跳跃下均匀和非均匀车站间距对谈判价值的影响

低。此外，与最优的非均匀车站间距相比，最优的均匀车站间距需要更多的车站数量。具体来说，在 R+P 模式下，均匀和非均匀车站间距下的最优车站数量分别为 23 个和 21 个，对应的谈判价值分别为 919.2 亿元和 953.2 亿元。在传统地铁投资模式下，均匀和非均匀车站间距下的最优车站数量分别为 14 个和 13 个。

图 8.9（a）和图 8.9（b）分别给出了在 R+P 和传统地铁投资模式下均匀和非均匀最优车站布局方案。可以看到，尽管均匀布局的线路需要更多的车站，但其线路比非均匀车站布局的线路要短，因此均匀车站布局下的平均车站间距要小于非均匀车站布局下的平均车站间距。具体来说，在 R+P 和传统地铁投资模式下，均匀车站布局下的线路比非均匀车站布局下的线路分别短 10 公里和 2.3 公里。

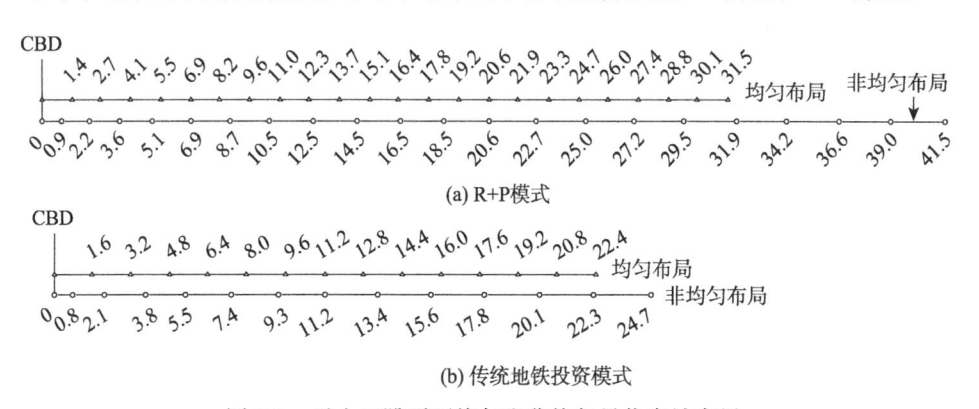

图 8.9 无人口跳跃下均匀和非均匀最优车站布局

表 8.4 进一步归纳了 R+P 模式下均匀和非均匀最优车站布局解。可以看到，

表 8.4 R+P 模式下均匀和非均匀最优车站布局解

模型解	非均匀车站布局	均匀车站布局
最优的特许期/年	30.39	33.47
最优的车站数量/个	21	23
最优的地铁线路长度/公里	41.5	31.5
私人投资者运营期最优车头时距/小时	0.23	0.20
私人投资者运营期最优票价/元	0.34	0.40
政府运营期最优车头时距/小时	0.10	0.09
政府运营期最优票价/元	0.20	0.28
私人投资者可接受的最小特许期/年	22.82	24.56
政府可接受的最大特许期/年	61.21	57.64
项目投资前的城市边界/公里	53.35	43.72
项目建设中的城市边界/公里	52.74	43.45
私人投资者运营期的城市边界/公里	54.18	44.69
政府运营期的城市边界/公里	55.16	45.78
私人投资者的期望净利润/$\times 10^9$ 元	78.46	70.34
系统的期望社会福利/$\times 10^9$ 元	146.37	132.57

与非均匀车站布局方案相比，均匀车站布局方案导致特许期增加 3.08 年，私人投资者运营期和政府运营期的城市边界变小，因此城市更紧凑，列车车头时距减少，但地铁票价增加，私人投资者的期望净利润和系统的期望社会福利分别下降 81.2 亿元和 138 亿元。因此，从私人投资者和政府的角度，非均匀车站布局方案可以实现双赢，优于均匀车站布局方案。

8.7 本章小结

本章研究了未来城市人口规模不确定情况下 R+P 项目 BOT 合同设计问题，提出了基于谈判博弈的两阶段模型来确定最优特许期（包括投资时机）及地铁线路参数和运营参数。两阶段模型的第一阶段通过私人投资者与政府之间的双边纳什讨价还价博弈模型来确定特许期、地铁线路长度、车站数量和位置；第二阶段对 BOT 项目私人投资者特许期间和移交政府后的列车车头时距与票价进行优化。该模型被拓展到考虑城市人口规模随机跳跃和不同车站布局方案（均匀和非均匀车站间距）对 BOT 合同设计的影响，对比分析了人口跳跃和均匀/非均匀车站间距下 R+P 与传统地铁投资模式的结果，以及它们对城市空间结构的影响。

本章为交通基础设施融资问题的研究提供了方法论，取得了一些重要的、具有指导意义的结果。第一，与传统的地铁投资模式（无车站上盖物业作为私人投资者的补贴）相比，R+P 模式导致城市蔓延和提前投资，它也将引起地铁线路长度、车站数量和列车车头时距增加，但特许期和地铁票价下降。此外，R+P 模式对城市居民分布和住房市场有显著影响，缩小了城市 CBD 与郊区的房价差距，有助于城市住房市场的可持续发展，特别是在政府接管地铁 BOT 项目之后。实施 R+P 模式可以为利益驱动的私人投资者和福利驱动的政府带来双赢局面。给定投资模式（R+P 或传统地铁投资模式），政府倾向于比私人投资者更早投资。第二，较高的人口漂移率会导致较高的期权价值和较高的人口阈值，意味着推迟投资。第三，人口规模跳跃可能导致私人投资者运营期间和政府运营期间的列车车头时距和票价降低，但特许期、车站数量和地铁线路长度增加，也会缩短私人投资者与政府讨价还价解的可行域，增加 R+P 与传统地铁投资模式下的无差异谈判能力的临界值。在 BOT 合同设计中忽略人口规模跳跃的影响，会导致低估项目投资价值，同时引起投资提前和特许期缩短。第四，在 BOT 合同设计中，使用均匀车站间距作为实际车站布局的估计或近似将导致合同设计参数的值发生较大偏差和低估项目价值（低估期望净利润和期望社会福利）。因此，在实践中，为设计出专业的、有效的 BOT 合同，应采用最优的非均匀车站布局方案。

参 考 文 献

Alonso W. 1964. Location and Land Use: Toward A General Theory of Land Rent. Cambridge[M]. Cambridge: Harvard University Press.

Anas A, Xu R. 1999. Congestion, land use, and job dispersion: A general equilibrium model[J]. Journal of Urban Economics, 45(3): 451-473.

Bazaraa M S, Sherali H D, Shetty C M. 2006. Nonlinear Programming: Theory and Algorithms[M]. Hoboken: John Wiley & Sons.

Beckmann M J. 1969. On the distribution of urban rent and residential density[J]. Journal of Economic Theory, 1(1): 60-67.

Beckmann M J. 1974. Spatial equilibrium in the housing market[J]. Journal of Urban Economics, 1(1): 99-107.

Bowes D R, Ihlanfeldt K R. 2001. Identifying the impacts of rail transit stations on residential property values[J]. Journal of Urban Economics, 50(1): 1-25.

Cervero R, Murakami J. 2009. Rail and property development in Hong Kong: Experiences and extensions[J]. Urban Studies, 46(10): 2019-2043.

Chen A, Subprasom K. 2007. Analysis of regulation and policy of private toll roads in a build-operate-transfer scheme under demand uncertainty[J]. Transportation Research Part A: Policy and Practice, 41(6): 537-558.

Chen Z, Woolley F. 2001. A Cournot-Nash model of family decision making[J]. The Economic Journal, 111(474): 722-748.

de Dios Ortuzar J, Willumsen L G. 2011. Modelling Transport[M]. 4th ed. Chichester: John Wiley & Sons.

Dixit A K, Pindyck R S. 1994. Investment under Uncertainty[M]. Princeton: Princeton University Press.

Eliasson J, Fosgerau M. 2013. Cost overruns and demand shortfalls-deception or selection?[J]. Transportation Research Part B: Methodological, 57: 105-113.

Fujita M. 1989. Urban Economic Theory: Land Use and City Size[M]. Cambridge: Cambridge University Press.

Galera A L L, Soliño A S. 2010. A real options approach for the valuation of highway concessions[J]. Transportation Science, 44(3): 416-427.

Gao Y L, Driouchi T. 2013. Incorporating Knightian uncertainty into real options analysis: Using multiple-priors in the case of rail transit investment[J]. Transportation Research Part B: Methodological, 55: 23-40.

Guo X L, Yang H. 2009. Analysis of a build-operate-transfer scheme for road franchising[J]. International Journal of Sustainable Transportation, 3: 312-338.

Harsanyi J C, Selten R. 1972. A generalized Nash solution for two-person bargaining games with incomplete information[J]. Management Science, 18: 80-106.

Hu X, Caldentey R, Vulcano G. 2013. Revenue sharing in airline alliances[J]. Management Science, 59(5): 1177-1195.

Kraus M. 2006. Monocentric cities[M]//Arnott R J, McMillan D P. A Companion to Urban Economics. Oxford: Blackwell Publishing: 96-108.

Lam W H K, Cheung C Y, Poon Y F. 1998. A study of train dwelling time at the Hong Kong mass transit railway system[J]. Journal of Advanced Transportation, 32(3): 285-295.

Lam W H K, Zhou J. 2000. Optimal fare structure for transit networks with elastic demand[J]. Transportation Research Record, 1733: 8-14.

Li Z C, Chen Y J, Wang Y D, et al. 2013. Optimal density of radial major roads in a two-dimensional monocentric city with endogenous residential distribution and housing prices[J]. Regional Science and Urban Economics, 43(6): 927-937.

Li Z C, Guo Q W, Lam W H K, et al. 2015. Transit technology investment and selection under urban population volatility: A real option perspective[J]. Transportation Research Part B: Methodological, 78: 318-340.

Li Z C, Lam W H K, Wong S C, et al. 2012. Modeling the effects of integrated rail and property development on the design of rail line services in a linear monocentric city[J]. Transportation Research Part B: Methodological, 46(6): 710-728.

Li Z C, Peng Y T. 2016. Modeling the effects of vehicle emission taxes on residential location choices of different-income households[J]. Transportation Research Part D, 48: 248-266.

Li Z C, Wang Y D. 2018. Analysis of multimodal two-dimensional urban system equilibrium for cordon toll pricing and bus service design[J]. Transportation Research Part B: Methodological, 111: 244-265.

Lu Z Y, Meng Q. 2017. Analysis of optimal BOT highway capacity and economic toll adjustment provisions under traffic demand uncertainty[J]. Transportation Research Part E: Logistics and Transportation Review, 100: 17-37.

Lv J, Ye G, Liu W, et al. 2014. Alternative model for determining the optimal concession period in managing BOT transportation projects[J]. Journal of Management in Engineering, 31(4): 04014066.

Meng Q, Lu Z. 2017. Quantitative analyses of highway franchising under build-operate-transfer scheme: Critical review and future research directions[J]. Transportation Research Part B: Methodological, 102: 105-123.

Mills E S. 1972. Studies in the structure of the urban economy[J]. Baltimore: The Johns Hopkins Press.

Nash J. 1951. Non-cooperative games[J]. The Annals of Mathematics, 54(2): 286-295.

Niu B Z, Zhang J. 2013. Price, capacity and concession period decisions of Pareto-efficient BOT contracts with demand uncertainty[J]. Transportation Research Part E: Logistics and Transportation Review, 53: 1-14.

O' Sullivan A. 2000. Urban Economics[M]. Boston: Irwin/McGraw-Hill Higher Education.

Peng Y T, Li Z C, Choi K. 2017. Transit-oriented development in an urban rail transportation corridor[J]. Transportation Research Part B: Methodological, 103: 269-290.

Pines D, Sadka E. 1986. Comparative statics analysis of a fully closed city[J]. Journal of Urban Economics, 20(1): 1-20.

Quigley J M. 1984. The production of housing services and the derived demand for residential energy[J]. The RAND Journal of Economics, 15: 555-567.

Saphores J D M, Boarnet M G. 2006. Uncertainty and the timing of an urban congestion relief investment: The no-land case[J]. Journal of Urban Economics, 59(2): 189-208.

Shen L Y, Li H, Li Q. 2002. Alternative concession model for build operate transfer contract projects[J]. Journal of Construction Engineering and Management, 128(4): 326-330.

Solow R M. 1972. Congestion, density and the use of land in transportation[J]. The Swedish Journal of Economics, 74(1): 161-173.

Solow R M. 1973. Congestion cost and the use of land for streets[J]. The Bell Journal of Economics and Management Science, 4(2): 602-618.

Song Y, Zenou Y. 2006. Property tax and urban sprawl: Theory and implications for US cities[J]. Journal of Urban Economics, 60(3): 519-534.

Tan Z J, Yang H. 2012. Flexible build-operate-transfer contracts for road franchising under demand uncertainty[J]. Transportation Research Part B: Methodological, 46(10): 1419-1439.

Tan Z J, Yang H, Guo X L. 2010. Properties of pareto-efficient contracts and regulations for road franchising[J]. Transportation Research Part B: Methodological, 44: 415-433.
Tang B S, Chiang Y H, Baldwin A N, et al. 2004. Study of the integrated rail-property development model in Hong Kong[R]. Hong Kong: The Hong Kong Polytechnic University.
Vuchic V R. 1969. Rapid transit interstation spacings for maximum number of passengers[J]. Transportation Science, 3(3): 214-232.
Vuchic V R, Newell G F. 1968. Rapid transit interstation spacings for minimum travel time[J]. Transportation Science, 2(4): 303-339.
Wirasinghe S C, Quain G J, Vandebona U, et al. 2002. Optimal terminus location for a rail line with many to many travel demand: proceedings of the 15th international symposium on transportation and traffic theory[M]//Taylor M A P. Transportation and Traffic Theory in the 21st Century. Oxford: Elsevier: 75-97.
Wirasinghe S C, Seneviratne P N. 1986. Rail line length in an urban transportation corridor[J]. Transportation Science, 20(4): 237-245.
Wirasinghe S C, Szplett D. 1984. An investigation of passenger interchange and train standing time at LRT stations: (II) Estimation of standing time[J]. Journal of Advanced Transportation, 18(1): 13-24.
Xu X D, Chen A, Wong S C, et al. 2015. Selection bias in build-operate-transfer transportation project appraisals[J]. Transportation Research Part A: Policy and Practice, 75: 245-251.
Yang H, Meng Q. 2000. Highway pricing and capacity choice in a road network under a build-operate-transfer scheme[J]. Transportation Research Part A: Policy and Practice, 34(3): 207-222.
Yao M Z, Wang D G, Yang H. 2017. A game-theoretic model of car ownership and household time allocation[J]. Transportation Research Part B: Methodological, 104: 667-685.

附　录

附录 A

附录 A.1　命题 3.1 的证明

为获得轨道交通线路长度和车站位置的最优解，令目标函数 $\bar{\pi}$ 关于车站位置 D_s 的偏导数为零，得到

$$\frac{\partial \bar{\pi}}{\partial D_s} = \bar{f} \sum_{i=1}^{N} \frac{\partial Q_i}{\partial D_s} - \mathit{\Delta}_s \left(\frac{2\mu_1}{HV_t} + \gamma_1 \right) = 0, \quad \forall s = 1, 2, \cdots, N \quad (\text{A.1.1})$$

其中，若 $s = 1$，则 $\mathit{\Delta}_s = 1$，否则 $\mathit{\Delta}_s = 0$。

根据式（3.12）～式（3.14），Q_s 是 D_s、λ_s、L_{s-1} 和 L_s 的函数。根据式（3.1）～式（3.11），λ_s、L_{s-1} 和 L_s 又是 D_{s-1}、D_s 和 D_{s+1} 的函数，因此

$$Q_s = Q_s(D_{s-1}, D_s, D_{s+1}), \quad \forall s = 1, 2, \cdots, N \quad (\text{A.1.2})$$

从而，式（A.1.3）成立：

$$\frac{\partial Q_i}{\partial D_s} = 0, \quad \forall i \neq s-1, s, s+1 \quad (\text{A.1.3})$$

将式（A.1.3）代入式（A.1.1），得到

$$\bar{f} \sum_{i=s-1}^{s+1} \frac{\partial Q_i}{\partial D_s} - \mathit{\Delta}_s \left(\frac{2\mu_1}{HV_t} + \gamma_1 \right) = 0, \quad \forall s = 1, 2, \cdots, N \quad (\text{A.1.4})$$

目标函数 $\bar{\pi}$ 关于车头时距 H 的偏导数为

$$\frac{\partial \bar{\pi}}{\partial H} = \bar{f} \sum_{s=1}^{N} \frac{\partial Q_s}{\partial H} + \frac{\mu_1}{H^2} \left(\zeta T_0 + \frac{2D_1}{V_t} + 2\beta_0 N \right) = 0 \quad (\text{A.1.5})$$

根据式（3.12），Q_1 是 L_0 的函数，而 L_0 是 λ_1 的函数，因此，根据式（3.13），Q_1 是车头时距 H 的函数。但是，根据式（3.1），L_s ($s = 2, \cdots, N$) 与车头时距 H 无关。因此，可得

$$\begin{cases} \dfrac{\partial Q_1}{\partial H} = \dfrac{\partial \lambda_1}{\partial H} \int_{L_1}^{L_0} P(x) \mathrm{d}x + \lambda_1 P(L_0) \dfrac{\partial L_0}{\partial H} - \dfrac{e_a}{V_a} P(L_0)(L_0 - D_1) \dfrac{\partial l_0}{\partial H} \\ \quad\quad = \dfrac{\partial \lambda_1}{\partial H} \int_{L_1}^{L_0} P(x) \mathrm{d}x = -\alpha e_w \int_{L_1}^{L_0} P(x) \mathrm{d}x \\ \dfrac{\partial Q_s}{\partial H} = \dfrac{\partial \lambda_s}{\partial H} \int_{L_s}^{L_{s-1}} P(x) \mathrm{d}x = -\alpha e_w \int_{L_s}^{L_{s-1}} P(x) \mathrm{d}x, \quad \forall s = 2, \cdots, N \end{cases} \quad (\text{A.1.6})$$

根据式（A.1.5）和式（A.1.6），可推导出

$$H = \sqrt{\frac{\mu_1 \left(\zeta T_0 + \dfrac{2D_1}{V_t} + 2\beta_0 N \right)}{\alpha e_w \overline{f} \sum_{s=1}^{N} \int_{L_s}^{L_{s-1}} P(x) \mathrm{d}x}} \tag{A.1.7}$$

目标函数 $\overline{\pi}$ 关于票价 $\overline{f}$ 的偏导数满足：

$$\frac{\partial \overline{\pi}}{\partial \overline{f}} = \sum_{s=1}^{N} Q_s + \overline{f} \sum_{s=1}^{N} \frac{\partial Q_s}{\partial \overline{f}} = 0 \tag{A.1.8}$$

其中，

$$\begin{cases} \dfrac{\partial Q_1}{\partial \overline{f}} = \dfrac{\partial \lambda_1}{\partial \overline{f}} \int_{L_1}^{L_0} P(x) \mathrm{d}x + \lambda_1 P(L_0) \dfrac{\partial L_0}{\partial \overline{f}} - \dfrac{e_a}{V_a} P(L_0)(L_0 - D_1) \dfrac{\partial L_0}{\partial \overline{f}} \\ \quad\quad = \dfrac{\partial \lambda_1}{\partial \overline{f}} \int_{L_1}^{L_0} P(x) \mathrm{d}x = -e_f \int_{L_1}^{L_0} P(x) \mathrm{d}x \\ \dfrac{\partial Q_s}{\partial \overline{f}} = \dfrac{\partial \lambda_s}{\partial \overline{f}} \int_{L_s}^{L_{s-1}} P(x) \mathrm{d}x = -e_f \int_{L_s}^{L_{s-1}} P(x) \mathrm{d}x, \ \forall s = 2, \cdots, N \end{cases} \tag{A.1.9}$$

将式（A.1.9）代入式（A.1.8），得到

$$\overline{f} = \frac{\sum\limits_{s=1}^{N} Q_s}{e_f \sum\limits_{s=1}^{N} \int_{L_s}^{L_{s-1}} P(x) \mathrm{d}x} \tag{A.1.10}$$

式（A.1.4）、式（A.1.7）和式（A.1.10）分别定义了单一票价制下的轨道交通线路长度、车站位置、发车时距和票价的最优解。类似地，可推导出基于距离的票价制下的一阶最优性条件，此处不再赘述。

附录 A.2　命题 3.4 的证明

我们需要判断 $N \times N$ 海赛矩阵 $H_N(\overline{\pi}) = \left(\dfrac{\partial^2 \overline{\pi}}{\partial D_i \partial D_j} \right)$ 的负定性。根据式（3.25）和式（A.1.1）～式（A.1.3），$\overline{\pi}$ 关于 $D_1, D_2, \cdots, D_N$ 的二阶偏导数为

$$\begin{cases} \dfrac{\partial^2 \overline{\pi}}{\partial D_1^2} = \overline{f} \left(\dfrac{\partial^2 Q_1}{\partial D_1^2} + \dfrac{\partial^2 Q_2}{\partial D_1^2} \right), \ \dfrac{\partial^2 \overline{\pi}}{\partial D_N^2} = \overline{f} \left(\dfrac{\partial^2 Q_{N-1}}{\partial D_N^2} + \dfrac{\partial^2 Q_N}{\partial D_N^2} \right) \\ \dfrac{\partial^2 \overline{\pi}}{\partial D_s^2} = \overline{f} \left(\dfrac{\partial^2 Q_{s-1}}{\partial D_s^2} + \dfrac{\partial^2 Q_s}{\partial D_s^2} + \dfrac{\partial^2 Q_{s+1}}{\partial D_s^2} \right), \ \forall s = 2, \cdots, N-1 \\ \dfrac{\partial^2 \overline{\pi}}{\partial D_{s-1} \partial D_s} = \overline{f} \left(\dfrac{\partial^2 Q_{s-1}}{\partial D_{s-1} \partial D_s} + \dfrac{\partial^2 Q_s}{\partial D_{s-1} \partial D_s} \right), \ \forall s = 2, \cdots, N \\ \dfrac{\partial^2 \overline{\pi}}{\partial D_s \partial D_i} = 0, \ \forall i \neq s-1, s, s+1 \end{cases} \tag{A.2.1}$$

根据表 3.3 中的 $\frac{\partial Q_i}{\partial D_s}$（$i=1,2,\cdots,N$）和式（A.2.1），海赛矩阵 $H_N(\bar{\pi})$ 可进一步表示为

$$H_N(\bar{\pi}) = \left(\frac{\partial^2 \bar{\pi}}{\partial D_i \partial D_j}\right)$$

$$= \begin{pmatrix} \frac{\partial^2 \bar{\pi}}{\partial D_1^2} & \frac{\partial^2 \bar{\pi}}{\partial D_1 \partial D_2} & 0 & \cdots & 0 \\ \frac{\partial^2 \bar{\pi}}{\partial D_2 \partial D_1} & \frac{\partial^2 \bar{\pi}}{\partial D_2^2} & \frac{\partial^2 \bar{\pi}}{\partial D_2 \partial D_3} & \cdots & 0 \\ \vdots & \vdots & \vdots & \vdots & \vdots \\ 0 & \cdots & \frac{\partial^2 \bar{\pi}}{\partial D_{N-1} \partial D_{N-2}} & \frac{\partial^2 \bar{\pi}}{\partial D_{N-1}^2} & \frac{\partial^2 \bar{\pi}}{\partial D_{N-1} \partial D_N} \\ 0 & \cdots & 0 & \frac{\partial^2 \bar{\pi}}{\partial D_N \partial D_{N-1}} & \frac{\partial^2 \bar{\pi}}{\partial D_N^2} \end{pmatrix} \quad (\text{A.2.2})$$

当人口密度为均匀分布（$P(x)=P_0$）时，车站 s 总的乘客需求 Q_s［式（3.12）和式（3.13）］可表示为

$$\begin{cases} Q_1 = \lambda_1 P_0 \left(L_0 - \frac{D_1+D_2}{2}\right) - \frac{e_a P_0}{V_a}\left(\frac{(D_1-D_2)^2}{8} + \frac{(L_0-D_1)^2}{2}\right) \\ Q_s = \frac{\lambda_s P_0}{2}(D_{s-1}-D_{s+1}) - \frac{e_a P_0}{8V_a}((D_s-D_{s+1})^2 + (D_{s-1}-D_s)^2), \quad \forall s=2,\cdots,N \end{cases} \quad (\text{A.2.3})$$

其中，L_0 由式（3.14）确定，

$$\lambda_s = 1 - e_w \alpha H - e_t\left(\frac{D_s}{V_t} + \beta_0(N+1-s)\right) - e_f \bar{f}, \quad \forall s=1,2,\cdots,N \quad (\text{A.2.4})$$

根据式（3.14）、式（A.2.1）、式（A.2.3）和式（A.2.4），可得

$$\begin{cases} \frac{\partial^2 \bar{\pi}}{\partial D_1^2} = -\bar{f}P_0\left(\frac{2e_t}{V_t}\left(\frac{1}{2} - \frac{e_t V_a}{e_a V_t}\right) + \frac{e_a}{V_a}\left(\frac{1}{2} + \left(\frac{e_t V_a}{e_a V_t}\right)^2\right)\right), \quad \frac{\partial^2 \bar{\pi}}{\partial D_N^2} = -\frac{3e_a}{4V_a}\bar{f}P_0 \\ \frac{\partial^2 \bar{\pi}}{\partial D_s^2} = -\bar{f}P_0 \frac{e_a}{V_a}, \quad \forall s=2,\cdots,N-1 \\ \frac{\partial^2 \bar{\pi}}{\partial D_s \partial D_{s+1}} = \bar{f}P_0 \frac{e_a}{2V_a}, \quad \forall s=1,2,\cdots,N-1 \end{cases} \quad (\text{A.2.5})$$

将式（A.2.5）代入式（A.2.2），海赛矩阵 $H_N(\bar{\pi})$ 可进一步表示为

$$H_N(\bar{\pi}) = \bar{f}P_0 \begin{pmatrix} -a_{11} & \dfrac{e_a}{2V_a} & 0 & \cdots & 0 \\ \dfrac{e_a}{2V_a} & -\dfrac{e_a}{V_a} & \dfrac{e_a}{2V_a} & \cdots & 0 \\ \vdots & \vdots & \vdots & \vdots & \vdots \\ 0 & \cdots & \dfrac{e_a}{2V_a} & -\dfrac{e_a}{V_a} & \dfrac{e_a}{2V_a} \\ 0 & \cdots & 0 & \dfrac{e_a}{2V_a} & -a_{NN} \end{pmatrix} \quad (\text{A.2.6})$$

其中，

$$a_{11} = \frac{2e_t}{V_t}\left(\frac{1}{2} - \frac{e_tV_a}{e_aV_t}\right) + \frac{e_a}{V_a}\left(\frac{1}{2} + \left(\frac{e_tV_a}{e_aV_t}\right)^2\right), \quad a_{NN} = \frac{3e_a}{4V_a} \quad (\text{A.2.7})$$

为判断矩阵 $H_N(\bar{\pi})$ 的负定性，只需判断二次型 $Y^\mathrm{T}H_N(\bar{\pi})Y$ 的负定性，其中，上标"T"表示向量的转置，Y 是一个 N 维列向量，即 $Y = (y_1, y_2, \cdots, y_N)^\mathrm{T}$。二次型 $Y^\mathrm{T}H_N(\bar{\pi})Y$ 可表示为

$$\begin{aligned} Y^\mathrm{T}H_N(\bar{\pi})Y &= \bar{f}P_0\left(-a_{11}y_1^2 + \frac{e_a}{V_a}y_1y_2 - \frac{e_a}{V_a}y_2^2 + \frac{e_a}{V_a}y_2y_3 - \frac{e_a}{V_a}y_3^2 + \cdots \right. \\ &\quad \left. -\frac{e_a}{V_a}y_{N-1}^2 + \frac{e_a}{V_a}y_{N-1}y_N - a_{NN}y_N^2\right) \\ &= -\bar{f}P_0\left(\left(a_{11} - \frac{e_a}{2V_a}\right)y_1^2 + \frac{e_a}{2V_a}(y_1 - y_2)^2 + \frac{e_a}{2V_a}(y_2 - y_3)^2 + \cdots \right. \\ &\quad \left. + \frac{e_a}{2V_a}(y_{N-1} - y_N)^2 + \left(a_{NN} - \frac{e_a}{2V_a}\right)y_N^2\right) \end{aligned} \quad (\text{A.2.8})$$

根据式（A.2.7），可得

$$a_{NN} - \frac{e_a}{2V_a} = \frac{3e_a}{4V_a} - \frac{e_a}{2V_a} = \frac{e_a}{4V_a} > 0 \quad (\text{A.2.9})$$

$$a_{11} - \frac{e_a}{2V_a} = \frac{2e_t}{V_t}\left(\frac{1}{2} - \frac{e_tV_a}{e_aV_t}\right) + \frac{e_a}{V_a}\left(\frac{1}{2} + \left(\frac{e_tV_a}{e_aV_t}\right)^2\right) - \frac{e_a}{2V_a} = \frac{e_t}{V_t}\left(1 - \frac{e_tV_a}{e_aV_t}\right) \quad (\text{A.2.10})$$

如前所述，$e_a > e_t$，以及乘客的平均步行速度 V_a 小于列车平均运行速度 V_t（$V_a < V_t$）。因此，$\dfrac{e_tV_a}{e_aV_t} < 1$，从而 $a_{11} - \dfrac{e_a}{2V_a} > 0$。

因此，对非零向量 Y，式（A.2.11）成立：

$$Y^\mathrm{T}H_N(\bar{\pi})Y < 0 \quad (\text{A.2.11})$$

这意味着 $N \times N$ 的海赛矩阵 $H_N(\bar{\pi})$ 是负定的（Strang, 2006），因此，$\bar{\pi}$ 关于

$D_1, D_2, \cdots, D_N$ 是凹的。

附录 A.3　命题 3.5 的证明

令 δ 为轨道交通线路的均匀车站间距，则有 $D_s = (N+1-s)\delta$ 和 $L_s = \left(N-s+\dfrac{1}{2}\right)\delta$。将它们代入式（A.2.3），得到车站 s 的乘客需求如下：

$$\begin{cases} Q_1 = \dfrac{P_0}{2}\dfrac{V_a}{e_a}\lambda_1^2 + \dfrac{P_0}{2}\lambda_1\delta - \dfrac{P_0}{8}\dfrac{e_a}{V_a}\delta^2 \\ Q_s = P_0\lambda_s\delta - \dfrac{P_0}{4}\dfrac{e_a}{V_a}\delta^2,\ \forall s=2,\cdots,N \end{cases} \quad (\text{A.3.1})$$

其中，

$$\lambda_s = \begin{cases} 1 - e_w\alpha H - e_f\bar{f} - (N+1-s)\left(\dfrac{e_t}{V_t}\delta + e_t\beta_0\right), \\ \quad \forall s=1,2,\cdots,N,\ \text{单一票价制} \\ 1 - e_w\alpha H - e_f f_0 - (N+1-s)\left(\left(\dfrac{e_t}{V_t}+e_f\hat{f}\right)\delta + e_t\beta_0\right), \\ \quad \forall s=1,2,\cdots,N,\ \text{基于距离的票价制} \end{cases} \quad (\text{A.3.2})$$

给定车站数量 N、发车时距 H 和票价 $\bar{f}$（或 $\hat{f}$）及均匀分布的人口密度（$P(x)=P_0$），下面分别推导单一票价制和基于距离的票价制下的均匀车站间距解。

（1）对于单一票价制，由式（3.25）和 $D_s=(N+1-s)\delta$，可得

$$\dfrac{\partial \bar{\pi}}{\partial \delta} = \bar{f}\sum_{s=1}^{N}\dfrac{\partial Q_s}{\partial \delta} - N\left(\dfrac{2\mu_1}{HV_t}+\gamma_1\right) = 0 \quad (\text{A.3.3})$$

其中，

$$\begin{cases} \dfrac{\partial Q_1}{\partial \delta} = -\delta P_0\left(\dfrac{e_t}{V_t}N + \dfrac{1}{4}\dfrac{e_a}{V_a} - \left(\dfrac{e_t}{V_t}N\right)^2\dfrac{V_a}{e_a}\right) + P_0(1-e_w\alpha H - e_f\bar{f} - e_t\beta_0 N)\left(\dfrac{1}{2}-\dfrac{e_t V_a}{e_a V_t}N\right) \\ \dfrac{\partial Q_s}{\partial \delta} = -(N+1-s)P_0 e_t\left(\dfrac{2\delta}{V_t}+\beta_0\right) + P_0(1-e_w\alpha H - e_f\bar{f}) - \dfrac{P_0}{2}\dfrac{e_a}{V_a}\delta,\ \forall s=2,\cdots,N \end{cases} \quad (\text{A.3.4})$$

将式（A.3.4）代入式（A.3.3），得到均匀车站间距解：

$$\delta = \dfrac{A_1}{A_2} - \dfrac{N}{\bar{f}P_0 A_2}\left(\dfrac{2\mu_1}{HV_t}+\gamma_1\right) \quad (\text{A.3.5})$$

其中，

$$\begin{cases} A_1 = (1-e_w\alpha H - e_f\bar{f})\left(N-\dfrac{1}{2}\right) - \dfrac{e_t V_a}{e_a V_t}N(1-e_w\alpha H - e_f\bar{f} - e_t\beta_0 N) - \dfrac{1}{2}e_t\beta_0 N^2 \\ A_2 = \dfrac{e_t}{V_t}N^2\left(1-\dfrac{e_t V_a}{e_a V_t}\right) + \dfrac{1}{2}\dfrac{e_a}{V_a}\left(N-\dfrac{1}{2}\right) \end{cases} \quad (\text{A.3.6})$$

（2）对基于距离的票价制，容易得到

$$\frac{\partial \hat{\pi}}{\partial \delta} = f_0 \sum_{s=1}^{N} \frac{\partial Q_s}{\partial \delta} + \hat{f} \sum_{s=1}^{N}(N+1-s)\left(Q_s + \delta \frac{\partial Q_s}{\partial \delta}\right) - N\left(\frac{2\mu_1}{HV_t} + \gamma_1\right) = 0 \quad （A.3.7）$$

其中，$Q_s, s=1,2,\cdots,N$ 可由式（A.3.1）得到，$\frac{\partial Q_s}{\partial \delta}, s=1,2,\cdots,N$ 由式（A.3.8）给出：

$$\begin{cases} \dfrac{\partial Q_1}{\partial \delta} = -\delta P_0 \left(\dfrac{e_a}{4V_a} + N\left(\dfrac{e_t}{V_t} + e_f \hat{f}\right) - N^2 \dfrac{V_a}{e_a}\left(\dfrac{e_t}{V_t} + e_f \hat{f}\right)^2 \right) \\ \qquad + P_0(1 - e_w\alpha H - e_f f_0 - e_t \beta_0 N)\left(\dfrac{1}{2} - N\dfrac{V_a}{e_a}\left(\dfrac{e_t}{V_t} + e_f \hat{f}\right)\right) \\ \dfrac{\partial Q_s}{\partial \delta} = -(N+1-s)P_0\left(2\delta\left(\dfrac{e_t}{V_t} + e_f \hat{f}\right) + e_t\beta_0\right) + P_0(1 - e_w\alpha H - e_f f_0) \\ \qquad - \dfrac{P_0}{2}\dfrac{e_a}{V_a}\delta, \forall s = 2,\cdots,N \end{cases} \quad （A.3.8）$$

由式（A.3.7）和式（A.3.8），可得

$$b_1 \delta^2 + b_2 \delta + b_3 = 0 \quad （A.3.9）$$

其中，

$$b_1 = \hat{f}P_0 N\left(\frac{3}{8}\frac{e_a}{V_a}N + \left(N^2 + \frac{1}{2}\right)\left(\frac{e_t}{V_t} + e_f \hat{f}\right) - \frac{3}{2}\frac{V_a}{e_a}N^2\left(\frac{e_t}{V_t} + e_f \hat{f}\right)^2\right) \quad （A.3.10）$$

$$\begin{aligned} b_2 = &\hat{f}P_0 N\left(2N\frac{V_a}{e_a}\left(\frac{e_t}{V_t} + e_f \hat{f}\right)(1 - e_w\alpha H - e_f f_0 - e_t \beta_0 N)\right. \\ &\left. + \frac{1}{3}e_t\beta_0(2N^2 + 1) - N(1 - e_w\alpha H - e_f f_0)\right) \\ &+ f_0 P_0\left(N^2\left(\frac{e_t}{V_t} + e_f \hat{f}\right) - \frac{V_a}{e_a}N^2\left(\frac{e_t}{V_t} + e_f \hat{f}\right)^2 + \frac{1}{4}\frac{e_a}{V_a}(2N-1)\right) \end{aligned} \quad （A.3.11）$$

$$\begin{aligned} b_3 = &N\left(\frac{2\mu_1}{HV_t} + \gamma_1\right) - \frac{1}{2}\hat{f}P_0 N\frac{V_a}{e_a}(1 - e_w\alpha H - e_f f_0 - e_t\beta_0 N)^2 \\ &- f_0 P_0\left(\left(N - \frac{1}{2}\right)(1 - e_w\alpha H - e_f f_0) - \frac{1}{2}N^2 e_t \beta_0\right. \\ &\left. - N\frac{V_a}{e_a}\left(\frac{e_t}{V_t} + e_f \hat{f}\right)(1 - e_w\alpha H - e_f f_0 - e_t\beta_0 N)\right) \end{aligned} \quad （A.3.12）$$

容易确定方程（A.3.9）的极值点 $(-b_2 - \sqrt{b_2^2 - 4b_1 b_3})/(2b_1)$ 产生最低净利润。

因此，基于距离的票价制下最优的均匀车站间距解为

$$\delta = \frac{-b_2 + \sqrt{b_2^2 - 4b_1 b_3}}{2b_1} \quad\quad (\text{A.3.13})$$

附录 A.4　命题 3.6 中方程（3.38）的系数及其解

（1）方程（3.38）的系数为

$$a_1 = \frac{k_1}{k_0}, \quad a_2 = \frac{k_2}{k_0} \text{ 和 } a_3 = \frac{k_3}{k_0} \quad\quad (\text{A.4.1})$$

其中，

$$k_0 = \hat{f}\left(N^3\left(\frac{e_t}{V_t} + e_f \hat{f}\right)\left(\frac{1}{2}\frac{V_a}{e_a}\left(\frac{e_t}{V_t} + e_f \hat{f}\right) - \frac{1}{3}\right) - \frac{1}{8}\frac{e_a}{V_a}N^2 - \frac{1}{6}\left(\frac{e_t}{V_t} + e_f \hat{f}\right)N\right) \quad (\text{A.4.2})$$

$$\begin{aligned}k_1 = \hat{f}&\left(N(1 - e_w\alpha H - e_f f_0 - N e_t \beta_0)\left(\frac{1}{2} - N\frac{V_a}{e_a}\left(\frac{e_t}{V_t} + e_f \hat{f}\right)\right)\right.\\ &\left. + \left(\frac{1}{2}(1 - e_w\alpha H - e_f f_0) - \frac{1}{6}e_t\beta_0(2N-1)\right)(N-1)N\right)\\ &+ \frac{1}{2}N^2\frac{V_a}{e_a}\left(f_0\left(\frac{e_t}{V_t} + e_f \hat{f}\right)^2 - \bar{f}\left(\frac{e_t}{V_t}\right)^2\right) + \frac{1}{4}\frac{e_a}{V_a}\left(\frac{1}{2} - N\right)(f_0 - \bar{f}) - \frac{1}{2}N^2 e_f \hat{f}\end{aligned} \quad (\text{A.4.3})$$

$$\begin{aligned}k_2 = &\frac{1}{2}\hat{f}N\frac{V_a}{e_a}(1 - e_w\alpha H - e_f f_0 - N e_t \beta_0)^2 + \frac{1}{2}(f_0(1 - e_w\alpha H - e_f f_0 - N e_t \beta_0) \\ &- \bar{f}(1 - e_w\alpha H - e_f \bar{f} - N e_t \beta_0))\\ &- N\frac{V_a}{e_a}\left(f_0(1 - e_w\alpha H - e_f f_0 - N e_t \beta_0)\left(\frac{e_t}{V_t} + e_f \hat{f}\right) - \bar{f}(1 - e_w\alpha H - e_f \bar{f} - N e_t \beta_0)\frac{e_t}{V_t}\right)\\ &+ (N-1)(f_0(1 - e_w\alpha H - e_f f_0) - \bar{f}(1 - e_w\alpha H - e_f \bar{f}))\end{aligned} \quad (\text{A.4.4})$$

$$k_3 = \frac{1}{2}\frac{V_a}{e_a}(f_0(1 - e_w\alpha H - e_f f_0 - N e_t \beta_0)^2 - \bar{f}(1 - e_w\alpha H - e_f \bar{f} - N e_t \beta_0)^2) \quad (\text{A.4.5})$$

（2）求方程（3.38）的解。

令 $\Phi = (3a_2 - a_1^2)/9$，$\Psi = (9a_1 a_2 - 27 a_3 - 2a_1^3)/54$，$\xi_1 = \sqrt[3]{\Psi + \sqrt{\Phi^3 + \Psi^2}}$ 和 $\xi_2 = \sqrt[3]{\Psi - \sqrt{\Phi^3 + \Psi^2}}$。方程（3.38）的根如下：

$$\begin{cases}\delta_1^* = \xi_1 + \xi_2 - \dfrac{1}{3}a_1 \\ \delta_2^* = -\dfrac{1}{2}(\xi_1 + \xi_2) - \dfrac{1}{3}a_1 + \dfrac{i\sqrt{3}}{2}(\xi_1 - \xi_2) \\ \delta_3^* = -\dfrac{1}{2}(\xi_1 + \xi_2) - \dfrac{1}{3}a_1 - \dfrac{i\sqrt{3}}{2}(\xi_1 - \xi_2)\end{cases} \quad (\text{A.4.6})$$

上面求出的根可能为实根，也可能为复根，取决于 $\Phi^3+\Psi^2$ 的符号。

（1）如果 $\Phi^3+\Psi^2>0$，那么得到的根一个为实根、两个为共轭复根。

（2）如果 $\Phi^3+\Psi^2=0$，那么得到的根均为实根，且至少有两个根相等。

（3）如果 $\Phi^3+\Psi^2<0$，那么得到的根均为实根，且均不相等：

$$\begin{cases} \delta_1^* = 2\sqrt{-\Phi}\cos\left(\dfrac{1}{3}\omega\right)-\dfrac{1}{3}a_1 \\ \delta_2^* = 2\sqrt{-\Phi}\cos\left(\dfrac{1}{3}\omega+120°\right)-\dfrac{1}{3}a_1 \\ \delta_3^* = 2\sqrt{-\Phi}\cos\left(\dfrac{1}{3}\omega+240°\right)-\dfrac{1}{3}a_1 \end{cases} \quad (\text{A.4.7})$$

其中，$\cos\omega = \Psi/\sqrt{-\Phi^3}$。

附录 B

附录 B.1　命题 4.1 的证明

当走廊沿线的人口密度服从均匀分布时，$a=0$。给定应急救援站点数量 N，那么 p 可以由式（4.14）唯一决定。因此，为证明应急救援站点布局的最优解唯一，只需证明目标函数 $\pi = \sum_{s=1}^{N} R_s$ 关于站点位置变量 $D_1, D_2, \cdots, D_N$ 的海赛矩阵

$$H = \left(\dfrac{\partial^2 \pi}{\partial D_i \partial D_j}\right)_{i,j}$$

为正定矩阵即可。

由式（4.12），目标函数 $\pi = \sum_{s=1}^{N} R_s$ 关于变量 $D_1, D_2, \cdots, D_N$ 的二阶偏导数为

$$\begin{cases} \dfrac{\partial^2 \pi}{\partial D_1^2} = \dfrac{\partial^2 R_1}{\partial D_1^2}+\dfrac{\partial^2 R_2}{\partial D_1^2},\quad \dfrac{\partial^2 \pi}{\partial D_N^2} = \dfrac{\partial^2 R_{N-1}}{\partial D_N^2}+\dfrac{\partial^2 R_N}{\partial D_N^2} \\ \dfrac{\partial^2 \pi}{\partial D_s^2} = \dfrac{\partial^2 R_{s-1}}{\partial D_s^2}+\dfrac{\partial^2 R_s}{\partial D_s^2}+\dfrac{\partial^2 R_{s+1}}{\partial D_s^2},\quad \forall s=2,3,\cdots,N-1 \\ \dfrac{\partial^2 \pi}{\partial D_s \partial D_{s+1}} = \dfrac{\partial^2 R_s}{\partial D_s \partial D_{s+1}}+\dfrac{\partial^2 R_{s+1}}{\partial D_s \partial D_{s+1}},\quad \forall s=1,2,\cdots,N-1 \\ \dfrac{\partial^2 \pi}{\partial D_s \partial D_t} = 0,\quad \forall t \neq s-1, s, s+1 \end{cases} \quad (\text{B.1.1})$$

其中，R_s 的二阶偏导数为

$$\begin{cases} \dfrac{\partial^2 R_1}{\partial D_1^2} = \dfrac{bc}{2p^\alpha v}\left[2D_1^2 - \dfrac{1}{16}(D_1+D_2)^2 - \dfrac{1}{4}D_1(D_1+D_2)\right] + \dfrac{be}{p^\alpha v}\left(\dfrac{3}{2}D_1 - \dfrac{1}{4}D_2\right) \\ \dfrac{\partial^2 R_N}{\partial D_N^2} = \dfrac{bc}{2p^\alpha v}\left[2D_N^2 - \dfrac{1}{16}(D_{N-1}+D_N)^2 - \dfrac{1}{4}D_N(D_{N-1}+D_N)\right] + \dfrac{be}{p^\alpha v}\left(\dfrac{3}{2}D_N - \dfrac{1}{4}D_{N-1}\right) \\ \dfrac{\partial^2 R_s}{\partial D_s^2} = \dfrac{bc}{2p^\alpha v}\left[\begin{array}{l} -\dfrac{1}{16}(D_{s-1}+D_s)^2 - \dfrac{1}{4}D_s(D_{s-1}+D_s) + 2D_s^2 \\ -\dfrac{1}{16}(D_s+D_{s+1})^2 - \dfrac{1}{4}D_s(D_s+D_{s+1}) \end{array}\right] \\ \quad + \dfrac{be}{p^\alpha v}\left(D_s - \dfrac{1}{4}D_{s-1} - \dfrac{1}{4}D_{s+1}\right),\quad s=2,3,\cdots,N-1 \\ \dfrac{\partial^2 R_s}{\partial D_t^2} = \dfrac{bc}{2p^\alpha v}\left[\dfrac{3}{16}(D_t+D_s)^2 - \dfrac{1}{4}D_s(D_t+D_s)\right] + \dfrac{be}{4p^\alpha v}D_t, \\ \quad t = s-1 \text{ 或 } s+1,\ s=1,2,\cdots,N \\ \dfrac{\partial^2 R_s}{\partial D_s \partial D_t} = \dfrac{bc}{2p^\alpha v}\left[\dfrac{1}{16}(D_t+D_s)^2 - \dfrac{1}{4}D_s(D_t+D_s)\right] - \dfrac{be}{4p^\alpha v}D_s, \\ \quad t = s-1 \text{ 或 } s+1,\ s=1,2,\cdots,N \end{cases} \quad (\text{B.1.2})$$

海赛矩阵 $H = \left(\dfrac{\partial^2 \pi}{\partial D_i \partial D_j}\right)_{i,j}$ 为

$$H = \left(\dfrac{\partial^2 \pi}{\partial D_i \partial D_j}\right)_{i,j} = \begin{pmatrix} \dfrac{\partial^2 \pi}{\partial D_1^2} & \dfrac{\partial^2 \pi}{\partial D_1 \partial D_2} & 0 & \cdots & 0 \\ \dfrac{\partial^2 \pi}{\partial D_1 \partial D_2} & \dfrac{\partial^2 \pi}{\partial D_2^2} & \dfrac{\partial^2 \pi}{\partial D_2 \partial D_3} & \cdots & 0 \\ \vdots & \vdots & \vdots & \cdots & \vdots \\ 0 & \cdots & \dfrac{\partial^2 \pi}{\partial D_{N-1} \partial D_{N-2}} & \dfrac{\partial^2 \pi}{\partial D_{N-1}^2} & \dfrac{\partial^2 \pi}{\partial D_{N-1} \partial D_N} \\ 0 & \cdots & 0 & \dfrac{\partial^2 \pi}{\partial D_{N-1} \partial D_N} & \dfrac{\partial^2 \pi}{\partial D_N^2} \end{pmatrix} \quad (\text{B.1.3})$$

为证明海赛矩阵 H 的正定性，只需证明对应二次型 $y^\mathrm{T} H y$ 的正定性，其中，$y = (y_1, y_2, \cdots, y_N)^\mathrm{T}$ 为 N 维非零向量。

由方程（B.1.1）～方程（B.1.3）可知，二次型可表示为 $y^\mathrm{T} H y = H_1 + H_2$，其中，

$$\begin{aligned} H_1 = \dfrac{bc}{2p^\alpha v}\bigg\{ & \dfrac{1}{4}[8D_1^2 - (D_1+D_2)^2]y_1^2 + \dfrac{1}{8}(D_1+D_2)^2(y_1-y_2)^2 \\ & + \dfrac{1}{4}[8D_2^2 - (D_1+D_2)^2 - (D_2+D_3)^2]y_2^2 + \dfrac{1}{8}(D_2+D_3)^2(y_2-y_3)^2 \\ & + \cdots + \dfrac{1}{4}[8D_{N-1}^2 - (D_{N-2}+D_{N-1})^2 - (D_{N-1}+D_N)^2]y_{N-1}^2 \\ & + \dfrac{1}{8}(D_{N-1}+D_N)^2(y_{N-1}-y_N)^2 + \dfrac{1}{4}[8D_N^2 - (D_{N-1}+D_N)^2]y_N^2 \bigg\} \end{aligned} \quad (\text{B.1.4})$$

$$H_2 = \frac{be}{p^\alpha v}\left[\left(\frac{3}{2}D_1 - \frac{1}{2}D_2\right)y_1^2 + \frac{1}{4}(D_1+D_2)(y_1-y_2)^2 + \frac{1}{2}(2D_2-D_1-D_3)y_2^2\right.$$
$$+ \frac{1}{4}(D_2+D_3)(y_2-y_3)^2 + \cdots + \frac{1}{2}(2D_{N-1}-D_{N-2}-D_N)y_{N-1}^2 \quad (\text{B.1.5})$$
$$\left.+ \frac{1}{4}(D_{N-1}+D_N)(y_{N-1}-y_N)^2 + \left(\frac{3}{2}D_N - \frac{1}{2}D_{N-1}\right)y_N^2\right]$$

（1）当走廊沿线的人口密度与交通事故率均服从均匀分布时，$a = c = 0$ 且 $b > 0$，$e > 0$。因此，可得
$$H_1 = 0 \quad (\text{B.1.6})$$

若 $\eta \geq 1$ 与 $\frac{1}{3}D_{N-1} \leq D_N$ 成立，则
$$\frac{3}{2}D_1 - \frac{1}{2}D_2 > 0, \quad \frac{3}{2}D_N - \frac{1}{2}D_{N-1} \geq 0, \quad 2D_s - D_{s-1} - D_{s+1} \geq 0 \quad (\text{B.1.7})$$

由式（B.1.5）~式（B.1.7），可得
$$y^T H y = H_2 > 0 \quad (\text{B.1.8})$$

因此，目标函数 π 为关于变量 $D_1, D_2, \cdots, D_N$ 的严格凸函数，从而应急救援站点位置的最优解唯一。

（2）从上面的证明可得
$$H_2 > 0 \quad (\text{B.1.9})$$

下面分析 H_1 的符号。为此，设 $\delta_{s+1} = \varepsilon \delta_s$。显然，对任意的 $s \in \{2, \cdots, N-1\}$，关系式 $D_s > D_s - D_{s+1} = \delta_{s+1} > \delta_s > 0$ 皆成立，因此可得

$$8D_s^2 - (D_{s-1}+D_s)^2 - (D_s+D_{s+1})^2 = 4D_s(\delta_{s+1}-\delta_s) - \delta_{s+1}^2 - \delta_s^2$$
$$> 4\delta_{s+1}(\delta_{s+1}-\delta_s) - \delta_{s+1}^2 - \delta_s^2$$
$$= 3\delta_s^2\left(\varepsilon - \frac{2-\sqrt{7}}{3}\right)\left(\varepsilon - \frac{2+\sqrt{7}}{3}\right) \quad (\text{B.1.10})$$

若 $\varepsilon \geq \eta \geq \frac{2+\sqrt{7}}{3}$，由式（B.1.10）可得
$$8D_s^2 - (D_{s-1}+D_s)^2 - (D_s+D_{s+1})^2 > 0 \quad (\text{B.1.11})$$

由 $D_{N-1} \leq (2\sqrt{2}-1)D_N$ 可得
$$8D_N^2 - (D_{N-1}+D_N)^2 \geq 8D_N^2 - (2\sqrt{2}-1+1)^2 D_N^2 = 0 \quad (\text{B.1.12})$$

由 $D_1 > D_2 \geq 0$ 可得
$$8D_1^2 - (D_1+D_2)^2 > 8D_1^2 - (D_1+D_1)^2 = 4D_1^2 > 0 \quad (\text{B.1.13})$$

根据式（B.1.10）~式（B.1.13），可知

$$H_1 > 0 \tag{B.1.14}$$

因此，对任意的非零向量 y，有

$$y^{\mathrm{T}}Hy = H_1 + H_2 > 0 \tag{B.1.15}$$

因此，目标函数 π 是变量 $D_1, D_2, \cdots, D_N$ 的严格凸函数，因而，应急救援站点位置的最优解唯一。

附录 B.2 命题 4.2 的证明

令 δ 为交通走廊的平均站点间距，可得

$$D_s = D_1 - (s-1)\delta, \quad D_{s-1} + D_s = 2D_1 - (2s-3)\delta \tag{B.2.1}$$

因为走廊沿线人口密度与事故率服从均匀分布，所以 $a = c = 0, b > 0, e > 0$。

对 $2 \leqslant s \leqslant N-1$，有

$$\frac{\partial R_s}{\partial \delta} = \frac{\partial R_s}{\partial D_s}\frac{\partial D_s}{\partial \delta} + \frac{\partial R_s}{\partial D_{s-1}}\frac{\partial D_{s-1}}{\partial \delta} + \frac{\partial R_s}{\partial D_{s+1}}\frac{\partial D_{s+1}}{\partial \delta} \tag{B.2.2}$$

其中，

$$\frac{\partial R_s}{\partial D_s}\frac{\partial D_s}{\partial \delta} = \frac{(1-s)be}{p^\alpha v}\left[(D_1-(s-1)\delta)^2 - \frac{1}{4}(D_1-(s-1)\delta)(2D_1-(2s-3)\delta)\right. \\ \left. - \frac{1}{4}(D_1-(s-1)\delta)(2D_1-(2s-1)\delta)\right] \tag{B.2.3}$$

$$\frac{\partial R_s}{\partial D_{s-1}}\frac{\partial D_{s-1}}{\partial \delta} = \frac{(2-s)be}{8p^\alpha v}[2D_1\delta + (3-2s)\delta^2] \tag{B.2.4}$$

$$\frac{\partial R_s}{\partial D_{s+1}}\frac{\partial D_{s+1}}{\partial \delta} = \frac{(-s)be}{8p^\alpha v}[-2D_1\delta + (2s-1)\delta^2] \tag{B.2.5}$$

将式（B.2.3）～式（B.2.5）代入式（B.2.2），可得

$$\begin{aligned}\frac{\partial R_s}{\partial \delta} &= \frac{\partial R_s}{\partial D_s}\frac{\partial D_s}{\partial \delta} + \frac{\partial R_s}{\partial D_{s-1}}\frac{\partial D_{s-1}}{\partial \delta} + \frac{\partial R_s}{\partial D_{s+1}}\frac{\partial D_{s+1}}{\partial \delta} \\ &= -\frac{be}{4p^\alpha v}[-2D_1\delta + 3(s-1)\delta^2]\end{aligned} \tag{B.2.6}$$

类似地，可得

$$\begin{aligned}\frac{\partial R_1}{\partial \delta} &= \frac{\partial R_1}{\partial D_1}\frac{\partial D_1}{\partial \delta} + \frac{\partial R_1}{\partial D_2}\frac{\partial D_2}{\partial \delta} \\ &= -\frac{be}{p^\alpha v}\left[\frac{1}{8}(2D_1-\delta)^2 - \frac{1}{4}D_1(2D_1-\delta)\right]\end{aligned} \tag{B.2.7}$$

$$\begin{aligned}\frac{\partial R_N}{\partial \delta} &= \frac{\partial R_N}{\partial D_{N-1}}\frac{\partial D_{N-1}}{\partial \delta}+\frac{\partial R_N}{\partial D_N}\frac{\partial D_N}{\partial \delta}\\ &= \frac{(2-N)be}{8p^\alpha v}[2D_1\delta+(3-2N)\delta^2]\\ &\quad +\frac{(1-N)be}{4p^\alpha v}[2D_1^2-(4N-3)D_1\delta+(N-1)(N-2)\delta^2]\end{aligned} \quad (\text{B.2.8})$$

由式（B.2.6）~式（B.2.8），可得

$$\begin{aligned}\frac{\partial \pi}{\partial \delta} &= \frac{\partial R_1}{\partial \delta}+\left(\sum_{s=2}^{N-1}\frac{\partial R_s}{\partial \delta}\right)+\frac{\partial R_N}{\partial \delta}\\ &= -\frac{be}{8p^\alpha v}\{(2D_1-\delta)^2-2D_1(2D_1-\delta)\\ &\quad +[-4(N-2)D_1\delta+3(N-2)(N-1)\delta^2]+(N-2)[2D_1\delta+(3-2N)\delta^2]\\ &\quad +2(N-1)[2D_1^2-(4N-3)D_1\delta+(N-1)(N-2)\delta^2]\}\end{aligned} \quad (\text{B.2.9})$$

注意到 $p>0$，$b>0$，$e>0$。令 $\dfrac{\partial \pi}{\partial \delta}=0$，可得关于 δ 的二次方程：

$$\begin{aligned}&(2D_1-\delta)^2-2D_1(2D_1-\delta)-4(N-2)D_1\delta\\ &+3(N-2)(N-1)\delta^2+(N-2)[2D_1\delta+(3-2N)\delta^2]\\ &+2(N-1)[2D_1^2-(4N-3)D_1\delta+(N-1)(N-2)\delta^2]=0\end{aligned} \quad (\text{B.2.10})$$

方程（B.2.10）有两个根：

$$\delta_1 = 2D_1 \times \frac{(N-1)(2N-1)-\sqrt{(N-1)(2N^3+N^2-9N+7)}}{(N-2)(2N^2-5N+4)} \quad (\text{B.2.11})$$

$$\delta_2 = 2D_1 \times \frac{(N-1)(2N-1)+\sqrt{(N-1)(2N^3+N^2-9N+7)}}{(N-2)(2N^2-5N+4)} \quad (\text{B.2.12})$$

易证，只有 $\delta_1(>0)$ 可使系统总破坏成本 π 取最小值，因此 $\delta_1(>0)$ 为最优平均站点间距解。

附录 B.3 武汉地铁 2 号线破坏成本函数形式

如图 4.8 和图 4.9 所示，武汉地铁 2 号线途经该市 3 个区：东西湖区、江汉区和武昌区。因此，将地铁线 L 划分为 3 个区间 $[0,l^*]$、$[l^*,l^{**}]$、$[l^{**},L]$，其中，l^* 与 l^{**} 分别为东西湖区与江汉区的交界处，以及江汉区与武昌区的交界处，即 $[0,l^*]$、

$[l^*, l^{**})$ 与 $[l^{**}, L]$ 分别代表东西湖区、江汉区与武昌区的覆盖区域。设 e_1、e_2 与 e_3 分别为这 3 个区的人口密度，且各不相同。因此，武汉地铁 2 号线的人口密度函数为定义在 $[0, L]$ 的分段函数，即

$$e(x) = \begin{cases} e_1, & x \in [0, l^*) \\ e_2, & x \in [l^*, l^{**}) \\ e_3, & x \in [l^{**}, L] \end{cases} \quad （B.3.1）$$

其中，$e(x)$ 为武汉地铁 2 号线上位置 x 处的人口密度。

下面推导武汉地铁 2 号线的系统总破坏成本函数。首先推导站点 s 的破坏成本函数 R_s。站点 s 的覆盖区域为 $[L_s, L_{s-1}]$，即 $[L_s, D_s] \bigcup [D_s, L_{s-1}]$（图 4.1）。因此，需要定义 $[D_s, L_{s-1}]$ 与 $[L_s, D_s]$ 上的破坏成本函数。

令 Δ_s 为 $[D_s, L_{s-1}]$ 上的破坏成本函数。由于 $L_{s-1} = \dfrac{D_{s-1} + D_s}{2}$，$\Delta_s$ 可表示为

$$\Delta_s = \frac{1}{p^\alpha v} \int_{D_s}^{L_{s-1}} e(x)x(ae(x)x+b)(x-D_s)\mathrm{d}x$$

$$= \begin{cases} \dfrac{1}{p^\alpha v} \int_{D_s}^{L_{s-1}} e_1 x(ae_1 x + b)(x - D_s)\mathrm{d}x, \quad L_{s-1} \leqslant l^* \\[2mm] \dfrac{1}{p^\alpha v}\left(\int_{l^*}^{L_{s-1}} e_2 x(ae_2 x + b)(x - D_s)\mathrm{d}x + \int_{D_s}^{l^*} e_1 x(ae_1 x + b)(x - D_s)\mathrm{d}x \right), \\[1mm] \qquad l^* < L_{s-1} \leqslant l^{**} \text{ 和 } D_s < l^* \\[2mm] \dfrac{1}{p^\alpha v} \int_{D_s}^{L_{s-1}} e_2 x(ae_2 x + b)(x - D_s)\mathrm{d}x, \quad L_{s-1} \leqslant l^{**} \text{ 和 } D_s \geqslant l^* \\[2mm] \dfrac{1}{p^\alpha v}\left(\int_{l^{**}}^{L_{s-1}} e_3 x(ae_3 x + b)(x - D_s)\mathrm{d}x + \int_{l^*}^{l^{**}} e_2 x(ae_2 x + b)(x - D_s)\mathrm{d}x \right. \\[1mm] \left. + \int_{D_s}^{l^*} e_1 x(ae_1 x + b)(x - D_s)\mathrm{d}x \right), \, l^{**} < L_{s-1} \leqslant L \text{ 和 } D_s < l^* \\[2mm] \dfrac{1}{p^\alpha v}\left(\int_{l_2}^{L_{s-1}} e_3 x(ae_3 x + b)(x - D_s)\mathrm{d}x + \int_{D_s}^{l^{**}} e_2 x(ae_2 x + b)(x - D_s)\mathrm{d}x \right), \\[1mm] \qquad l^{**} < L_{s-1} \leqslant L \text{ 和 } l^* \leqslant D_s < l^{**} \\[2mm] \dfrac{1}{p^\alpha v} \int_{D_s}^{L_{s-1}} e_3 x(ae_3 x + b)(x - D_s)\mathrm{d}x, \quad l^{**} < L_{s-1} \leqslant L \text{ 和 } D_s \geqslant l^{**} \end{cases} \quad （B.3.2）$$

类似地，可推导出 $[L_s, D_s]$ 上的破坏成本函数 ∇_s。由于 $L_s = \dfrac{D_s + D_{s+1}}{2}$，$\nabla_s$ 可表示为

$$\nabla_s = \frac{1}{p^\alpha v} \int_{L_s}^{D_s} e(x)x(ae(x)x+b)(D_s-x)\mathrm{d}x$$

$$= \begin{cases} \frac{1}{p^\alpha v}\int_{L_s}^{D_s} e_1 x(ae_1 x+b)(D_s-x)\mathrm{d}x, \ D_s \leqslant l^* \\ \frac{1}{p^\alpha v}\left(\int_{l^*}^{D_s} e_2 x(ae_2 x+b)(D_s-x)\mathrm{d}x + \int_{L_s}^{l^*} e_1 x(ae_1 x+b)(D_s-x)\mathrm{d}x\right), \\ \qquad l^* < D_s \leqslant l^{**} \ \text{和} \ L_s < l^* \\ \frac{1}{p^\alpha v}\int_{L_s}^{D_s} e_2 x(ae_2 x+b)(D_s-x)\mathrm{d}x, \ D_s \leqslant l^{**} \ \text{和} \ L_s \geqslant l^* \\ \frac{1}{p^\alpha v}\left(\int_{l^{**}}^{D_s} e_3 x(ae_3 x+b)(D_s-x)\mathrm{d}x + \int_{l^*}^{l^{**}} e_2 x(ae_2 x+b)(D_s-x)\mathrm{d}x \right. \\ \qquad \left. + \int_{L_s}^{l^*} e_1 x(ae_1 x+b)(D_s-x)\mathrm{d}x\right), l^{**} < D_s \leqslant L \ \text{和} \ L_s < l^* \\ \frac{1}{p^\alpha v}\left(\int_{l^{**}}^{D_s} e_3 x(ae_3 x+b)(D_s-x)\mathrm{d}x + \int_{L_s}^{l_2} e_2 x(ae_2 x+b)(D_s-x)\mathrm{d}x\right), \\ \qquad l^{**} < D_s \leqslant L \ \text{和} \ l^* \leqslant D_s < l^{**} \\ \frac{1}{p^\alpha v}\int_{L_s}^{D_s} e_3 x(ae_3 x+b)(D_s-x)\mathrm{d}x, \ l^{**} < D_s \leqslant L \ \text{和} \ L_s \geqslant l^{**} \end{cases}$$

(B.3.3)

由式（B.3.1）~式（B.3.3），可得站点 s 的破坏成本函数 $R_s = \Delta_s + \nabla_s$，从而得到系统总破坏成本函数 $\pi = \sum_{s=1}^{N} R_s$。

附录 C

附录 C.1 命题 5.1 的证明

将式（5.15）代入式（5.18），得到

$$\begin{aligned} N &= \int_0^{B_i} n_i(x)\mathrm{d}x \\ &= \frac{1}{\beta Y_i}(p_i(0)\mu)^{1/(1-\theta)}(\theta k^{-1})^{\theta/(1-\theta)}\int_0^{B_i}\left(1-\frac{\varphi_i(x)}{Y_i}\right)^{(\alpha+\beta\theta)/(\beta-\beta\theta)}\mathrm{d}x \\ &= (p_i(0)\mu)^{1/(1-\theta)}(\theta k^{-1})^{\theta/(1-\theta)}\left(-\frac{V_i}{2\rho\tau}\right)(1-\theta)\left(\left(1-\frac{2\rho}{Y_i}\left(\frac{\tau B_i}{V_i}+f_i\right)\right)^{1/(\beta-\beta\theta)} - \left(1-\frac{2\rho f_i}{Y_i}\right)^{1/(\beta-\beta\theta)}\right) \end{aligned}$$

（C.1.1）

结合式（5.17）和式（5.19），得到

$$R_A = (1-\theta)\theta^{\theta/(1-\theta)}\left(\mu p_i(0)\left(1-\frac{\varphi_i(B_i)}{Y_i}\right)^{1/\beta}k^{-\theta}\right)^{1/(1-\theta)} \quad （C.1.2）$$

从式（5.4）和式（5.5），可得

$$\varphi_i(B_i) = 2\rho\left(\frac{\tau B_i}{V_i}+f_i\right), \quad \forall i=0,1,2 \quad （C.1.3）$$

将式（C.1.3）代入式（C.1.2），得到

$$p_i(0) = \mu^{-1}\left(\frac{k}{\theta}\right)^{\theta}\left(\frac{R_A}{1-\theta}\right)^{1-\theta}\left(1-\frac{2\rho}{Y_i}\left(\frac{\tau B_i}{V_i}+f_i\right)\right)^{-1/\beta}, \quad \forall i=0,1,2 \quad （C.1.4）$$

将式（C.1.4）代入式（C.1.1），得到

$$B_i = \frac{v_i}{\tau}\left(\frac{Y_i}{2\rho}-f_i\right)\left(1-\left(\frac{2N\rho\tau}{R_A V_i}+1\right)^{\beta(\theta-1)}\right), \quad \forall i=0,1,2 \quad （C.1.5）$$

将式（C.1.5）代入式（C.1.4），得到

$$p_i(0) = \mu^{-1}\left(\frac{k}{\theta}\right)^{\theta}\left(\frac{R_A}{1-\theta}\right)^{1-\theta}\left(1-\frac{2\rho f_i}{Y_i}\right)^{-1/\beta}\left(\frac{2N\rho\tau}{R_A V_i}+1\right)^{(1-\theta)}, \quad \forall i=0,1,2 \quad （C.1.6）$$

附录 C.2　命题 5.2 的证明

$p_i(0)$ 和 B_i 关于 Y_i、N、V_i 和 f_i 的偏导数分别为

$$\frac{\partial p_i(0)}{\partial Y_i} = -\frac{2\rho f_i}{\beta\mu Y_i^2}\left(\frac{k}{\theta}\right)^{\theta}\left(\frac{R_A}{1-\theta}\right)^{1-\theta}\left(\frac{2N\rho\tau}{R_A V_i}+1\right)^{(1-\theta)}\left(1-\frac{2\rho f_i}{Y_i}\right)^{-(1/\beta+1)} \quad （C.2.1）$$

$$\frac{\partial p_i(0)}{\partial N} = \frac{2\rho\tau}{\mu R_A V_i}(1-\theta)\left(\frac{k}{\theta}\right)^{\theta}\left(\frac{R_A}{1-\theta}\right)^{1-\theta}\left(1-\frac{2\rho f_i}{Y_i}\right)^{-1/\beta}\left(\frac{2N\rho\tau}{R_A V_i}+1\right)^{-\theta} \quad （C.2.2）$$

$$\frac{\partial p_i(0)}{\partial V_i} = -\frac{2N\rho\tau}{\mu R_A V_i^2}(1-\theta)\left(\frac{k}{\theta}\right)^{\theta}\left(\frac{R_A}{1-\theta}\right)^{1-\theta}\left(1-\frac{2\rho f_i}{Y_i}\right)^{-1/\beta}\left(\frac{2N\rho\tau}{R_A V_i}+1\right)^{-\theta} \quad （C.2.3）$$

$$\frac{\partial p_i(0)}{\partial f_i} = \frac{2\rho}{\beta\mu Y_i}\left(\frac{k}{\theta}\right)^{\theta}\left(\frac{R_A}{1-\theta}\right)^{1-\theta}\left(1-\frac{2\rho f_i}{Y_i}\right)^{-(1/\beta+1)}\left(\frac{2N\rho\tau}{R_A V_i}+1\right)^{(1-\theta)} \quad （C.2.4）$$

$$\frac{\partial B_i}{\partial Y_i} = \frac{1}{2\rho}\frac{V_i}{\tau}\left(1-\left(\frac{2N\rho\tau}{R_A V_i}+1\right)^{\beta(\theta-1)}\right) \quad （C.2.5）$$

$$\frac{\partial B_i}{\partial N} = \beta(1-\theta)\frac{2\rho\tau}{R_A V_i}\frac{V_i}{\tau}\left(\frac{Y_i}{2\rho}-f_i\right)\left(\frac{2N\rho\tau}{R_A V_i}+1\right)^{\beta(\theta-1)-1} \quad （C.2.6）$$

$$\frac{\partial B_i}{\partial V_i} = \frac{1}{\tau}\left(\frac{Y_i}{2\rho} - f_i\right)\left(1 - \left(\frac{2N\rho\tau}{R_A V_i} + 1\right)^{\beta(\theta-1)}\right)$$
$$+ \beta(\theta-1)\frac{2N\rho\tau}{R_A V_i^2}\frac{V_i}{\tau}\left(\frac{Y_i}{2\rho} - f_i\right)\left(\frac{2N\rho\tau}{R_A V_i} + 1\right)^{\beta(\theta-1)-1} \quad (\text{C.2.7})$$

$$\frac{\partial B_i}{\partial f_i} = -\frac{V_i}{\tau}\left(1 - \left(\frac{2N\rho\tau}{R_A V_i} + 1\right)^{\beta(\theta-1)}\right) \quad (\text{C.2.8})$$

当 $0 < \theta < 1$ 和 $0 < \beta < 1$ 时，得到

$$\frac{\partial p_i(0)}{\partial Y_i} < 0, \quad \frac{\partial p_i(0)}{\partial N} > 0, \quad \frac{\partial p_i(0)}{\partial V_i} < 0, \quad \frac{\partial p_i(0)}{\partial f_i} > 0 \quad (\text{C.2.9})$$

另外，在假设 $R_A V_2 \ll 2N\rho\tau$ 下，得到

$$\frac{\partial B_i}{\partial Y_i} > 0, \quad \frac{\partial B_i}{\partial N} > 0, \quad \frac{\partial B_i}{\partial V_i} > 0, \quad \frac{\partial B_i}{\partial f_i} < 0 \quad (\text{C.2.10})$$

附录 C.3　命题 5.3 的证明

首先，推导 $U_1(\cdot) - U_0(\cdot)$ 和 $U_2(\cdot) - U_1(\cdot)$ 的表达式。根据式（5.9）和式（5.20），得到

$$\begin{aligned}
U_1(\cdot) - U_0(\cdot) &= \alpha\ln(\alpha Y_1) + \beta\ln\left(\frac{\beta Y_1}{p_1(0)}\right) - \alpha\ln(\alpha Y_0) + \beta\ln\left(\frac{\beta Y_1}{p_0(0)}\right) \\
&= \alpha\ln\left(\frac{Y_1}{Y_0}\right) + \beta\ln\left(\frac{Y_1\left(1 - \frac{2\rho f_0}{Y_0}\right)^{-1/\beta}\left(\frac{2N(t)\rho\tau}{R_A V_0} + 1\right)^{1-\theta}}{Y_0\left(1 - \frac{2\rho f_1}{Y_1}\right)^{-1/\beta}\left(\frac{2N(t)\rho\tau}{R_A V_1} + 1\right)^{1-\theta}}\right)
\end{aligned} \quad (\text{C.3.1})$$

假设家庭年均收入不随时间变化，即 $Y_0 = Y_1 = Y_2$。$f_0 = 0$ 和 $f_1 = 0$ 成立，这是因为此时公交项目还未投入运营。将它们代入式（C.3.1），得到

$$U_1(\cdot) - U_0(\cdot) = \beta(1-\theta)\ln\frac{(2N(t)\rho\tau + R_A V_0)V_1}{(2N(t)\rho\tau + R_A V_1)V_0} \quad (\text{C.3.2})$$

其次，推导 $U_2(\cdot) - U_1(\cdot)$ 的表达式。

$$\begin{aligned}
U_2(\cdot) - U_1(\cdot) &= \beta\ln\left(\frac{p_1(0)}{p_2(0)}\right) = \beta\ln\left(\left(1 - \frac{2\rho f_2}{Y_2}\right)^{1/\beta}\left(\frac{(2N(t)\rho\tau + R_A V_1)V_2}{(2N(t)\rho\tau + R_A V_2)V_1}\right)^{1-\theta}\right) \\
&= \beta(1-\theta)\ln\frac{(2N(t)\rho\tau + R_A V_1)V_2}{(2N(t)\rho\tau + R_A V_2)V_1} + \ln\left(1 - \frac{2\rho f_2}{Y_2}\right)
\end{aligned} \quad (\text{C.3.3})$$

在假设 $R_A V_2 \ll 2N\rho\tau$ 下，式（C.3.2）和式（C.3.3）可分别表示为

$$U_1(\cdot) - U_0(\cdot) \approx \beta(1-\theta)\ln\left(\frac{V_1}{V_0}\right) \quad \text{（C.3.4）}$$

$$U_2(\cdot) - U_1(\cdot) \approx \beta(1-\theta)\ln\left(\frac{V_2}{V_1}\right) + \ln\left(1 - \frac{2\rho f_2}{Y_2}\right) \quad \text{（C.3.5）}$$

将式（C.3.4）和式（C.3.5）代入式（5.32），得到

$$\Phi(\cdot) = E\left[\int_0^{+\infty} \xi\beta(1-\theta)\ln\left(\frac{V_1}{V_0}\right) N(t) e^{-kt} dt\right] \\ + E\left[\int_\Delta^{+\infty} \xi\left(\beta(1-\theta)\ln\left(\frac{V_2}{V_1}\right) + \ln\left(1 - \frac{2\rho f_2}{Y_2}\right)\right) N(t) - C_O\right) e^{-kt} dt\right] - E\left[\int_0^\Delta C_L e^{-kt} dt\right] \quad \text{（C.3.6）}$$

当未来城市人口规模的随机扰动服从几何布朗运动（Dixit and Pindyck，1994）时，可得

$$E[N(t) | N_0 = N] = N e^{\eta t} \quad \text{（C.3.7）}$$

将式（C.3.7）代入式（C.3.6），得到

$$\Phi(N) = \xi\beta(1-\theta)\frac{N}{k-\eta}\ln\left(\frac{V_1}{V_0}\right) + \xi\left[\beta(1-\theta)\ln\left(\frac{V_2}{V_1}\right) + \ln\left(1 - \frac{2\rho f_2}{Y_2}\right)\right]\frac{N e^{(\eta-k)\Delta}}{k-\eta} \\ - \frac{C_L(1-e^{-k\Delta})}{k} - \frac{C_O e^{-k\Delta}}{k} \quad \text{（C.3.8）}$$

附录 C.4　命题 5.4 的证明

根据实物期权理论，公交项目期权价值函数 $F(N(t))$ 的均衡条件满足如下贝尔曼方程：

$$kF(N(t))dt = E_t[dF(N(t))] \quad \text{（C.4.1）}$$

根据伊藤引理，期权价值函数 $F(N(t))$ 可展开为

$$dF(N(t)) = F'(N(t))dN(t) + \frac{1}{2}F''(N(t))(dN(t))^2 \quad \text{（C.4.2）}$$

其中，$F'(\cdot)$ 和 $F''(\cdot)$ 分别表示公交项目期权价值函数 $F(N(t))$ 关于人口规模 $N(t)$ 的一阶和二阶导数。

因此，期权价值的期望值可表示为

$$E_t[dF(N(t))] = \eta N(t) F'(N(t))dt + \frac{1}{2}\sigma^2 (N(t))^2 F''(N(t))dt \quad \text{（C.4.3）}$$

将式（C.4.3）代入式（C.4.1），得到

$$\frac{1}{2}\sigma^2 (N(t))^2 F''(N(t)) + \eta N(t) F'(N(t)) - kF(N(t)) = 0 \quad \text{（C.4.4）}$$

式（C.4.4）是一个二阶齐次线性方程，它的解满足：
$$F(N(t)) = a_1(N(t))^{b_1} + a_2(N(t))^{b_2} \quad (C.4.5)$$

其中，a_1 和 a_2 为常数；b_1 和 b_2 为以下二次方程的根：
$$\frac{1}{2}\sigma^2 b(b-1) + \eta b - k = 0 \quad (C.4.6)$$

容易得到
$$b_1 = \frac{1}{2} - \frac{\eta}{\sigma^2} + \sqrt{\left(\frac{\eta}{\sigma^2} - \frac{1}{2}\right)^2 + \frac{2k}{\sigma^2}} > 1 \quad (C.4.7)$$

$$b_2 = \frac{1}{2} - \frac{\eta}{\sigma^2} - \sqrt{\left(\frac{\eta}{\sigma^2} - \frac{1}{2}\right)^2 + \frac{2k}{\sigma^2}} < 0 \quad (C.4.8)$$

根据边界条件 $\lim_{N \to 0} F(N) = 0$ 和式（C.4.8）中的 $b_2 < 0$，可得 $a_2 = 0$。因此，$F(N(t))$ 可简化为
$$F(N(t)) = a_1(N(t))^{b_1} \quad (C.4.9)$$

根据价值匹配条件 [式（5.31）]，以及式（C.4.9）和式（5.33），得到
$$a_1(N^*)^{b_1} = \xi\beta(1-\theta)\frac{N^*}{k-\eta}\ln\left(\frac{V_1}{V_0}\right) + \xi\left(\beta(1-\theta)\ln\left(\frac{V_2}{V_1}\right) + \ln\left(1 - \frac{2\rho f_2}{Y_2}\right)\right)\frac{N^* e^{(\eta-k)\Delta}}{k-\eta}$$
$$- \frac{C_L(1-e^{-k\Delta})}{k} - \frac{C_O e^{-k\Delta}}{k} \quad (C.4.10)$$

根据平滑条件（Dixit and Pindyck，1994），得到
$$\left.\frac{dF(N)}{dN}\right|_{N=N^*} = \left.\frac{d\Phi(N)}{dN}\right|_{N=N^*} \quad (C.4.11)$$

式（C.4.11）可重写为
$$a_1 b_1 (N^*)^{b_1-1} = \xi\beta(1-\theta)\frac{1}{k-\eta}\ln\left(\frac{V_1}{V_0}\right) + \xi\left(\beta(1-\theta)\ln\left(\frac{V_2}{V_1}\right) + \ln\left(1 - \frac{2\rho f_2}{Y_2}\right)\right)\frac{e^{(\eta-k)\Delta}}{k-\eta}$$
$$- \frac{(1-e^{-k\Delta})}{k}\left.\frac{dC_L}{dN}\right|_{N=N^*} - \frac{e^{-k\Delta}}{k}\left.\frac{dC_O}{dN}\right|_{N=N^*} \quad (C.4.12)$$

其中，
$$\left.\frac{dC_L}{dN}\right|_{N=N^*} = \beta(1-\theta)\lambda_1 \frac{2\rho}{R_A}\left(\frac{Y_2}{2\rho} - f_2\right)\left(\frac{2N^*\rho\tau}{R_A V_2} + 1\right)^{\beta(\theta-1)-1} \quad (C.4.13)$$

$$\left.\frac{dC_O}{dN}\right|_{N=N^*} = \beta(1-\theta)\frac{4\rho\omega_1}{V_2 H R_A}\left(\frac{Y_2}{2\rho} - f_2\right)\left(\frac{2N^*\rho\tau}{R_A V_2} + 1\right)^{\beta(\theta-1)-1} \quad (C.4.14)$$

在假设 $R_A V_2 \ll 2N\rho\tau$ 下，式（C.4.13）和式（C.4.14）等号右边近似为零。这样，式（C.4.12）的最后两项消去。联立式（C.4.12）和式（C.4.10），可得到人口阈值 N^* 的表达式，即式（5.35）。通过式（C.4.12）确定 a_1，再由式（C.4.9）或式（5.36）确定期权价值 $F(N(t))$。

附录 C.5　命题 5.5 的证明

为方便叙述，记

$$\zeta_1 = \beta(1-\theta)\ln\left(\frac{V_1}{V_0}\right) \text{ 和 } \zeta_2 = \beta(1-\theta)\ln\left(\frac{V_2}{V_1}\right) + \ln\left(1 - \frac{2\rho f_2}{Y_2}\right) \quad (\text{C.5.1})$$

可推导出 N^* 关于 σ、λ_1、ω_1 和 Δ 的偏导数为

$$\frac{\partial N^*}{\partial \sigma} = \frac{2\sigma b_1(k-\eta)(C_L(1-\mathrm{e}^{-k\Delta}) + C_O \mathrm{e}^{-k\Delta})}{\xi k(b_1-1)(\sigma^2(2b_1-1)+2\eta)(\zeta_1 + \zeta_2 \mathrm{e}^{(\eta-k)\Delta})} \quad (\text{C.5.2})$$

$$\frac{\partial N^*}{\partial \lambda_1} = \frac{b_1 V_2 (k-\eta)(Y_2 - 2\rho f_2)(1-\mathrm{e}^{-k\Delta})}{2\xi k \rho \tau (b_1-1)(\zeta_1 + \zeta_2 \mathrm{e}^{(\eta-k)\Delta})} \quad (\text{C.5.3})$$

$$\frac{\partial N^*}{\partial \omega_1} = \frac{b_1(k-\eta)(Y_2 - 2\rho f_2)\mathrm{e}^{-k\Delta}}{\xi k \rho \tau H (b_1-1)(\zeta_1 + \zeta_2 \mathrm{e}^{(\eta-k)\Delta})} \quad (\text{C.5.4})$$

$$\frac{\partial N^*}{\partial \Delta} = \frac{b_1(k-\eta)(C_L - C_O)\mathrm{e}^{-k\Delta} + N^* \xi (b_1-1)(k-\eta)\zeta_2 \mathrm{e}^{(\eta-k)\Delta}}{\xi(b_1-1)(\zeta_1 + \zeta_2 \mathrm{e}^{(\eta-k)\Delta})} \quad (\text{C.5.5})$$

注意到 $0 < \theta < 1$，$b_1 > 1$，$Y_2 > 2\rho f_2$ 和 $k > \eta$ 满足，从而得到

$$\frac{\partial N^*}{\partial \sigma} > 0, \quad \frac{\partial N^*}{\partial \lambda_1} > 0, \quad \frac{\partial N^*}{\partial \omega_1} > 0 \quad (\text{C.5.6})$$

$\frac{\partial N^*}{\partial \Delta}$ 的符号由 $C_L - C_O$ 的符号决定。当 $C_L \geq C_O$ 时，得到

$$\frac{\partial N^*}{\partial \Delta} > 0 \quad (\text{C.5.7})$$

但是，当 $C_L < C_O$ 时，$\frac{\partial N^*}{\partial \Delta}$ 的符号模棱两可。

附录 D

附录 D.1　命题 6.1 的证明

根据式（6.27）和式（6.28），可得

$$\frac{\partial r_{\text{PUB}}}{\partial p} = \theta_1 (p\theta_1\theta_2 k^{-1})^{\theta_2/(1-\theta_2)} \qquad (\text{D.1.1})$$

$$\frac{\partial r_{\text{PRI}}}{\partial p} = \begin{cases} \theta_1 (p\theta_1\theta_2 k^{-1})^{\theta_2/(1-\theta_2)}/(1+c_1), & \forall x \in J \\ \theta_1 (p\theta_1\theta_2 k^{-1})^{\theta_2/(1-\theta_2)}, & \forall x \in \overline{J} \end{cases} \qquad (\text{D.1.2})$$

$$\frac{\partial r_{\text{PRI}}}{\partial c_0} = -\frac{1}{1+c_1}, \quad \forall x \in J \qquad (\text{D.1.3})$$

$$\frac{\partial r_{\text{PRI}}}{\partial c_2} = -\frac{\Phi(x)}{(1+c_1)}, \quad \forall x \in J \qquad (\text{D.1.4})$$

注意到 θ_1、θ_2、k、c_1 和 $\Phi(x)$ 为正，因此 $\frac{\partial r_{\text{PUB}}}{\partial p} > 0$、$\frac{\partial r_{\text{PRI}}}{\partial p} > 0$、$\frac{\partial r_{\text{PRI}}}{\partial c_0} < 0$，以及 $\frac{\partial r_{\text{PRI}}}{\partial c_2} < 0$。

附录 D.2 命题 6.2 的证明

根据式（6.29）和式（6.30）以及 $J \cup \overline{J} = B$，得

$$N = \sigma e^{-\frac{u-Y+\alpha}{\alpha(1-\theta_2)}} \left(\int_{\overline{J}} e^{-\frac{\varphi(x)}{\alpha(1-\theta_2)}} dx + \int_J \left(e^{-\frac{\varphi(x)-\beta\log\Phi(x)}{\alpha(1-\theta_2)}} - e^{-\frac{\varphi(x)}{\alpha(1-\theta_2)}} \right) dx \right)$$

$$= \sigma e^{-\frac{u-Y+\alpha}{\alpha(1-\theta_2)}} \left(\int_0^B e^{-\frac{\varphi(x)}{\alpha(1-\theta_2)}} dx + \int_J \left(e^{-\frac{\varphi(x)-\beta\log\Phi(x)}{\alpha(1-\theta_2)}} - e^{-\frac{\varphi(x)}{\alpha(1-\theta_2)}} \right) dx \right) \sqrt{b^2-4ac} \qquad (\text{D.2.1})$$

根据图 6.3，我们有

$$\int_0^B e^{-\frac{\varphi(x)}{\alpha(1-\theta_2)}} dx = \int_0^{L_M} e^{-\frac{\varphi(x)}{\alpha(1-\theta_2)}} dx + \sum_{s=1}^M \left(\int_{L_s}^{D_s} e^{-\frac{\varphi(x)}{\alpha(1-\theta_2)}} dx + \int_{D_s}^{L_{s-1}} e^{-\frac{\varphi(x)}{\alpha(1-\theta_2)}} dx \right) \qquad (\text{D.2.2})$$

其中，L_s 由式（6.9）确定；$L_0 = B$。

根据式（6.7），得到

$$\int_0^{L_M} e^{-\frac{\varphi(x)}{\alpha(1-\theta_2)}} dx = \frac{\alpha(1-\theta_2)V_a}{2\rho\tau_a}(1 - e^{-\frac{\varphi(L_M)}{\alpha(1-\theta_2)}}) \qquad (\text{D.2.3})$$

对任意的 $s = 1, 2, \cdots, M$，我们有

$$\int_{L_s}^{D_s} e^{-\frac{\varphi(x)}{\alpha(1-\theta_2)}} dx = \frac{\alpha(1-\theta_2)V_a}{2\rho\tau_a} \left(e^{-\frac{\varphi(D_s)}{\alpha(1-\theta_2)}} - e^{-\frac{\varphi(L_s)}{\alpha(1-\theta_2)}} \right) \qquad (\text{D.2.4})$$

$$\int_{D_s}^{L_{s-1}} e^{-\frac{\varphi(x)}{\alpha(1-\theta_2)}} dx = \frac{\alpha(1-\theta_2)V_a}{2\rho\tau_a} (e^{-\frac{\varphi(D_s)}{\alpha(1-\theta_2)}} - e^{-\frac{\varphi(L_{s-1})}{\alpha(1-\theta_2)}}) \qquad (\text{D.2.5})$$

将式（D.2.3）~式（D.2.5）代入式（D.2.2）得到

$$\int_0^B e^{-\frac{\varphi(x)}{\alpha(1-\theta_2)}} dx =$$

$$\frac{\alpha(1-\theta_2)V_a}{2\rho\tau_a}\left(1-e^{-\frac{\varphi(L_M)}{\alpha(1-\theta_2)}}+\sum_{s=1}^{M}\left(2e^{-\frac{\varphi(D_s)}{\alpha(1-\theta_2)}}-e^{-\frac{\varphi(L_s)}{\alpha(1-\theta_2)}}\right)-\sum_{s=2}^{M}e^{-\frac{\varphi(L_{s-1})}{\alpha(1-\theta_2)}}-e^{-\frac{\varphi(B)}{\alpha(1-\theta_2)}}\right) \quad (\text{D.2.6})$$

将式（6.32）、式（6.35）、式（6.36）和式（D.2.6）代入式（D.2.1）得到式（6.33）。由式（6.32）和式（6.33），可得式（6.34）。

附录 D.3　命题 6.3 的证明

分别求 u 和 B 关于 N、D_j 和 Δ_j 的偏导数，得到

$$\frac{\partial u}{\partial N}=-\frac{2\rho\tau_a\alpha(1-\theta_2)}{2\rho\tau_a N+V_a r_A} \quad (\text{D.3.1})$$

$$\frac{\partial u}{\partial D_j}=-\frac{4\rho^2\tau_a}{\alpha(1-\theta_2)V_a\Omega_1+2\rho\tau_a\Omega_2}$$
$$\times \int_{D_j-\Delta_j}^{D_j+\Delta_j}\exp\left(-\frac{\varphi(x)}{\alpha(1-\theta_2)}\right)\left(\exp\left(\frac{\beta\log\Phi(x)}{\alpha(1-\theta_2)}\right)-1\right)\frac{\partial c_j(x)}{\partial D_j}dx \quad (\text{D.3.2})$$

$$\frac{\partial u}{\partial \Delta_j}=\frac{4\rho\tau_a\alpha(1-\theta_2)}{\alpha(1-\theta_2)V_a\Omega_1+2\rho\tau_a\Omega_2}\exp\left(-\frac{\varphi(D_j+\Delta_j)}{\alpha(1-\theta_2)}\right)\left(\exp\left(\frac{\beta\log\Phi(D_j+\Delta_j)}{\alpha(1-\theta_2)}\right)-1\right) \quad (\text{D.3.3})$$

$$\frac{\partial B}{\partial N}=\frac{V_a\alpha(1-\theta_2)}{2\rho\tau_a N+V_a r_A} \quad (\text{D.3.4})$$

$$\frac{\partial B}{\partial D_j}=\frac{2\rho V_a}{\alpha(1-\theta_2)V_a\Omega_1+2\rho\tau_a\Omega_2}$$
$$\times \int_{D_j-\Delta_j}^{D_j+\Delta_j}\exp\left(-\frac{\varphi(x)}{\alpha(1-\theta_2)}\right)\left(\exp\left(\frac{\beta\log\Phi(x)}{\alpha(1-\theta_2)}\right)-1\right)\frac{\partial c_j(x)}{\partial D_j}dx \quad (\text{D.3.5})$$

$$\frac{\partial B}{\partial \Delta_j}=-\frac{2\alpha(1-\theta_2)V_a}{\alpha(1-\theta_2)V_a\Omega_1+2\rho\tau_a\Omega_2}\exp\left(-\frac{\varphi(D_j+\Delta_j)}{\alpha(1-\theta_2)}\right)\left(\exp\left(\frac{\beta\log\Phi(D_j+\Delta_j)}{\alpha(1-\theta_2)}\right)-1\right) \quad (\text{D.3.6})$$

注意到 $0<\theta_2<1$ 和 $\frac{\partial c_j(x)}{\partial D_j}>0$，因此容易得到

$$\frac{\partial u}{\partial N}<0,\ \frac{\partial u}{\partial D_j}<0,\ \frac{\partial u}{\partial \Delta_j}>0,\ \frac{\partial B}{\partial N}>0,\ \frac{\partial B}{\partial D_j}>0,\ \frac{\partial B}{\partial \Delta_j}<0 \quad (\text{D.3.7})$$

附录 E

附录 E.1　式（8.22）、式（8.23）和式（8.26）的推导及命题 8.1 的证明

（1）将式（8.19）代入式（8.20），得到

$$\int_0^{B_i} n_i(x)\mathrm{d}x = \int_0^{L_{M,i}} n_i(x)\mathrm{d}x + \sum_{s=1}^{M}\left(\int_{L_{s,i}}^{D_s} n_i(x)\mathrm{d}x + \int_{D_s}^{L_{s-1,i}} n_i(x)\mathrm{d}x\right) = N \quad (\text{E.1.1})$$

其中，$L_{s,i}$ 由式（8.5）和 $L_{0,i} = B_i$ 确定。式（E.1.1）等号右边的第一项表示 CBD 与分界线位置 $L_{M,i}$ 之间的家庭数量。位于 CBD 与 $L_{M,i}$ 之间的居民采用步行方式到达 CBD。我们有

$$\begin{aligned}\int_0^{L_{M,i}} n_i(x)\mathrm{d}x &= \frac{(a\theta^\theta k^{-\theta} p_i(0))^{\frac{1}{1-\theta}}}{\alpha}\int_0^{L_{M,i}}\exp\left(-\frac{\varphi_i(x)}{\alpha}\right)^{\frac{1}{1-\theta}}\mathrm{d}x \\ &= \frac{(1-\theta)\bar{V}(a\theta^\theta k^{-\theta} p_i(0))^{\frac{1}{1-\theta}}}{2\rho\tau_a}\left(1-\exp\left(-\frac{2\rho\tau_a L_{M,i}}{\alpha(1-\theta)\bar{V}}\right)\right)\end{aligned} \quad (\text{E.1.2})$$

下面确定式（E.1.1）括号中的项。对任意的 $s=1,2,\cdots,M$，

$$\begin{aligned}\int_{L_{s,i}}^{D_s} n_i(x)\mathrm{d}x &= \frac{(a\theta^\theta k^{-\theta} p_i(0))^{\frac{1}{1-\theta}}}{\alpha}\int_{L_{s,i}}^{D_s}\exp\left(-\frac{\varphi_i(x)}{\alpha}\right)^{\frac{1}{1-\theta}}\mathrm{d}x \\ &= \frac{(a\theta^\theta k^{-\theta} p_i(0))^{\frac{1}{1-\theta}}}{\alpha}\int_{L_{s,i}}^{D_s}\exp\left(-\frac{2\rho}{\alpha}\left(\frac{\tau_a}{\bar{V}}(D_s-x)+C_{s,i}(D_s)\right)\right)^{\frac{1}{1-\theta}}\mathrm{d}x \\ &= \frac{(1-\theta)\bar{V}(a\theta^\theta k^{-\theta} p_i(0))^{\frac{1}{1-\theta}}}{2\rho\tau_a}\left(\exp\left(-\frac{2\rho}{\alpha(1-\theta)}C_{s,i}(D_s)\right)\right.\\ &\quad \left.-\exp\left(-\frac{2\rho}{\alpha(1-\theta)}\left(\frac{\tau_a}{\bar{V}}(D_s-L_{s,i})+C_{s,i}(D_s)\right)\right)\right)\end{aligned} \quad (\text{E.1.3})$$

$$\begin{aligned}\int_{D_s}^{L_{s-1,i}} n_i(x)\mathrm{d}x &= \frac{(a\theta^\theta k^{-\theta} p_i(0))^{\frac{1}{1-\theta}}}{\alpha}\int_{D_s}^{L_{s-1,i}}\exp\left(-\frac{\varphi_i(x)}{\alpha}\right)^{\frac{1}{1-\theta}}\mathrm{d}x \\ &= \frac{(a\theta^\theta k^{-\theta} p_i(0))^{\frac{1}{1-\theta}}}{\alpha}\int_{D_s}^{L_{s-1,i}}\exp\left(-\frac{2\rho}{\alpha}\left(\frac{\tau_a}{\bar{V}}(x-D_s)+C_{s,i}(D_s)\right)\right)^{\frac{1}{1-\theta}}\mathrm{d}x \\ &= \frac{(1-\theta)\bar{V}(a\theta^\theta k^{-\theta} p_i(0))^{\frac{1}{1-\theta}}}{2\rho\tau_a}\left(\exp\left(-\frac{2\rho}{\alpha(1-\theta)}C_{s,i}(D_s)\right)\right.\\ &\quad \left.-\exp\left(-\frac{2\rho}{\alpha(1-\theta)}\left(\frac{\tau_a}{\bar{V}}(L_{s-1,i}-D_s)+C_{s,i}(D_s)\right)\right)\right)\end{aligned} \quad (\text{E.1.4})$$

将式（E.1.2）～式（E.1.4）代入式（E.1.1），得到

$$N = \frac{(1-\theta)\bar{V}\left(a\theta^\theta k^{-\theta} p_i(0)\right)^{\frac{1}{1-\theta}}}{2\rho\tau_a}$$

$$\left\{\begin{array}{l} \left(1-\exp\left(-\dfrac{2\rho\tau_a L_{M,i}}{\alpha(1-\theta)\bar{V}}\right)\right) \\ +\sum_{s=1}^{M}\left(2\exp\left(-\dfrac{2\rho}{\alpha(1-\theta)}C_{s,i}(D_s)\right) - \exp\left(-\dfrac{2\rho}{\alpha(1-\theta)}\left(\dfrac{\tau_a}{\bar{V}}(D_s - L_{s,i}) + C_{s,i}(D_s)\right)\right)\right) \\ -\sum_{s=2}^{M}\exp\left(-\dfrac{2\rho}{\alpha(1-\theta)}\left(\dfrac{\tau_a}{\bar{V}}(L_{s-1,i} - D_s) + C_{s,i}(D_s)\right)\right) \\ -\exp\left(-\dfrac{2\rho}{\alpha(1-\theta)}\left(\dfrac{\tau_a}{\bar{V}}(B_i - D_s) + C_{s,i}(D_s)\right)\right) \end{array}\right\} \quad (\text{E.1.5})$$

根据边界条件 $r(B_i) = r_A$ 和式（8.18），得到

$$r_A = r(B_i) = (1-\theta)\left(a\theta^\theta k^{-\theta} p_i(0)\exp\left(-\frac{2\rho C_{s,i}(B_i)}{\alpha}\right)\right)^{\frac{1}{1-\theta}}$$

$$= (1-\theta)\left(a\theta^\theta k^{-\theta} p_i(0)\exp\left(-\frac{2\rho}{\alpha}\left(\frac{\tau_a}{\bar{V}}(B_i - D_1) + C_{s,i}(D_1)\right)\right)\right)^{\frac{1}{1-\theta}} \quad (\text{E.1.6})$$

将式（E.1.6）代入式（E.1.5）得到式（8.22）。此外，根据式（E.1.6）容易推导出式（8.23）。

（2）地铁车站 s 每天的乘客需求 $Q_{s,i}$ 为

$$Q_{s,i} = \int_{L_{s,i}}^{L_{s-1,i}} q_{s,i}(x)\mathrm{d}x = \int_{L_{s,i}}^{D_s} q_{s,i}(x)\mathrm{d}x + \int_{D_s}^{L_{s-1,i}} q_{s,i}(x)\mathrm{d}x$$

$$= \frac{\eta(a\theta^\theta k^{-\theta} p_i(0))^{\frac{1}{1-\theta}}}{\alpha}\int_{L_{s,i}}^{D_s}\exp\left(-\frac{2\rho C_{s,i}(x)}{\alpha}\right)^{\frac{1}{1-\theta}}\exp(-\pi C_{s,i}(x))\mathrm{d}x$$

$$+ \frac{\eta(a\theta^\theta k^{-\theta} p_i(0))^{\frac{1}{1-\theta}}}{\alpha}\int_{D_s}^{L_{s-1,i}}\exp\left(-\frac{2\rho C_{s,i}(x)}{\alpha}\right)^{\frac{1}{1-\theta}}\exp(-\pi C_{s,i}(x))\mathrm{d}x$$

$$= \frac{\eta(1-\theta)\bar{V}(a\theta^\theta k^{-\theta} p_i(0))^{\frac{1}{1-\theta}}}{2\rho\tau_a + \alpha\pi(1-\theta)\tau_a}$$

$$\left(\begin{array}{l} 2\exp\left(-\left(\dfrac{2\rho}{\alpha(1-\theta)} + \pi\right)C_{s,i}(D_s)\right) \\ -\exp\left(-\left(\dfrac{2\rho}{\alpha(1-\theta)} + \pi\right)\left(\dfrac{\tau_a}{\bar{V}}(D_s - L_{s,i}) + C_{s,i}(D_s)\right)\right) \\ -\exp\left(-\left(\dfrac{2\rho}{\alpha(1-\theta)} + \pi\right)\left(\dfrac{\tau_a}{\bar{V}}(L_{s-1,i} - D_s) + C_{s,i}(D_s)\right)\right) \end{array}\right) \quad (\text{E.1.7})$$

（3） $p_i(0)$、B_i 和 $Q_{s,i}$ 关于 N 和 r_A 的偏导数如下：

$$\frac{\partial p_i(0)}{\partial N} = \frac{2\rho\tau_a}{\Omega_i \bar{V}} a^{-1}(k\theta^{-1})^\theta \left(\frac{r_A}{1-\theta}\right)^{-\theta} \left(\frac{1}{\Omega_i}\left(\frac{2\rho\tau_a N}{r_A \bar{V}}+1\right)\right)^{-\theta} \quad (\text{E.1.8})$$

$$\frac{\partial p_i(0)}{\partial r_A} = a^{-1}(k\theta^{-1})^\theta \left(\frac{r_A}{1-\theta}\right)^{-\theta} \left(\frac{1}{\Omega_i}\right)^{1-\theta} \left(\frac{2\rho\tau_a N}{r_A \bar{V}}+1\right)^{-\theta} \quad (\text{E.1.9})$$

$$\frac{\partial B_i}{\partial N} = \frac{\alpha \bar{V}}{2\rho\tau_a N + r_A \bar{V}} \quad (\text{E.1.10})$$

$$\frac{\partial B_i}{\partial r_A} = -\frac{\alpha \bar{V} N}{r_A(2\rho\tau_a N + r_A \bar{V})} \quad (\text{E.1.11})$$

$$\frac{\partial Q_{s,i}}{\partial N} = \frac{\eta(1-\theta)\bar{V}\left(\frac{1}{1-\theta}\right)(a\theta^\theta k^{-\theta}(p_i(0))^\theta)^{\frac{1}{1-\theta}}\Phi_{s,i}}{2\rho\tau_a + \alpha\pi(1-\theta)\tau_a} \frac{\partial p_i(0)}{\partial N} \quad (\text{E.1.12})$$

$$\frac{\partial Q_{s,i}}{\partial r_A} = \frac{\eta(1-\theta)\bar{V}\left(\frac{1}{1-\theta}\right)(a\theta^\theta k^{-\theta}(p_i(0))^\theta)^{\frac{1}{1-\theta}}\Phi_{s,i}}{2\rho\tau_a + \alpha\pi(1-\theta)\tau_a} \frac{\partial p_i(0)}{\partial r_A} \quad (\text{E.1.13})$$

注意到 $0 < \theta < 1$，因此，可得到

$$\frac{\partial p_i(0)}{\partial N} > 0, \quad \frac{\partial p_i(0)}{\partial r_A} > 0, \quad \frac{\partial B_i}{\partial N} > 0, \quad \frac{\partial B_i}{\partial r_A} < 0, \quad \frac{\partial Q_{s,i}}{\partial N} > 0, \quad \frac{\partial Q_{s,i}}{\partial r_A} > 0 \quad (\text{E.1.14})$$

附录 E.2 命题 8.2 的证明

（1）私人投资者年均票价收入为

$$\begin{aligned}
\text{FR}_i &= 2\rho \sum_{s=1}^{M}(f_f + f_v D_s) Q_{s,i} \\
&= 2\rho \sum_{s=1}^{M}(f_f + f_v D_s) \frac{\eta(1-\theta)\bar{V}(a\theta^\theta k^{-\theta} p_i(0))^{\frac{1}{1-\theta}}}{\tau_a(2\rho + \alpha\pi(1-\theta))}\Phi_{s,i} \\
&= (a\theta^\theta k^{-\theta} p_i(0))^{\frac{1}{1-\theta}} \frac{2\rho\eta(1-\theta)\bar{V}}{\tau_a(2\rho+\alpha\pi(1-\theta))} \sum_{s=1}^{M}(f_f + f_v D_s)\Phi_{s,i} \\
&= \frac{2\rho\eta(2\rho\tau_a N + r_A \bar{V})}{\tau_a \Omega_i(2\rho + (1-\theta)\alpha\pi)} \sum_{s=1}^{M}(f_f + f_v D_s)\Phi_{s,i}
\end{aligned} \quad (\text{E.2.1})$$

其中，地铁车站 s 每天的乘客需求 $Q_{s,i}$ 由式（8.26）给出。

私人投资者年均车站上盖物业收入为

$$\text{PR}_i = \sum_{s=1}^{M+1} \int_{D_s-\Delta_s^0}^{D_s+\Delta_s^0} (p_i(x)h(S_i(x)) - r_i(x))\mathrm{d}x$$

$$= \sum_{s=1}^{M+1} \int_{D_s-\Delta_s^0}^{D_s+\Delta_s^0} k\left(k^{-1}a\theta p_i(0)\exp\left(-\frac{\varphi_i(x)}{\alpha}\right)\right)^{\frac{1}{1-\theta}} \mathrm{d}x$$

$$= \frac{\alpha\theta(2\rho\tau_a N + r_A \overline{V})}{2\rho\tau_a \Omega_i} \sum_{s=1}^{M+1} 2\left(\exp\left(-\frac{2\rho C_{s,i}(D_s)}{\alpha(1-\theta)}\right) - \exp\left(-\frac{2\rho\left(\frac{\tau_a}{\overline{V}}\Delta_s^0 + C_{s,i}(D_s)\right)}{\alpha(1-\theta)}\right)\right) \quad (\text{E.2.2})$$

当 $r_A\overline{V} \ll 2\rho\tau_a N$ 时，式（E.2.1）和式（E.2.2）可分别表示为

$$\text{FR}_i = \frac{4\rho^2 \eta \sum_{s=1}^{M}(f_f + f_{v,i}D_s)\Phi_{s,i}N}{(2\rho + (1-\theta)\alpha\pi)\Omega_i} \quad (\text{E.2.3})$$

$$\text{PR}_i = \frac{\alpha\theta\Psi_i N}{\Omega_i} \quad (\text{E.2.4})$$

其中，

$$\Psi_i = \sum_{s=1}^{M+1} 2\left(\exp\left(-\frac{2\rho C_{s,i}(D_s)}{\alpha(1-\theta)}\right) - \exp\left(-\frac{2\rho\left(\frac{\tau_a}{\overline{V}}\Delta_s^0 + C_{s,i}(D_s)\right)}{\alpha(1-\theta)}\right)\right) \quad (\text{E.2.5})$$

下面推导 $U_1 - U_0$、$U_2 - U_1$ 和 $U_3 - U_1$ 的表达式。根据式（8.14）和式（8.22），可以得到

$$U_1 - U_0 = Y - \alpha + \alpha\log\left(\frac{\alpha}{p_1(0)}\right) - \left(Y - \alpha + \alpha\log\left(\frac{\alpha}{p_0(0)}\right)\right) = \alpha(1-\theta)\log\left(\frac{\Omega_1}{\Omega_0}\right) \quad (\text{E.2.6})$$

类似地，可以得到

$$U_2 - U_1 = Y - \alpha + \alpha\log\left(\frac{\alpha}{p_2(0)}\right) - \left(Y - \alpha + \alpha\log\left(\frac{\alpha}{p_1(0)}\right)\right) = \alpha(1-\theta)\log\left(\frac{\Omega_2}{\Omega_1}\right) \quad (\text{E.2.7})$$

$$U_3 - U_1 = Y - \alpha + \alpha\log\left(\frac{\alpha}{p_3(0)}\right) - \left(Y - \alpha + \alpha\log\left(\frac{\alpha}{p_1(0)}\right)\right) = \alpha(1-\theta)\log\left(\frac{\Omega_3}{\Omega_1}\right) \quad (\text{E.2.8})$$

将式（E.2.3）和式（E.2.4）代入式（8.35），可得

$$\Lambda_p(N) = E_N\left[\int_\Delta^T \left(\frac{4\rho^2\eta\sum_{s=1}^{M}(f_f + f_{v,i}D_s)\Phi_{s,2}N_t}{(2\rho + (1-\theta)\alpha\pi)\Omega_2}\right)\mathrm{e}^{-kt}\mathrm{d}t \right.$$

$$\left. + \int_\Delta^T \left(\frac{\alpha\theta\Psi_2 N_t}{\Omega_2}\right)\mathrm{e}^{-kt}\mathrm{d}t - \int_\Delta^T C_2^O \mathrm{e}^{-kt}\mathrm{d}t - \int_0^\Delta (C^L + C^S)\mathrm{e}^{-kt}\mathrm{d}t\right] \quad (\text{E.2.9})$$

类似地,将式(E.2.3)~式(E.2.8)代入式(8.43),可得

$$W_g(N) = E_N\left[\int_0^{+\infty} N_t\left(\alpha(1-\theta)\log\left(\frac{\Omega_1}{\Omega_0}\right)\right)e^{-kt}dt + \int_\Delta^T N_t\left(\alpha(1-\theta)\log\left(\frac{\Omega_2}{\Omega_1}\right)\right)e^{-kt}dt\right.$$

$$+ \int_\Delta^T \left(\frac{4\rho^2\eta\sum_{s=1}^M(f_f+f_{v,i}D_s)\Phi_{s,2}N_t}{(2\rho+(1-\theta)\alpha\pi)\Omega_2}\right)e^{-kt}dt + \int_\Delta^T\left(\frac{\alpha\theta\Psi_2 N_t}{\Omega_2}\right)e^{-kt}dt - \int_\Delta^T C_2^O e^{-kt}dt$$

$$- \int_0^\Delta (C^L+C^S)e^{-kt}dt + \int_T^{+\infty} N_t\left(\alpha(1-\theta)\log\left(\frac{\Omega_3}{\Omega_1}\right)\right)e^{-kt}dt + \int_T^{+\infty}\left(\frac{\alpha\theta\Psi_3 N_t}{\Omega_3}\right)e^{-kt}dt$$

$$\left. - \int_T^{+\infty} C_3^O e^{-kt}dt\right] + \int_T^{+\infty}\left(\frac{4\rho^2\eta\sum_{s=1}^M(f_f+f_{v,i}D_s)\Phi_{s,3}N_t}{(2\rho+(1-\theta)\alpha\pi)\Omega_3}\right)e^{-kt}dt \quad (\text{E.2.10})$$

当城市人口规模 N_t 服从几何布朗运动时,N_t 的期望值为

$$E[N_t] = Ne^{\mu t} \quad (\text{E.2.11})$$

将式(E.2.11)代入式(E.2.9)和式(E.2.10),可得式(8.52)和式(8.53)。

(2)根据式(8.48)中的价值匹配条件和式(8.50)、式(8.52)和式(8.53),可得

$$A_p N^{*\beta} = \frac{e^{-(k-\mu)\Delta} - e^{-(k-\mu)T}}{k-\mu}\left(\frac{4\rho^2\eta\sum_{s=1}^M(f_f+f_{v,2}D_s)\Phi_{s,2}}{(2\rho+(1-\theta)\alpha\pi)\Omega_2} + \frac{\alpha\theta\Psi_2}{\Omega_2}\right)N^*$$

$$-\frac{1}{k}(C_2^O(e^{-k\Delta}-e^{-kT})+(C^L+C^S)(1-e^{-k\Delta})) \quad (\text{E.2.12})$$

$$A_g N^{*\beta} = \frac{\alpha(1-\theta)\log\left(\frac{\Omega_1}{\Omega_0}\right)N^*}{k-\mu}$$

$$+ \frac{e^{-(k-\mu)\Delta} - e^{-(k-\mu)T}}{k-\mu}\left(\alpha(1-\theta)\log\left(\frac{\Omega_2}{\Omega_1}\right) + \frac{4\rho^2\eta\sum_{s=1}^M(f_f+f_{v,2}D_s)\Phi_{s,2}}{(2\rho+(1-\theta)\alpha\pi)\Omega_2} + \frac{\alpha\theta\Psi_2}{\Omega_2}\right)N^*$$

$$+ \frac{e^{-(k-\mu)T}}{k-\mu}\left(\alpha(1-\theta)\log\left(\frac{\Omega_3}{\Omega_1}\right) + \frac{4\rho^2\eta\sum_{s=1}^M(f_f+f_{v,3}D_s)\Phi_{s,3}}{(2\rho+(1-\theta)\alpha\pi)\Omega_3} + \frac{\alpha\theta\Psi_3}{\Omega_3}\right)N^*$$

$$-\frac{1}{k}(C_2^O(e^{-k\Delta}-e^{-kT})+C_3^O e^{-kT}+(C^L+C^S)(1-e^{-k\Delta})) \quad (\text{E.2.13})$$

根据式(8.49)中的平滑粘贴条件,得到

$$\beta A_p N^{*\beta-1} = \frac{\mathrm{e}^{-(k-\mu)\Delta} - \mathrm{e}^{-(k-\mu)T}}{k-\mu} \left(\frac{4\rho^2 \eta \sum_{s=1}^{M}(f_f + f_{v,2}D_s)\Phi_{s,2}}{(2\rho+(1-\theta)\alpha\pi)\Omega_2} + \frac{\alpha\theta\Psi_2}{\Omega_2} \right) \quad (\text{E.2.14})$$

$$\beta A_g N^{*\beta-1} = \frac{\alpha(1-\theta)\log\left(\frac{\Omega_1}{\Omega_0}\right)}{k-\mu}$$

$$+ \frac{\mathrm{e}^{-(k-\mu)\Delta} - \mathrm{e}^{-(k-\mu)T}}{k-\mu} \left(\alpha(1-\theta)\log\left(\frac{\Omega_2}{\Omega_1}\right) + \frac{4\rho^2\eta\sum_{s=1}^{M}(f_f + f_{v,2}D_s)\Phi_{s,2}}{(2\rho+(1-\theta)\alpha\pi)\Omega_2} + \frac{\alpha\theta\Psi_2}{\Omega_2} \right)$$

$$+ \frac{\mathrm{e}^{-(k-\mu)T}}{k-\mu} \left(\alpha(1-\theta)\log\left(\frac{\Omega_3}{\Omega_1}\right) + \frac{4\rho^2\eta\sum_{s=1}^{M}(f_f + f_{v,3}D_s)\Phi_{s,3}}{(2\rho+(1-\theta)\alpha\pi)\Omega_3} + \frac{\alpha\theta\Psi_3}{\Omega_3} \right) \quad (\text{E.2.15})$$

求解方程组[式（E.2.12）~式（E.2.15）]，得到 N_p^* 和 N_g^* 的表达式[式（8.54）和式（8.55）]，以及 A_p 和 A_g 的表达式[式（8.51）]。

（3）传统 NPV 方法的人口阈值推导如下。如果一个项目产生的期望净利润或期望社会福利收益大于零，那么私人投资者或政府愿意投资该项目，即对私人投资者和政府分别满足：

$$\Lambda_p(N_{p(\text{NPV})}^*) \geqslant 0 \text{ 和 } W_g(N_{g(\text{NPV})}^*) \geqslant 0 \quad (\text{E.2.16})$$

根据式（E.2.16），在 NPV 方法下，私人投资者和政府的人口阈值分别为

$$N_{p(\text{NPV})}^* = \frac{k-\mu}{k} \frac{C_2^O(\mathrm{e}^{-k\Delta} - \mathrm{e}^{-kT}) + (C^L + C^S)(1-\mathrm{e}^{-k\Delta})}{(\mathrm{e}^{-(k-\mu)\Delta} - \mathrm{e}^{-(k-\mu)T})\left(\xi_2 - \alpha(1-\theta)\log\left(\frac{\Omega_2}{\Omega_1}\right)\right)} \quad (\text{E.2.17})$$

$$N_{g(\text{NPV})}^* = \frac{k-\mu}{k} \frac{C_2^O(\mathrm{e}^{-k\Delta} - \mathrm{e}^{-kT}) + C_3^O \mathrm{e}^{-kT} + (C^L + C^S)(1-\mathrm{e}^{-k\Delta})}{\xi_1 + (\mathrm{e}^{-(k-\mu)\Delta} - \mathrm{e}^{-(k-\mu)T})\xi_2 + \mathrm{e}^{-(k-\mu)T}\xi_3} \quad (\text{E.2.18})$$

由式（8.54）、式（8.55）、式（E.2.17）和式（E.2.18），得到式（8.56）。

附录 E.3　人口规模随机跳跃下的结果

假定 $N_{t(J)}$ 服从带有跳跃过程的混合几何布朗运动，其期望为

$$E[N_{t(J)}] = N_J \mathrm{e}^{(\mu+\lambda\phi)t} \quad (\text{E.3.1})$$

人口规模跳跃下的期望净利润 $\Lambda_{p(J)}(N_J)$ 和期望社会福利收益 $W_{g(J)}(N_J)$ 为

$$\Lambda_{p(J)}(N_J) = \frac{e^{-(k-(\mu+\lambda\phi))\Delta} - e^{-(k-(\mu+\lambda\phi))T}}{k-(\mu+\lambda\phi)} \left(\frac{4\rho^2\eta\sum_{s=1}^{M}(f_f + f_{v,2}D_s)\Phi_{s,2}}{(2\rho+(1-\theta)\alpha\pi)\Omega_2} + \frac{\alpha\theta\Psi_2}{\Omega_2} \right) N_J \quad (\text{E.3.2})$$

$$-\frac{1}{k}(C_2^O(e^{-k\Delta} - e^{-kT}) + (C^L + C^S)(1-e^{-k\Delta}))$$

$$W_{g(J)}(N_J) = \frac{\alpha(1-\theta)\log(\Omega_2/\Omega_0)N_J}{k-(\mu+\lambda\phi)} + \frac{e^{-(k-(\mu+\lambda\phi))\Delta} - e^{-(k-(\mu+\lambda\phi))T}}{k-(\mu+\lambda\phi)}$$

$$\times \left(\alpha(1-\theta)\log(\Omega_2/\Omega_1) + \frac{4\rho^2\eta\sum_{s=1}^{M}(f_f + f_{v,2}D_s)\Phi_{s,2}}{(2\rho+(1-\theta)\alpha\pi)\Omega_2} + \frac{\alpha\theta\Psi_2}{\Omega_2} \right) N_J \quad (\text{E.3.3})$$

根据价值匹配条件，得到

$$\begin{cases} A_{p(J)} = \left(\frac{e^{-(k-(\mu+\lambda\phi))\Delta} - e^{-(k-(\mu+\lambda\phi))T}}{\beta_J(k-(\mu+\lambda\phi))} \left(\xi_2 - \alpha(1-\theta)\log\left(\frac{\Omega_2}{\Omega_1}\right) \right) \right)^{\beta_J} \\ \quad \times \left(\frac{k(\beta_J - 1)}{C_2^O(e^{-k\Delta} - e^{-kT}) + (C^L + C^S)(1-e^{-k\Delta})} \right)^{\beta_J - 1} \\ A_{g(J)} = \left(\frac{\xi_1 + (e^{-(k-(\mu+\lambda\phi))\Delta} - e^{-(k-(\mu+\lambda\phi))T})\xi_2 + e^{-(k-(\mu+\lambda\phi))T}\xi_3}{\beta_J(k-(\mu+\lambda\phi))} \right)^{\beta_J} \\ \quad \times \left(\frac{k(\beta_J - 1)}{C_2^O(e^{-k\Delta} - e^{-kT}) + C_3^O e^{-kT} + (C^L + C^S)(1-e^{-k\Delta})} \right)^{\beta_J - 1} \end{cases} \quad (\text{E.3.4})$$

给定特许期 T_J，可得到私人投资者和政府的人口阈值 $N_{p(J)}^*$ 和 $N_{g(J)}^*$ 为

$$N_{p(J)}^* = \frac{\beta_J(k-(\mu+\lambda\phi))}{k(\beta_J - 1)} \frac{C_2^O(e^{-k\Delta} - e^{-kT}) + (C^L + C^S)(1-e^{-k\Delta})}{(e^{-(k-(\mu+\lambda\phi))\Delta} - e^{-(k-(\mu+\lambda\phi))T})(\xi_2 - \alpha(1-\theta)\log(\Omega_2/\Omega_1))} \quad (\text{E.3.5})$$

$$N_{g(J)}^* = \frac{\beta_J(k-(\mu+\lambda\phi))}{k(\beta_J - 1)} \frac{C_2^O(e^{-k\Delta} - e^{-kT}) + C_3^O e^{-kT} + (C^L + C^S)(1-e^{-k\Delta})}{\xi_1 + (e^{-(k-(\mu+\lambda\phi))\Delta} - e^{-(k-(\mu+\lambda\phi))T})\xi_2 + e^{-(k-(\mu+\lambda\phi))T}\xi_3} \quad (\text{E.3.6})$$

私人投资者可接受的最小特许期 $T_{\text{MIN}(J)}$ 和政府可接受的最大特许期 $T_{\text{MAX}(J)}$ 满足：

$$\frac{\beta_J(k-(\mu+\lambda\phi))}{k(\beta_J - 1)} \frac{C_2^O(e^{-k\Delta} - e^{-kT}) + (C^L + C^S)(1-e^{-k\Delta})}{(e^{-(k-(\mu+\lambda\phi))\Delta} - e^{-(k-(\mu+\lambda\phi))T})(\xi_2 - \alpha(1-\theta)\log(\Omega_2/\Omega_1))} - N_J = 0 \quad (\text{E.3.7})$$

$$\frac{\beta_J(k-(\mu+\lambda\phi))}{k(\beta_J - 1)} \frac{C_2^O(e^{-k\Delta} - e^{-kT}) + C_3^O e^{-kT} + (C^L + C^S)(1-e^{-k\Delta})}{\xi_1 + (e^{-(k-(\mu+\lambda\phi))\Delta} - e^{-(k-(\mu+\lambda\phi))T})\xi_2 + e^{-(k-(\mu+\lambda\phi))T}\xi_3} - N_J = 0 \quad (\text{E.3.8})$$

最优特许期 T_J^* 可通过求解方程（E.3.9）得到

$$\omega\left(\mathrm{e}^{-(k-(\mu+\lambda\phi))T}(\xi_2-\xi_3)N_J-\frac{\beta_J \mathrm{e}^{-kT}(C_2^O-C_3^O)}{\beta_J-1}\right)(\Lambda_p(T_J)-\Lambda_p(T_{N_p^*(J)}))+(1-\omega)$$

$$\times\left(\mathrm{e}^{-(k-(\mu+\lambda\phi))T}\left(\xi_2-\alpha(1-\theta)\log\left(\frac{\Omega_2}{\Omega_1}\right)\right)N_J-\frac{\beta_J C_2^O \mathrm{e}^{-kT}}{\beta_J-1}\right)(W_g(T_J)-W_g(T_{N_g^*(J)})) \quad (\text{E.3.9})$$

$$=0$$

其中，$W_g(T_J)-W_g(T_{N_g^*(J)})$ 和 $\Lambda_p(T_J)-\Lambda_p(T_{N_p^*(J)})$ 分别为政府的相对期望社会福利和私人投资者的相对期望净利润，表达式如下：

$$W_g(T_J)-W_g(T_{N_g^*(J)}) = \frac{(\xi_1+(\mathrm{e}^{-(k-(\mu+\lambda\phi))\Delta}-\mathrm{e}^{-(k-(\mu+\lambda\phi))T})\xi_2+\mathrm{e}^{-(k-(\mu+\lambda\phi))T}\xi_3)N_J}{k-(\mu+\lambda\phi)}$$
$$-\frac{\beta_J}{\beta_J-1}\frac{C_2^O(\mathrm{e}^{-k\Delta}-\mathrm{e}^{-kT})+C_3^O\mathrm{e}^{-kT}+(C^L+C^S)(1-\mathrm{e}^{-k\Delta})}{k} \quad (\text{E.3.10})$$

$$\Lambda_p(T_J)-\Lambda_p(T_{N_p^*(J)}) = \frac{\mathrm{e}^{-(k-(\mu+\lambda\phi))\Delta}-\mathrm{e}^{-(k-(\mu+\lambda\phi))T}}{k-(\mu+\lambda\phi)}\left(\xi_2-\alpha(1-\theta)\log\left(\frac{\Omega_2}{\Omega_1}\right)\right)N_J$$
$$-\frac{\beta_J}{\beta_J-1}\frac{C_2^O(\mathrm{e}^{-k\Delta}-\mathrm{e}^{-kT})+(C^L+C^S)(1-\mathrm{e}^{-k\Delta})}{k} \quad (\text{E.3.11})$$